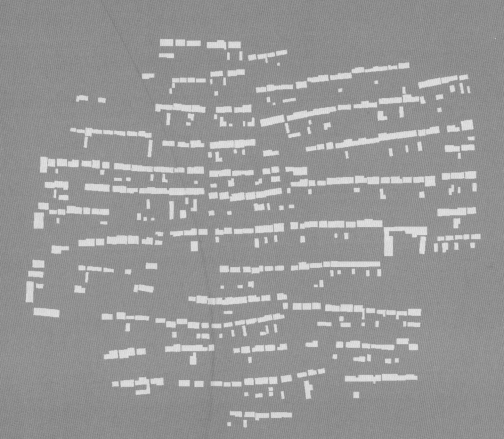

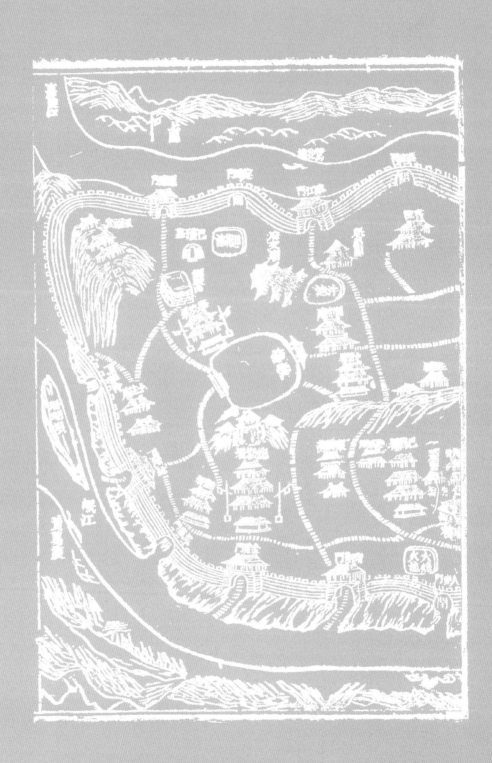

聚落

国家出版基金项目

国家重大出版工程项目
"十三五"国家重点图书

2016年度、2018年度重庆市艺术科学研究规划项目：
"重庆传统聚落的演进与空间类型研究"（课题编号：16ZD035）
"西部山地乡村聚落景观空间图谱研究"（课题编号：16YB048）
"阿蓬江流域少数民族传统村落空间文化结构研究"（课题编号：18YB02）
四川美术学院视觉艺术中心资助项目研究

中国传统聚落
保护研究丛书

重庆聚落

黄耘　张剑涛　王平妤　著

中国建筑工业出版社

总编委会

顾　问：

张锦秋　　陆元鼎　　王建国　　孟建民　　王贵祥　　陈同滨

编委会主任：

常　青

编委会副主任：

沈元勤

总主编：

陆　琦　　胡永旭

委　员：（按姓氏笔画排序）

王　军	王金平	韦玉姣	冯新刚	朴玉顺	刘奔腾	关瑞明
李群(女)	李群(男)	李东禧	李树宜	杨大禹	吴小平	余翰武
张兴国	张鹏举	陆　峰	范霄鹏	金日学	周立军	郑东军
单晓刚	赵之枫	姚　赯	贾　艳	高宜生	郭　建	唐　旭
唐孝祥	黄　耘	黄文淑	黄凌江	韩　瑛	靳亦冰	雍振华
燕宁娜	戴志坚	魏　秦				

《中国传统聚落保护研究丛书　重庆聚落》

黄　耘　张剑涛　王平妤　　著

审　稿：赵　炜

序一

一、引子

  中国传统文化将一个地方的环境气候和风俗民情的特质和韵味称为"风土"。《国语·周语上》韦昭注："风土，以音律省土风，风气和则土气养也"，即从当地方言的乡音民谣中便可感知一方土地、民风的文化气息，因而"风土"一词与英文的Vernacular近义。"风"指风习、风俗、风气，"土"指水土、土地、地方，所谓一方水土养育一方人，供奉一方神，从这个意义上，"风土"与西方的"场所精神（Genius Loci）"也有一定的关联性。日本近代哲学家和辻哲郎著有《风土》一书，他对"风土"的定义是自然环境气候诸因素加上"景观"，这里的"景观"应指审美角度的自然和人文两个方面，二者相融合的文化景观就是一种典型的传统聚落。

  然而，在当今乡村振兴的时代大潮中，传统聚落最常见的关键词是"乡土"而非"风土"，差不多已约定俗成了。"乡土"一词是中国农耕社会中故乡、家乡、老家和乡下的意思，至今中国社会还延续着这个传统的语义。但中文"乡土"与英文Vernacular的语境存在差异，因为西方并不存在以宗法制为基础的传统乡民社会，其乡村也就不会有类似于中国"乡土"的概念内涵。而乡村的发展前景是要走出农耕语境的乡土，留住文化记忆的乡愁，延续场所精神的风土，再造生态文明的田园。再说自近代以来，乡土并不包括城里的传统聚落，比如北京的胡同，西安、成都、苏州的巷子，上海的弄堂等属于"风土"而非"乡土"的范畴。

  自1930年朱启钤先生发起成立中国营造学社以来，在梁思成和刘敦桢两位学科巨擘的引领下，我国建筑界对传统民居和乡土建筑的研究持续推进，成就斐然，形成了传统建筑研究的一大专业领域。但如何使这些研究更多地关联和影响城乡建设的进程，对整个建筑类学科都是一个很大的挑战。

二、中国传统聚落的源流与特征

1. "匝居"与城乡同构

  中国传统聚落营造的信史可追溯到商周时期的聚落遗址。其中有关"营造"的最早文字记载见于《诗·大雅·灵台》："经始灵台，经之营之"。这里的"经"，是策划、管控的意思；而"营"，原意即"匝居"，是围而建之的意思，例如"营窟""营市（阛、阓）""营垒""营国"等一系列聚落营造范畴的词汇。因此，古代聚落即以"匝居"的方式，形成血缘的乡村聚落，地缘的城邑聚落，以至作为国家统治中心的都邑聚落——都城。这些华夏聚落以宗庙或祠堂为空间秩序的中心，以城垣壕堑为空间领域的边界，虽层级和功用不同，但从深层构成看却大多同构，保持和发展着"匝居"的聚落营造方式，从而部分地诠释了城乡一体的"亚细亚生产方式"学说。因为，一方面，许多乡村聚落拥有城垣、堡楼、街坊、庙宇等要素，俨如一座座城邑，如从汉代的"坞堡"到明清的庄寨、围堡均是如此；另一方面，城邑甚至都邑虽然看上去坚固伟岸，依然不过是政治权力和经济活动高度集中，等级制度极为森严，壕堑防卫更加严密，水平向扩展开来的巨型村寨而已，是乡村聚落的放大升级版。

2. 聚落原型与变换

从"匝居"的外在方式到聚落的内在构成，可以看到中国传统聚落源于商周"井田制"的"井"字形空间概念及其原型意象。所谓"井田制"，即以王室收取贡赋为目的的土地经营制度和划分方式。如周代王室拥公田，公卿以下据私田，遗有周代理想的营国制度，以百亩为夫，九夫为井，九井为国（都邑）。据此制度，田野的纵横阡陌就演变为聚落内经纬交错的街衢，并围合成间、里等空间尺度及单位。后世的里坊、厢坊、街坊，以及后来的胡同、街巷和弄堂等都是这样演变而来的。但这一"井"状网格空间原型的聚落并非处处趋同，而是因地制宜，异彩纷呈，依循了"因天材，就地利，故城郭不必中规矩，道路不必中准绳"（《管子·立政篇》）的变通法则，适应地理环境和地貌条件的差异而产生拓扑变换。这就犹如某种语言，尽管"方言"各异，但"句法"和"语义"相通。或许以这样的解读，方可辩异认同、知恒通变，把握住中国传统聚落的结构本质及其演变方向。

3. 水系与聚落分布

中国传统聚落源于近水的邑居，据《史记·五帝本纪》："禹耕历山……一年而所居成聚，二年成邑，三年成都"。其中，对水畔、雷泽、河滨等的劳作场所描述，均寓意了聚落是伴水而生的文化地景。甲骨文中的"邑"字右边旁加三撇表示傍水，即"邕"字的金文来历，同样表示聚落即环水的邑居。除了统治与防卫上的考虑，古代聚落选址的首要地理条件，是必须依傍满足漕运需要，方便物资供给的水系。因此，自上古以来聚落选址一般都位于大河的二级台地或其支流的一级或二级台地上。在物流以漕运为主的古代，这些水系可以说是聚落生存的命脉，对于都城而言尤甚，如长安、洛阳、汴梁（开封）沿黄河及其支流东西走向一字排开，建康（南京）、江都（扬州）濒临江淮，北京（涿郡）和临安（杭州）则处于南北大运河的两端。实际上历代中心聚落——都城在空间上的移动，均因应了文化地理的条件和漕运线路的兴衰，并与社会动荡、族际战争和人口迁徙相伴随。

4. 乡村风土聚落

在中国古代，与城邑聚落不同的是，乡村聚落社会是按血缘关系和经济共同体为纽带所形成的聚居系统，聚族而居的社会秩序和居住形式仰赖宗法制度维系，特别是自宋代以来，程朱理学倡导"敬宗收族"，形成了以祠堂、族田和族谱为核心的宗族组织及其聚居制度，宗法的社会结构更加趋于自组织化。但由于特定地域下的自然环境（如气候、地貌、水土、材料等）和人文环境（如宗法、宗教、数术、仪式等）的差异，聚落中的宗法秩序和空间布局亦有着同中有异的呈现方式，营造活动很少有统一法式的约束，较之城邑营造更加因地制宜，灵活多变，因而在与自然地景融为一体的有机生长中，保留了纯朴的古风和浓郁的地方性，可以说是千姿百态，谱系纷呈，表现了与西方的"场所精神"相类似的地方特质。以下按地理纬度和等降水量线，将中国各地域的聚落建筑分为四个区段。

1）农耕—游牧混合地区，即400毫米等降水量线以北半干旱北方地区的聚落建筑。如昆仑山南北侧和蒙古草原上游牧民族的帐幕、蒙古包；塔里木盆地周缘突厥语族—东伊朗民族的木构平顶阿以旺住宅；青藏高原上的藏式碉房，甘青地区各族建筑元素相混合的"庄窠"式缓坡顶两合院与三合院，以及青藏高原东部边缘的羌式碉房及合院等。

2）西北、华北和东北地区，即400毫米等降水量线以南至800毫米等降水量线以北之间半湿润北方地区的聚落建筑。如豫、晋、陕、甘各式窑洞，木构坡顶及包砖土坯（胡墼）墙房屋组成的晋系狭长四合院；东北、京、冀、鲁、豫木构坡顶、平顶、囤顶建筑构成的宽敞四合院等。

3）西南、江淮、江南地区，即800毫米等降水量线以南湿润地区的聚落建筑，如川、黔、桂、滇地区，以穿斗体系、干阑—吊脚为显著特征的楼居及合院，藏缅语族各民族的"土掌房""一颗印"（"窨子屋"）"三坊一照壁"等合院；湘、赣、闽北地区"四水归堂"的天井合院或"土库"建筑；江淮地区介于南北方之间的合院和圩堡；徽州地区以堂楼为中心，高耸的马头墙、墙厦、精工木雕、楼面地砖为特色的天井合院；江浙地区穿斗—抬梁混合式的多进厅堂和宅园等。

4）华南地区，即大部处于1600毫米等降水量线范围的高湿多雨地区聚落建筑，如闽南、粤北地区客家、潮汕（闽系）聚落以夯土墙和木屋架构成的大厝、土楼、土堡、围龙屋；粤南广府地区大屋、天井、冷巷构成的合院群等。

总体而言，延续至今的乡村传统聚落基本上都是明清以来的遗存，说明经过两晋南北朝开始的由北而南为主流的历次民族、民系大迁徙，明清时期各地乡村建筑相对稳定的地域分布格局已基本形成，可以从民间流传的营造匠书和聚落族谱中得到印证。如元明之际的《鲁般营造正式》、明万历年间的《鲁班经匠家镜》和清末民初的《营造法原》等，对江南地方的民间建筑影响尤其广泛。

至于少数民族地区的乡村传统聚落，因源于不同的文化传统，其构成及相互关系比较复杂，与汉民族聚落也存在交融现象。比如，明清两代逐渐推进"改土归流"，在南方的少数民族地区以"流官"管理制取代"土司"世袭制，推进了汉族与少数民族的异质文化交融，但后者的"熟化"（或"汉化"）程度，大大超过了前者的"夷化"。

自1930年中国营造学社成立以来，在梁思成和刘敦桢两位学科巨擘的引领下，建筑史界对乡土民居的研究成就斐然，形成了传统建筑研究的分支领域。跨世纪以来，建筑史界对传统民居的人文地理背景和建筑形态分布区系已有一些学术探讨，并有过以传统建筑结构类型为主线的地域区划专题研究。但是这些研究成果怎样对城乡改造中的遗产保护难题产生积极影响，还有待实践中的借鉴和运用。

三、城乡改造与传统聚落

1. 消亡中的乡愁载体

自19世纪末以来，直到改革开放之前，传统中国逐渐从农耕文明走向了工业文明，演变进程是相对缓慢曲折的。尽管传统聚落的宗法社会结构已经崩解，但血缘和宗族关系依然得以延续，聚落的空间结构和传统风貌依然大致如故。随着近30年来城镇化和城乡改造浪潮的冲击，传统聚落的文化特征已发生巨变，大部分古城只保留着少量的历史文化街区。作为乡村传统聚落的大多数村镇，经过撤并集聚或自发式改造，使原有的自然和社会生态系统瓦解或巨变，残留下来比较完整，较多保留着原生态风貌的多在边远山区，占比很大的部分已破败不堪，或被低质化改造，总体上正以极快的速度趋于消亡。

据中外学者的研究，民国时期的城镇化水平不过10%左右，中华人民共和国成立直到改革开放前也只达到17%左右。20世纪70年代末改革开放以来，城镇化开始飞速地发展，城镇化率2018年已达59.58%，其中城镇户籍人口42.35%（包括拥有宅基地的部分镇人口和城中村人口），与欧美约75%~85%及日本93%的城镇化率相比仍差距明显。截至2016年，我国乡村自然村仍有244.9万个，基层自治管理单位"村民委员会"52.6万个，乡村户籍人口7.63亿，常住人口5.6亿，在本地和外地谋生的农民工约2.88亿。2017年全国城乡人均收入倍差2.72，一些贫困的山区和边远地区农村人均收入与全国城乡平均收入倍差则远高于这个数字，这些地方的衰败或空村化现象更加严重（数据来源自2017年、2018年国家统计局公布的数据）。

虽然这种文明进程在任何一个走向现代化的农耕社会迟早都会发生，但是中国作为人类文明诸形态中唯一保持了连续性进化的国家，文化传统的基因和源头即存在于城乡传统聚落之中。这一"乡愁"载体的消亡，不但会使国家和地方失去身份认同的文化根基，而且会使城乡一体化发展的战略目标发生偏差。

2. 风土建成遗产

在中国传统聚落的话语体系中，"民居"是对功能类型而言，"乡土"是对乡村聚落而言，而"风土"是对城乡聚落及其文化地理背景而言，三者均属同一范畴。因此，乡村聚落也是最具文化载体性的风土聚落，呈现了各个地域环境、气候和民族、民系背景下异彩纷呈的风土特质。西方的风土建筑研究可以追溯到法国18世纪新古典主义理论家德·昆西（Quatremère de Quincy），他最早指出了建筑语言的风土（Vernacular）和习语（Idiom）属性。到了当代，英国建筑理论家兼乡村爵士乐作曲家鲍尔·奥利弗（Paul Oliver，1927—），集风土建筑研究大成，在1997年出版了覆盖全球的《世界风土建筑百科全书》（*Encyclopedia of Vernacular Architecture of the World*），他认为研究风土建筑不只是为了记录过往，对未来的文化和经济可持续发展也是不可或缺的。随后R. 布伦斯基尔（Brunskill R. W.）在2000年出版《风土建筑：一部图解的历史》一书，把20世纪以前定义为"风土建筑时代"，以大量的插图详解了数百年来英国风土建筑在农耕时期和工业化早期的形态特征。

"建成遗产"是经由营造活动所形成的建筑、聚落、景观等文化遗产本体的总称。1999年，国际古迹遗址理事会（ICOMOS）在《风土建成遗产宪章》（*Charter on the Built Vernacular Heritage*）中，首次提出了"风土建成遗产"的概念，即特定风俗和土地上所建造的文化遗产，其保护价值今已成为全球共识。首先，"聚落建筑"作为风土建成遗产的第一保护对象，是城乡历史环境的栖居场所，也是民族民系身份认同和乡愁记忆的空间载体，携带着可识别的中国传统文化基因。其次，"营造技艺"蕴含乡遗的工巧智慧精华，是对其进行保护、传承和再生的意匠源泉，而只有将传统聚落的营造技艺真正传承下去，保护才是可持续的，才能使聚落遗产长存下去。再次，"文化地景"（或文化景观Cultural Landscape）呈现聚落的环境因应特征，是人工与天工相交融的在地景观。韩国建筑师承孝相，为了表达地景建筑创意，生造了"Landscript"（地文）一词，本意是强调人的活动在土地上留下的印记，就如大地书写一般。显然，"地文"需要保护和续写，即像日本的"合掌造"民居、中国的西递—宏村那样，严格保护好聚落遗产标本，激活历史环境的"场所精神"（Spirit of Place），在新建筑中创造性地转化风土建成遗产的原型意象。

3. 国家级聚落遗产

根据住房和城乡建设部和国家文物局颁布的最新保护名录，中国传统聚落列入国家保护名录的有三大类，均可看作风土建成遗产。其一为100多处"国家重点文物保护单位"身份的传统聚落；其二为国家历史文化名城、名镇、名村，包括135座"名城"、312个"名镇"和487个"名村"；其三为6819个部分由国家财政资助保护的"传统村落"。此外，皖南古村落西递—宏村、福建土楼、开平碉楼与村落，以及红河哈尼梯田文化景观等4项乡村传统聚落及景观被收入世界文化遗产名录。

这其中的传统村落数量最为庞大，部分还同时具有国家级历史文化名村及重点文物保护单位的身份。其分布特点为：南方约占全国总量的78%，大大多于北方；山区多于平原、盆地，如晋、湘、滇、黔、闽的山区占比超过全国总量的二分之一；方言区多于官话区，如晋系方言区约占北方各官话区总和的40%左右；工业化、城镇化起步较晚的地区多于起步较早的地区，如西北地区多于东北地区；城乡人均收入倍差相对较高的地区多于发展水平相近的较低地区，如贵州、云南处于全国传统村落数量排名前列。

上述的三大类传统聚落遗产保护系列中的前两类，有着相应的国家保护法规及实施细则，生存问题相对无虞。而第三类——传统村落量大面广，没有直接的相应保护法规作保障，其生存问题看似有国家财政资助，实际状况则堪忧。

四、传统聚落的保护与活化

1. 模式与问题

对风土建成遗产的专项保护，比较典型的首推北欧斯堪的纳维亚半岛的挪威和瑞典，这里在第二次世界大战前最早以民俗博物馆的方式，保护和展示当地的风土建筑，这种方式随后风靡欧洲大陆和英国。1952年英国"古迹委员会"将18世纪以前的风土建筑均纳入了保护名录,特别值得注意的是,英国将乡村划为120个自然区和181个特色景观区,这是可以借鉴的乡村文化地景谱系保护策略。日本于20世纪70年代兴起的"造村运动",是通过农业升级改造、乡村特色塑造和技术培训投入,提振乡村经济社会活力和磁力,最终使乡村聚落得到活化和再生。聚落遗产保护和传承是其中的一个部分,如长野县的妻笼宿和岐阜县的马笼宿,其风土建成遗产在存真、修缮、翻建、活化等方面皆有坚定的价值坚守和丰富的保护经验,可供中国乡村风土建成遗产保护和再生实践学习借鉴。

我国城乡风土建成遗产保护与活化前后已历20载左右,经验和教训并存,其中数量占大多数的乡村聚落遗产保护与活化主要有三种模式。第一种为国家文博体系和大型国企主导的乡村博物馆模式,如山西的丁村、陕西的党家村、湖南的张谷英村、福建的田螺坑土楼群及玉井坊郑氏大厝等,经费、法规、导则等条件较为完善,部分村民通过村委会组织参与经营活动受益。第二种为社会企业主导的风土观光综合体模式,乡村聚落遗产由企业与当地政府、村自治体——合作社以契约形式合作及分成,如安徽黟县宏村、浙江松阳县村落、山西沁水县湘峪村、福建连江县杜棠古村三落厝等。第三种为村自治体主导风土生态体验区模式,以由村自治体所属企业及乡村活化能人掌控风土观光资源,进行乡村聚落开发,村民参与其中的相对较多,受益也相对大一些,如安徽黟县西递村、山西平遥县横坡村、陕西礼泉县袁家村、山西晋城市皇城村、福建屏南县北村等。

不可忽视的是,乡村聚落遗产在保护和活化中存在一些带有普遍性的问题和挑战:一是大多没有以乡村经济、社会的改造升级为根本前提,而是过多地依赖于旅游资源的消耗;二是管理政出多门,既条块分割,又一事多管,造成一些村落一村多名,准入标准和处置方式交错低效;三是原住民生活资料——集体土地、宅基地和房屋处于不确定的流转状态,所有权和使用权分离,但土地与房屋租金普遍低廉,收益分配不成比例,原住民的公平共享诉求难以兑现,存在着大量的权益矛盾和法律纠纷,潜在的社会风险已然存在;四是维修和民宿化改造等多为村民自发行为,存在严重的安全隐患,如结构安全意识薄弱,涉及公众安全的强制性技术规范和安全施工监管缺位,消防间距、人身防护不合规范的状况随处可见,声、光、热等室内环境控制指标大都达不到基本使用要求;五是宅基地内滥建低质楼监管缺失,低质翻建率常在一半以上,严重的达70%~80%,使村落风貌严重失控,而招揽观光的利益驱动导致拆真造假现象也随处可见;六是薪火相传趋于中断,大部分营造技艺面临失传,由于种种原因,"非物质文化遗产传承人"名誉并未起到明显的弥补作用,传统意匠及技艺存续与再生尚待突破,新旧修复材料融合手段薄弱等问题普遍存在;七是同质化严重,社会资金普遍投入乡村聚落保护与再生项目的可能性有限,而传统村落依赖国家财政扶持也是很有限的,且不可持续。

2. 标本保存谱系化

当下我国城乡风土建成遗产的保护与活化，首先并不是个建筑学问题，而是涉及保护什么，如何保护，怎样活化的实质性问题，与经济、社会的可持续发展背景息息相关。从物种标本保存的战略眼光看，传统聚落保护与活化的前提是对聚落遗产标本的保存和研究。

少量被定格在某个历史时期或文化样态下的聚落遗产，比如平遥、丽江古城以及各地名镇、名村一类进入各种遗产名录，是受到严格保护的风土建成遗产标本。但这些遗产标本只是聚落遗产中极小的一部分，我们认为，实际上需将我国城乡风土建成遗产按民族、民系的语族区或方言区进行全覆盖，成体系地作分类分级梳理，为后世存续完整的风土建成遗产谱系标本，兹事体大，关及国家和地方历史身份和文化传承的根基。因此，应依风土建成遗产谱系统一甄别、筛选和认定聚落遗产，再以地景修复、聚落修补和技艺传承为基础，将之纳入再生过程。当务之急，是应对其谱系构成缘由与分布有比较系统的认知。

由于语言作为文化纽带的重要性仅次于血缘，而风土在语言学上的含义，即连接一个地方聚居群体的交流媒介"语缘"，既可代表不同的文化身份，也可作为判断各文化身份间亲疏关系的参照。因此，从文化地理学和人类学的角度，可尝试以民系方言和语族—语支为参照，对各地风土建筑做出以"语缘"为纽带的谱系分类区划。总体上看，历史上语族相近，说明有相关的文化渊源；语族的方言或语支相通，说明血缘和地缘存在关联性。传统的汉语族—方言和少数民族的语族—语支是在漫长的历史变迁中，由于地理阻隔及民族、民系迁徙所形成的。虽然建筑谱系和语言谱系是否完全对应确是个问题，但设若不同族群在语言上可以交流，则其聚落及建筑一般也会存在交互关系。

参照语言人类学家的语缘区划，汉藏语系的汉语族民族民系聚落及建筑谱系主要可分为：其一，东北、华北、西北、江淮和西南等五大官话区建筑谱系；其二，华北的晋语方言区建筑谱系；其三，江南的吴语、徽语、赣语和湘语四大方言区建筑谱系；其四，华南的闽语、粤语和客家语三大方言区建筑谱系。少数民族语族区聚落及建筑谱系主要可分为：其一，西南地区汉藏语系藏缅语族17个民族的建筑谱系，壮侗语族9个民族和苗瑶语族3个民族的建筑谱系；其二，北方地区阿尔泰语系突厥语族7个民族，蒙古语族6个民族和通古斯语族5个民族的建筑谱系等。此外，还有少量西北地区印欧语系斯拉夫语族和伊朗语族的民族的建筑谱系，以及华南地区南亚语系和南岛语系民族的建筑谱系。以这样的谱系认知方式，对风土建成遗产谱系遗产的标本系列进行谱系化的保护，是有重要意义的一种尝试。

突厥语族区建筑		其他区建筑	蒙古语族区建筑		其他区建筑	通古斯语族区建筑		其他区建筑
定居区	游牧区		定居区	游牧区		定居区	渔猎区	
北方官话区西部建筑			晋语方言区建筑			北方官话区东部建筑		
河西	关中		北部	中部	东南部	京畿	胶辽	东北
西南官话区建筑			北方官话区中部建筑			江淮官话区建筑		
滇	黔	川	鄂	豫	鲁	淮	扬	
藏缅语族区建筑			湘语方言区建筑		赣语方言区建筑		徽语方言区建筑		吴语方言区建筑		
藏区	羌区	彝区	其他	湘西	湘中	湘东	豫章	临川	庐陵	歙县	婺源	建德	苏州	东阳	台州
壮侗语族区建筑			客家方言区建筑			闽语方言区建筑		
壮区	侗区	其他	西部	中部	东部	闽中	闽东	
苗瑶语族区建筑			粤语方言区建筑			闽语方言区建筑（闽南）		
其他区建筑			桂南	粤西	广府	潮汕	南海	台湾

我国民族民系风土建成遗产谱系分布示意图

3. 大量性传统聚落的出路

除了经典传统聚落风土建成遗产谱系的标本保存，大量性的传统聚落，特别是乡村聚落，总体上面临着景象劣化、原有建筑被大量低质改建、乡村经济和民生有待振兴的境况。因此，需要将聚落有机更新和文化地景再造，作为未来发展的主要方向。实际上，对大量性传统聚落的可持续发展而言，实践中应考虑保存有标本价值的聚落典型建筑，延承风土营造谱系所曾依存的地貌特征、空间格局和尺度肌理，再造出隐含着基质原型、适应生活变迁的新风土聚落及文化地景。

此外，传统聚落遗产管理系统和遗产归口的合理化，遗产运作的信托化，遗产基金、社会"领养"

和活化途径的模式化，营造技艺传承的制度化，以及保护技术的系列化等，都应作为传统聚落保护与再生的改进方面加以关注和实施。

五、关于丛书编纂

这部丛书是第一部关于中国传统聚落特征与保护的大型研究集锦，内容覆盖了各省市自治区传统聚落的历史溯源、地域特征与现存状态、保护与活化的方法与途径，以及未来走向的展望等。丛书中的"传统聚落"聚焦于狭义的"村"和"镇"，并可选择性地涉及"城"，即"县"或"市"的老城区，如北京的胡同和上海的弄堂。书中内容兼顾理论观点和叙述方式的历史性、逻辑性和独特性，引述材料要求真实可靠，体例同中有异，充分表达地域特征，并将之纳入史地维度和经济、社会发展的叙事语境。保护与活化内容要求选取兼顾普适性和典型性的工程实践案例，对乡村振兴中的建成遗产存续和再生问题进行全方位的讨论。由于本丛书仍是以行政区划单位作为各分册的研究范畴，难免存在少量跨省市区之间的互涵和重复内容，但作为一部大型丛书，总体上还是完整统一的，其中不少篇章都可圈可点，对乡村振兴和传统聚落的未来探索有多方面的参考价值。

（本文主要内容及参考文献见《建筑学报》2019年12期）

中国科学院院士、同济大学教授
己亥夏至于上海寓所

序二

聚落，是人类聚居和生活的场所，《汉书·沟洫志》曰："或久无害，稍筑室宅，遂成聚落"。聚落这一概念最早出现时是为了描述区别于都邑的居民点，现在已泛指人类生活地域中的村落和城镇。聚落是在各个地域内发生的社会活动、社会关系和特定的生活方式，并且是由共同的人群所组成相对独立的生活空间和领域。传统聚落主要是指具有一定历史性的城乡聚落，拥有物质形态和非物质形态的文化遗产，是先人运用自己的智慧，依据自然、气候、地理、习俗等环境因素建立的适宜的居住空间，同时具有较高的历史、文化、科学、艺术、社会、经济价值，能够反映一定历史时空的社会物质文化与精神文化的重要载体。

传统聚落是人们与自然协调过程中不断地尝试和调整所形成的，是在一定的时空条件下的总结。传统聚落是一定地域空间范围内的人文现象，它既是一种空间系统，也是一种复杂的经济、文化现象和社会发展过程。其起源、形成、发展均在特定地理环境和社会经济背景中，通过人类活动与自然相互作用下的结果，是对自然地理条件、社会治理结构、文化机制作用等多方面的缓慢调整适应，既是人类不断地适应、改造自然环境的实践积淀和智慧结晶，也是特定地域环境人地关系的空间反映。正如本套丛书之一《云南聚落》编写作者杨大禹教授所说："几乎所有的传统聚落，作为联系自然环境和人文环境的中介，从它们的地理分布、外部整体形态、内部空间结构，到聚落与周围自然环境、山水地形的紧密关系，都体现出因地制宜、和谐有机的共同规律。"这些共识是协调当地的地理条件、社会风俗与生活方式等积累而成的。在以聚居为主的生活模式下，都会充分考虑到聚落的环境特点，尽量找到资源配置最为合理、微气候最为和谐的场所。聚落形态与民居建筑形式的存在，与人们应对自然环境的生理、心理需求有着千丝万缕的联系。所以，传统聚落都能反映出在一定的地域空间环境、一定的民族和一定的历史时期所承载的建筑文化底蕴。

传统聚落作为中华文明的一种载体，凝聚着具有地域性、民族性与艺术性的布局特色和建筑风采，以及文化习俗下构成的聚落分布、空间格局、生产模式、景观形态等风情各异、千姿百态的元素。传统聚落是先人们长期适应自然，与自然和谐相处的历史见证，凝聚着中国悠久的农耕文明，展示着人们自古至今的生存智慧，可以说，传统聚落承载着中华文化精华和中华民族精神。所以，保护传统聚落就是维系中国传统文化的延续，就是在保护中华文明的根。

对于聚落空间的研究，既要把控聚落自身各种要素以及各要素之间的相互关系，也要关注聚落内部空间与聚落外部空间之间的关系，从而进一步了解单个聚落与同一个地域内其他聚落之间的关系，以便获得对聚落空间完整概念的把握。通过对传统聚落特色的系统研究，包括将传统聚落的不同历史发展阶段，各种历史文化要素和不同形态载体归纳合一，作为相互交融、贯通的体系来研究，从理论层面上梳理传统聚落各种有关形成、发展、演化的普遍规律和地区特征，挖掘其精神文化及生命智慧，发现其内在的文化价值，尊重其自身的运营机制，肯定其在现代聚落发展中的积极作用，以丰富我们对于人类聚居的认识。

长期以来，我们的先人经过不断的实践，运用了他们的丰富智慧，无论在聚落总体布局或在民居建筑技术、艺术方面都取得了很高的成就，积累了丰富的经验。传统聚落生存智慧拥有中国优秀传统文化的内核，是体现传统建筑智慧最具特色的代表。如何重新再认识传统聚落所具有的地域性、民族性与文化多样性特征，进一步发掘潜藏其中的营建技艺、理论精华和创造智慧，寻求传统聚落的持续发展相应的理论支撑，是我们当前重要的课题。当然，蕴含着中华文化基因的传统聚落更是当代建筑文化特色形成的基础，值得我们去进行研究、总结、学习和借鉴。

"中国传统聚落保护研究丛书"各卷作者综合运用文献研究法、调查研究法、比较研究法、定性分析法等科学研究方法，建构传统聚落研究的基本思路。采用文献分析、田野调查、理论研究与实证分析结合、系统化分析等方法，通过对学术文献、地方志、文书族谱等史料资料进行梳理筛选，对现有传统聚落进行建筑测绘、口述访谈，在吸取前人研究成果的基础上，归纳总结我国传统聚落发展特点及其背后蕴含的丰富文化和物质内涵，从整体上考虑多元文化影响下的传统聚落特征。丛书作者在编写过程中，借鉴历史学、社会学、建筑学、城乡规划学、文化地理学、景观生态学等跨学科交叉的思路，采用融合融贯的研究模式，既对传统聚落的基本共性特点归纳总结，也对受各区域条件影响的传统聚落比较分析，从整体上来把握研究对象。

在新时代的聚落发展和建设中，对传统聚落的保护与研究就显得尤为重要。传统聚落所呈现出来的优秀空间格局与营造技艺，不仅能给聚落的保护更新提供更为合理的方法途径，同时也能为新时代的聚落建设提供更多的方式方法及可能性。探究历史文化基因的内在联系，研究传统聚落的起源、演变、特点和价值，为传统聚落的传承提出依据，以便于更好地加以保护与利用。与此同时，在弘扬与传承优秀传统文化的基础上，探寻传统聚落发展模式及其保护的策略与原则，对保护与更新提出更为具体的要求与措施，构建整体保护的格局理念，以及与其相适应的、分级分类的传统聚落保护体系，更好地把握传统聚落在当代的发展道路与方向。

"中国传统聚落保护研究丛书"的编写希望以准确翔实的史料、精确细腻的测绘、真实生动的图片来全面展示中国传统聚落悠久的历史、灿烂的文化、淳朴的民风。由于各地区的状况不同和民族差异，以及研究基础也会参差不齐，故在编写中并未要求体例、风格完全一致，而以突出各地区传统聚落自身特色，满足各地区建设的需求为主。同时，丛书的编写，也希望对全国各省、直辖市、自治区传统聚落保护与传承、历史街区与传统村落建设，以及城乡人居环境提升起到重要的参考与指导作用，这是本套丛书研究编写的目的和意义所在。

2020年11月16日

前言

重庆传统聚落的特征是由重庆特有的人居类型所决定的，是历史与文化构成的社会形态在特定地形、地貌造就的地理空间的投影，也是人们长期利用自然、改造自然所产生的特殊人居形式。当前，随着中国社会转型的加剧，特别是旅游开发的影响，传统聚落正在面临文化多样性导致的地方性特征消失的危机。本书希望通过揭示其生成原理，探讨重庆传统聚落多样性保护与发展的可能性。

重庆传统聚落因其所处的地理与历史环境，在中国有其独特性。重庆不仅因地质自然美景为人瞩目，移民文化、土家文化形成的社会体系也是不可多得的文化现象。总的来说，重庆传统聚落呈现出丰富的形态，具有广泛的样本价值。

目前保留下来的重庆传统聚落，其主体形态多形成于明清时期。重庆地区有人类存在的历史极为悠久，距今200万年以前"巫山人"被称为东方文明的曙光。有遗迹可考的重庆早期聚落遗址发现于新石器时代。其后，在重庆聚落发展的漫长历史时期，生产技术的进步起到了主要推动作用，战争、民族融合以及人口迁移等历史事件在重庆聚落发展史中产生了重要影响。清代中期，第二次"湖广填四川"运动实现了重庆地区社会经济文化的重构，基本奠定了重庆传统聚落的现有格局。除了少数明代以前的军事防御聚落和城市遗迹，目前重庆地区具备在聚落层面开展研究的传统聚落主要形成于明清时期，尤以清代中期为最，这是重庆传统聚落的定型期，这一时期建成并保留至今的、空间形态相对完整的一批场镇和村落是重庆传统聚落的主体。

本书是在人居环境科学理论体系下，结合地理学、文化人类学、建筑学的研究方法与成果，揭示重庆传统聚落形成与发展规律的一次实践研究。研究立足于"地理空间""自然生态与土地利用""历史与文化"三个概念，将研究对象在空间现象与时间现象上统一讨论。通过自然景观类型、文化运行机制与聚落类型这三方面，力图在总体上将人居各系统联系起来，真正地理解其发生、发展、变迁的客观规律，希望建构一种适合重庆乃至西南传统聚落研究框架，寻求地域人居多样性发展的方向。

重庆传统聚落类型的划分，总体上受以下三个要素的影响：

地理空间要素。我们将重庆的地理空间格局划分为三个空间区域，将流域作为空间区域的次级单位。我们提出重庆传统聚落水平分布与垂直分布的规律，即各传统聚落垂直分布与水平隔离形成的居住模式，居住模式决定了聚落与建筑的基本类型。重庆传统聚落受地质地貌的影响，水平分布以流域为骨架，河谷与山岭相互关联的空间网络关系也深刻影响了聚落间的关系。重庆传统聚落之间相互依赖的程度，呈现出从平行岭谷区—峡江河谷区—武陵山地区逐渐减弱的趋势。

土地利用方式与景观格局要素。本书结合聚落景观格局的"可视化"研究手段，对重庆传统聚落中的土地利用方式进行研究。讨论了自然、历史要素叠加对聚落土地利用的具体影响，梳理出不同的三大区域典型景观格局，提出了重点传统聚落空间景观格局的四种典型模式。通过田野调查与地理信息的分析，提出聚落与土地组合关系的基本模式、水系与农地的空间方式，探索出传统聚落中土地利用在图谱上的特征，以其作为重庆传统聚落分类标准中的参考要素。

历史与文化要素。它是导向聚落生长方式的文化控制力、缔结聚落之间社会结构体系、塑造聚落文化面貌的主要要素。在区域层面，受历史源流影响形成巴蜀文化体系、移民文化体系和土家族文化体系等三个文化圈；在流域层面，经济、文化活动建构聚落系统的内部结构关系；在聚落内部，文化控制力通过制度、组织影响聚落空间格局与功能，产生了移民会馆、宗祠、防御寨堡等一系列特色文化空间。重庆传统聚落特有的文化要素，在聚落生长的过程中控制着聚落空间生长的方式，形成重庆传统聚落特有的类型。

对重庆传统聚落的空间研究，包括了以下四个对象。1. 传统聚落系统：以流域为系统骨架的聚落群的分布方式。2. 传统场镇：在周边聚落中起到中心地位的传统聚落，通常是紧邻河流、具有交通优势的聚落，如濑溪河流域的万宁古镇。3. 传统村落。4. 独立聚落组团：独立于聚落主体的大型院落群与重要民居，是在社会结构中起到重要功能的建筑，如彭氏宗祠等。

在重庆传统聚落的分类研究中，本书运用建筑学的研究方法，在对比典型重庆传统聚落空间特征的基础上，提出地理空间、历史与文化、土地利用三大要素作为聚落"属性组合"特征的依据，通过"二元评价"的分类评价，提出重庆传统聚落分为交通依赖型、农业依赖型、文化主导型、资源依赖型四个类型。

为了揭示重庆传统聚落内在的生长规律，本书提出各个要素的"可视化"研究，其目的是希望揭示隐含的内在规律。"图谱"是某种能够感知的内在规律，呈现出的可视化图形。我们通过析出关于重庆传统聚落地理信息系统的POI，来分析广域与流域的空间结果，完成聚落系统、生态系统的相关可视化分析。场镇与村落等小尺度的空间，我们采用无人机点云技术采集精度数据，生成正摄投影、地理空间信息、聚落与景观格局、文化要素、院落等可视化分析图谱。其中，历史与文化的分析主要是在系统的历史图集基础上进行，这可以与地理信息对比研究，理解与重新建构已经消失的历史空间。

对重庆传统聚落的保护与利用，我们分为几个方面来思考：首先是聚落系统层面，保护传统聚落之间的关系是聚落系统保护的首要方面。建议在保护原有传统聚落系统关系基础上，把对这种关系的保护融入当下国家城乡发展的机遇中，活化与发挥原有传统聚落系统的机能。其次是保护传统聚落中历史与文化要素。关于历史文化的转化与利用部分，我们提出了文旅融合的思路。同时，希望每个传统聚落对物质与非物质文化进行活化保护，这个具有社会学的意义。第三，是通过传统聚落景观格局的优化，更好地利用与维护生态系统。特别是对于传统村落，土地利用方式的保护，是保持生活方式多样性发展的关键。

总而言之，本书是在人居环境科学的理论体系下，尝试采用一种新的研究框架，从地域文化的角度，探讨重庆传统聚落发生与发展的规律，在保护地域聚落的多样性与特色形态的基础上，探索全球化的背景下保持重庆地域性人居多样性的途径。

2020年12月10日

目 录

序 一
序 二
前 言

第一章　重庆传统聚落的历史脉络

第一节　先秦时期——重庆聚落的发轫期 — 002
　一、　先秦时期重庆聚落概况 —————— 002
　二、　聚落生成的主要影响要素及结果 — 002
第二节　秦汉至魏晋南北朝时期
　　　　——重庆聚落的形成期 —————— 004
　一、　秦汉至魏晋南北朝时期重庆聚落
　　　　概况 ———————————————— 004
　二、　聚落生成的主要影响要素及结果 — 005
第三节　唐宋元时期
　　　　——重庆聚落的规模发展期 ———— 007
　一、　唐宋元时期重庆聚落概况 ———— 007
　二、　聚落生成的主要影响要素及结果 — 009
第四节　明清时期
　　　　——重庆传统聚落的定型期 ———— 011
　一、　明清时期重庆聚落概况 —————— 011
　二、　主要影响要素及结果 ——————— 012
　三、　现存重庆传统聚落的重塑与定型 — 015

第二章　重庆传统聚落的地理空间要素与聚落系统

第一节　地理空间层次划分 ——————— 018
　一、　影响重庆传统聚落分布的地理
　　　　空间格局 ————————————— 018
　二、　决定重庆传统聚落的地理空间划分
　　　　——流域区划 ———————————— 019
　三、　三大地形区域与九大流域的空间
　　　　层次构成 ————————————— 020
第二节　各层级重庆传统聚落空间的布局
　　　　特征 ———————————————— 021
　一、　重庆传统聚落总体分布特征 ——— 021
　二、　三大地形区重庆传统聚落空间分布
　　　　特征 ———————————————— 022
　三、　重点流域传统聚落空间分布特征 — 023
　四、　空间分布限制性要素分析 ———— 029
第三节　重庆传统聚落系统等级职能与
　　　　规模 ———————————————— 035
　一、　重庆传统聚落职能与等级现状
　　　　分析 ———————————————— 035
　二、　重庆传统聚落规模 ———————— 037

第三章　重庆传统聚落土地利用要素与景观格局

第一节　传统聚落生计景观的视野 ——— 042
　一、　村落生态学视野 ————————— 042
　二、　人文地理学视野 ————————— 042
　三、　景观图谱 ————————————— 042
第二节　地理条件与历史发展对重庆传统
　　　　聚落土地利用的影响 ——————— 043

一、 历史因素对重庆传统聚落土地
    利用的影响 —————— 043
二、 农业地理区划对重庆传统聚落
    土地利用的影响 —————— 045
三、 自然要素对重庆传统聚落土地
    利用的影响 —————— 046
第三节 土地利用方式与不同层次景观
    格局 —————— 050
一、 重庆传统聚落的流域景观格局 —— 050
二、 重庆传统聚落的典型景观格局 —— 053

第四章 重庆传统聚落文化要素与文化控制力

第一节 重庆传统聚落研究的文化视野 —— 062
一、 重庆传统聚落的文化机制 —————— 062
二、 文化控制力对重庆传统聚落的影响 · 062
第二节 历史文化因素对重庆传统聚落区域
    格局的影响 —————— 064
一、 重庆传统聚落的区域文化格局 —— 064
二、 平行岭谷文化区 —————— 064
三、 峡江河谷文化区 —————— 065
四、 武陵山地文化区 —————— 066
第三节 影响重庆传统聚落系统的历史文化
    因素 —————— 067
一、 第二次"湖广填四川"移民运动 —— 067
二、 历史交通网络 —————— 068
三、 传统商贸集期制度 —————— 069
四、 血缘、婚姻与信仰祭祀等要素 —— 071
第四节 文化控制力对重庆传统聚落内部
    格局的影响 —————— 073

一、 文化功能塑造重庆传统聚落的典型
    文化空间 —————— 073
二、 文化单元支配重庆传统聚落的文化
    空间组合 —————— 076
三、 文化控制力影响重庆传统聚落的
    空间结构 —————— 077

第五章 重庆传统聚落分类方法

第一节 重庆传统聚落分类方法的适宜性
    理论 —————— 080
一、 重庆传统聚落分类的类型学运用 — 080
二、 重庆传统聚落分类研究的两个维度 · 081
三、 重庆传统聚落类型分类的特征取向 · 081
第二节 决定重庆传统聚落类型的空间
    要素评价 —————— 082
一、 决定重庆传统聚落类型的三大系统
    要素 —————— 082
二、 形成重庆传统聚落类型的作用力与
    约束力 —————— 100
三、 重庆传统聚落类型的内部关系程度
    与导向评价 —————— 100
四、 二元关系分析下的重庆传统聚落
    类型 —————— 100
五、 重庆传统聚落类型划分 —————— 101
六、 重庆传统聚落类型的可辨识要素 — 103

第六章 重庆传统聚落类型

第一节 交通依赖型聚落 —————— 106
一、 龙潭古镇 —————— 106
二、 西沱古镇 —————— 117

三、东溪古镇 —— 130
　　四、走马古镇 —— 138
　　五、丰盛古镇 —— 146
　　六、罗田古镇 —— 154
　　七、松溉古镇 —— 163
第二节 农业依赖型聚落 —— 172
　　一、文庙村 —— 173
　　二、何家岩村 —— 185
　　三、黄家寨子 —— 196
　　四、石泉苗寨 —— 204
第三节 文化主导型聚落 —— 209
　　一、安居古镇 —— 210
　　二、涞滩古镇 —— 221
　　三、万灵古镇 —— 229
　　四、真武场 —— 241
　　五、彭氏宗祠村落组团 —— 249
第四节 资源依赖型聚落 —— 260
　　一、宁厂古镇 —— 261
　　二、云安古镇 —— 278

第七章 重庆传统聚落的保护与利用

第一节 重庆传统聚落的发展现状 —— 290
　　一、重庆传统乡村聚落出现资源向城镇集中的趋向 —— 290
　　二、新乡村建设形成乡村集聚化发展趋向 —— 291
　　三、农民对耕地绝对依赖程度减弱 —— 291
　　四、乡村振兴战略的实施 —— 292
　　五、重庆地域自然环境的特殊影响 —— 292
第二节 聚落系统的保护 —— 292
　　一、重庆地区传统聚落系统建构原则和目标 —— 292
　　二、重庆传统聚落系统空间建构策略 —— 293
　　三、重庆传统聚落职能的优化 —— 294
　　四、重庆传统聚落等级系统的建构 —— 294
　　五、保护重庆传统聚落系统空间结构模式 —— 296
　　六、重庆各地形区传统聚落系统分区布局模式 —— 297
第三节 聚落文化的保护与利用 —— 298
　　一、重庆传统聚落区域文化特色的保护与利用 —— 299
　　二、重庆传统聚落系统文化结构的保护与利用 —— 303
　　三、重庆传统聚落文化空间"历史信息全过程"保护与利用 —— 305
第四节 聚落景观格局的保护与利用 —— 306
　　一、聚落景观格局保护与利用针对的主要问题 —— 307
　　二、聚落景观格局的保护策略 —— 307
　　三、聚落景观格局的发展策略 —— 309
　　四、景观类型的保护与利用 —— 309
第五节 聚落类型的保护 —— 311
　　一、重庆传统聚落类型的演进规律 —— 311
　　二、基于不同聚落类型的重庆传统聚落保护发展策略 —— 311

附　录 —— 317

索　引 —— 320

参考文献 —— 325

后　记 —— 327

第一节　先秦时期——重庆聚落的发轫期

一、先秦时期重庆聚落概况

（一）旧石器时代

重庆地区旧石器时代的文化遗迹点在峡江地区、重庆主城、嘉陵江流域、乌江流域和西水流域均有发现，主要分布于沿江的二级、三级台地上，呈散点状态。这一时期关于人类居住场所的考古资料缺乏，当时的人类应多借用天然洞穴进行迁徙型居住。丰都烟墩堡遗址是较为典型的旧石器时代遗址，该遗址位于峡江河谷区丰都县，地处长江右岸第四级阶地的前缘，第三级阶地的后缘，出土近万件石制标本，应为靠近居住区域的一处石器加工场地，可提供周边居住人群的生产和生活所需。

（二）新石器时代

重庆地区新石器时代的文化遗址沿长江以及嘉陵江、乌江、大宁河等支流广泛分布，其中长江干流江津至涪陵段、丰都至万州段以及奉节至巫山段，遗址密度较大，这一时期的文化遗址主要位于沿江宽谷平坝和一级、二级台地上。在建筑遗存的相关考古发现中，可见有半地穴式建筑、地面式建筑，以及富有特色的干阑式建筑遗存。这些建筑遗存普遍面积较小，建造较为简单。这一时期的聚落考古资料表明，重庆地区已经产生、形成聚落，聚落选址多位于河流交汇的台地，或用地较为开阔的宽谷平坝，聚落遗址规模普遍偏小，数量相对较少，个别聚落遗址面积可达到10000平方米以上，这种大型聚落内部出现较为清晰的功能分区，居住区、生产区和墓葬区均有各自的规定区域，如云阳大地坪新石器时代聚落遗址等[1]（图1-1-1）。

（三）商周至秦以前

观察这一时期的重庆聚落考古资料，聚落遗址整体分布区域变化不大，聚落遗址规模与数量增长不明显，但在奉节、万州等地，这一时期聚落数量增长，分布区域拓展，开始产生聚落群和中心聚落的雏形[2]。历史文献中零星出现巴人在这一时期修建城邑的记载，如巴国五迁其都、于龟亭设新市里等，显示已有大型中心聚落产生，但目前尚未有可供深入研究的实物证据出土。

二、聚落生成的主要影响要素及结果

（一）原始的渔猎经济限制重庆先秦时期聚落的发展水平

重庆地区以山地、丘陵和峡谷为主要地形，相较于平原地区，农业生产发展条件较差。与之相适应，这一时期居住于此的古代人类以渔猎经济作为最重要的生计方式，如果说旧石器时代人们尚以狩猎和采集为主，生活遗址距离河流较远，那么随着新石器时代渔猎技术的成熟，形成的聚落主要分布于靠近河流的沿江宽谷、河畔台地，但这种单纯依靠获取自然资源的原始生计方式，常常只能勉强维持生存，无法有力推动聚落规模的增长和水平的提升，限制了高级别中心聚落和大规模聚落群的产生，虽然后期零星出现了种植黍、稷、水稻

---

[1] 白九江. 重庆地区的新石器文化——以三峡地区为中心[M]. 成都：巴蜀书社，2010：258-262.
[2] 冯小妮，孙林. 连续与断裂：奉节、万州地区聚落演变过程研究[M]//2003三峡文物保护与考古学研究学术研讨会论文集. 北京：科学出版社，2003.

图1-1-1 云阳大地坪新石器时代聚落遗址（来源：云阳县博物馆）

等，但这一时期重庆地区的种植农业始终较为粗放，未能取代渔猎经济的主导地位。

（二）盐资源推动盐业生产聚落快速发展

重庆地区盐业资源丰富，既有巫溪、郁山等地面盐泉，也有储量巨大的万州盐盆，巴盐自古以来就是本地重要经济产品。盐泉所在地，如忠县甘井河、云阳小江以及巫山大宁河等区域，围绕制盐业形成特殊产业型聚落（群），此类产业聚落发展迅速，聚落功能布局清晰，其规模往往超越以渔猎为生的普通聚落，聚落所在地重复使用率极高，文化地层丰富、延续时间长。忠县中坝遗址的考古发掘中，发现了从新石器时代晚期延续到近代的盐业生产遗存，包括数量巨大的盐业生产用具、制盐生产设施以及聚落成员的生活空间等，其中在东周地层中发现房屋基址45处，俨然一处规模较大的制盐专业聚落。

（三）巴文化成为重庆先秦聚落的文化主源

西周至春秋战国时期，重庆地区属于巴国的统治范围，虽然巴国在当时属于较为弱小的方国，但其立足重庆地区的时间持续数百年，古老的巴文化在这一区域影响至深。文献中巴国曾修建城邑、市集和军事关隘等不同类型的聚落，虽未有可见的实物遗存，但这些与巴国城池、人物相关的传说，如巴国将军巴蔓子自我牺牲、守护城池的英勇事迹，已经成为重庆历史文化和精神文化的重要源泉。

战国时期，巴国处于秦、楚、蜀的包围之下，先败于楚国，后为秦国所灭，最终巴文化在西汉早期与中原文化融为一体。晚期巴文化深受蜀文化、楚文化的影响，这一文化交流现象在重庆地区留下不同的文化印记，其中武陵山区是巴人和巴文化的起源之地，渝西地区毗邻成都平原，受蜀文化影响较大，而楚文化沿长江而上，深刻影响着重庆的峡江河谷区域。

第二节　秦汉至魏晋南北朝时期——重庆聚落的形成期

一、秦汉至魏晋南北朝时期重庆聚落概况

（一）秦汉时期

这一时期重庆聚落的总体分布范围未发生大的变化，依旧主要分布于长江、嘉陵江的沿江宽谷、临江台地。虽然秦汉时期较为完整的重庆聚落遗址尚无详细的考古资料，但从历史文献结合重庆各地秦汉地层汇集的居住类考古遗存观察，重庆聚落经历了先秦时期漫长的发轫和萌芽阶段，进入了第一次迅速发展阶段。

这一时期重庆聚落的数量出现了较大增长，原有的重庆主城、万州—云阳、奉节—巫山等三个聚落群的核心地位仍然保存，以万州—云阳段为例，聚落数量较前期明显增加，聚落密度加大，并且聚落群内部出现分裂式扩张，向邻近区域扩展出新的聚落群组团[1]。

这一时期，重庆聚落层级结构逐渐丰富，部分中心聚落开始形成城邑。秦灭巴国之后，秦相张仪在巴都江州的基础上，进行了重庆历史上第一次大规模筑城，将江州城建为秦国巴郡的治所，史称"仪城江州"。在《华阳国志·巴志》中描绘了东汉时期江州城的聚落面貌："郡治江州，地势侧险，皆重屋累居，数有火害，又不相容，结舫水居，五百余家，承二江之会，夏水涨盛，坏散颠溺，死者无数"[2]。在秦汉郡县制的行政体系下，重庆先秦时期的沿江主要中心聚落逐渐建成城邑，如垫江（合川）、枳县（涪陵）、平都（丰都）、临江（忠县）、朐忍（云阳）、鱼复（奉节）、巫县（巫山）等。这种行政体系下的城镇建设，产生了重庆秦汉时期"郡（治）—县（城镇）—乡里（村）"的聚落层级结构，这一结构形成后保持了极强的稳定性，在其后两千年间一直影响着重庆全域层面聚落体系的基本层级结构。

（二）魏晋南北朝时期

这一时期长期的分裂与战乱，造成经济受创、人口减少，重庆聚落整体发展趋于缓慢。服务于军事目的的城邑建设得到强化，如三国时期蜀国都护李严大规模修筑江州城，这是重庆主城的第二次大规模营建，形成了重庆"母城文化带"的基本格局。这一时期的鱼复（奉节）由于所处瞿塘峡口的特殊战略位置，已经成为巴东郡郡治所在，在其邻近区域持续实施了军事防御体系的大规模改建、扩建，如白帝城始建于东汉公孙述据蜀时期，《水经注》卷三十三记载，白帝城地势险要，"城周回二百八十步，北缘马岭，接赤甲山。其间平处南北相去八十五丈，东西七十丈。"[3]白帝城建成之后，一直作为军事防御重地为后世所改建并沿用，白帝城的考古发掘中，历代遗存堆积层自东汉一直延续到明清时期。

在魏晋南北朝长期动荡中的短暂稳定期，重庆聚落也有一定的发展。县级城镇有所增加。如刘备入主荆州时期，将巫溪从巫县分出，设置北井县；东汉建安二十一年（公元216年），将朐忍县分置为羊渠县、汉丰县；在渝东南武陵山地一度设立汉平、涪陵、汉葭等县级城镇。商贸集市场所出现，初步形成集期制度，在县级城邑、沿江交通要道村落逐渐形成较为固定的集市场所，定期开展集贸活动，如枳县"治下有市，十日一

---

[1] 冯小妮，孙林. 连续与断裂：奉节、万州地区聚落演变过程研究[M]//2003三峡文物保护与考古学研究学术研讨会论文集. 北京：科学出版社，2003.
[2] （晋）常璩. 华阳国志·巴志[M]. 刘琳校注. 成都：巴蜀书社，1984.
[3] 《水经注》第六册卷33《江水一》.

会"，平都县"有市肆，四日一会"①。

二、聚落生成的主要影响要素及结果

（一）统一与分裂塑造重庆聚落发展的第一个兴衰周期

秦汉的统一带来文化的融合，重庆地区巴文化的主体迟至西汉中期已经融合于中原文化，平行岭谷与峡江河谷区域的重庆聚落整体文化面貌趋同于中原地区。但在渝东南武陵山地，由于秦汉的羁縻政策，以及魏晋南北朝分裂时期的政权实际控制力衰弱，当地武陵蛮、五溪蛮等土著民族基本处于自治状态，与早期巴文化相联系的特殊文化面貌得以长期保存，并在现存的土家族文化中延续了久远的历史脉络，产生了具有独特性的聚落文化面貌源流。

秦朝时期组织关中百姓向巴蜀地区移民，西汉开通五尺道，加强了地区之间的政治联系和经济往来，极大地推动了重庆聚落的发展进程，郡县制的推行在空间上建立了"郡（治）—县（城镇）—乡里（村）"的重庆聚落层级结构，江州、鱼复等城市的修建奠定了地域中心聚落的地位，一批县级城邑聚落也逐渐建成，并带动其周边或县域内基层聚落的建设发展。

如果说秦汉大一统的历史背景推动重庆聚落的迅速发展，那么接下来近400年的大分裂时期则抑制了重庆聚落的发展步伐，战乱带来的人口减少、经济破坏直接导致重庆聚落发展缓慢。其间，因避乱外迁、僚人入川等移民事件，古代汉、僚民族人口数量比例发生变化，重庆地区出现复杂的民族融合现象，先后出现汉化和僚化等反复的历史过程，部分区域的文化面貌因民族融合呈现较为复杂的状况。

（二）铁器农耕的引入推动重庆聚落的生计转型

秦汉统一带来重庆地区主要生产方式的变革，先秦时期本地一直以渔猎经济为主体，种植农业占比小且较为粗放。以铁制农具和牛耕为代表的先进生产技术伴随秦汉的西南经略进入重庆地区，并通过中原移民得到广泛推广，农田水利灌溉技术逐渐被采用，这一系列变革极大地提高了本地种植农业的生产水平，农业经济逐渐替代渔猎经济成为重庆聚落的主要生计方式。农田的大幅开垦、农产品产量的稳步提升，极大地增强了重庆地区经济发展的能力，聚落选址由临江台地向浅丘边缘和平坝发展，范围逐渐扩大，推动本地人口与聚落的数量迅速增长。

虽然重庆地区受地理条件的限制，种植农业发展进程晚于中原地区以及成都平原，但这一主要生计方式的转型，摆脱了渔猎生计对自然资源的完全依赖，为重庆聚落的生成发展奠定了与时代同步的基础，带来了这一时期重庆聚落发展的繁荣景象。

（三）盐业资源与军事区位造就特殊类型聚落的发展

盐作为人类生活的重要物资一直居于特殊地位，重庆地区盐业资源分布广泛，开发历史久远。如前文所述，在重庆盐资源重点分布区域，如万州盐盆周边、巫溪宁厂盐泉、彭水郁山盐泉等地，一些因盐而聚、产盐为业的聚落存续时间极长，聚落发展取决于当地盐业储备量以及生产规模。秦汉至魏晋时期，重庆主要盐业生产聚落的分布变化不大，由于盐业经济的重要地位，历代政权皆极为重视，在云阳、巫山等盐业生产聚落密集区域，或直接派驻盐官管理，或就近设置县级城邑实施管理，形成重庆聚落生成脉络中的一种特殊现象（图1-2-1）。

---
① 《水经注》第六册卷33《江水一》.

重庆三峡河道是巴蜀与中原的主要交通走廊，分裂战乱时期，这条走廊的战略价值尤为重要。三峡河道滩险浪急、峡谷陡峭，是巴蜀地区军事防御的天然防线，战国晚期和西汉时期就有在夔门设防的文献记载，其后以东汉公孙述修建奉节白帝城为代表，历代政权每逢战乱，必选择峡江险要之地构建军事要塞，并逐渐形成由一系列军事寨堡组成的聚落体系，造就了重庆聚落的又一特殊文化类型（图1-2-2）。

图1-2-1　巫溪大宁盐场（来源：清光绪《大宁县志》）

图1-2-2　奉节白帝城

第三节 唐宋元时期——重庆聚落的规模发展期

一、唐宋元时期重庆聚落概况

（一）唐五代时期

这一时期的重庆地区处于社会相对稳定、经济恢复发展的良好状况，重庆聚落发展也进入了一个新的阶段。这一时期重庆聚落数量恢复增长，分布区域向渝西浅丘地带、渝东南山区腹地拓展，改变了唐代以前的聚落主要沿长江、嘉陵江干流分布的格局。

唐五代时期重庆地区县级城邑数量增加，尤其在利于种植农业发展的渝西地区，开发与垦殖程度大幅提高，各级聚落也相应迅速发展，唐代已设有31县，基本接近近代县域格局。

唐晚期至五代时期，重庆地区的基层集镇数量出现明显增长，分布区域较为广泛。峡江河谷地区围绕航运交通和盐业生产，形成了较为密集的沿江集镇聚落群，渝西平行岭谷地区围绕农产品贸易逐渐产生基层商贸集镇，打破了唐代前期集市只能设在州县所在地的限制。

（二）宋元时期

两宋时期中国封建社会经济进入高度发展的重要阶段，长江流域以及南方地区逐渐成为全国政治经济的重心所在，这一时期重庆地区社会经济发展加速，重庆聚落进入了繁荣发展期。这一时期的重庆聚落类型逐渐丰富，农业型、资源型、交通型以及军事防御型聚落百花齐放，聚落高程分布范围从沿江低地向近山、半山区域拓展，聚落数量出现大幅增加。元代的重庆聚落经过宋蒙战争的极大破坏，发展状况再次转入衰退时期。

这一时期重庆主城作为地域中心城市的地位得以确立，下属夔州、忠州、涪州、合州等州城以及40余个县城，这些早期因政治、军事而设立的城邑，逐渐发展成为功能齐备的地区中心城市。其中，四川安抚制置副使彭大雅于1239年重新修筑重庆城，此次修筑扩大了重庆城的范围，并兴建了石构城墙、衙署等大型建筑，这是重庆建城史上的第三次大规模建设（图1-3-1）。这一时期，重庆集镇聚落发展迅猛，新增集镇主要集中于渝西平行岭谷地区，超越了早期形成密集聚落群的峡江河谷地区。据傅宗文先生研究，宋代地处重庆峡江河谷的夔州路有草市96处，而渝西平行岭谷地区的合州有45处、昌州有42处、遂州有30处，已超过夔州路全路的总和[①]。

这一时期，重庆地区以军事防御为目的的聚落体系完成构建。在宋蒙战争的历史背景下，重庆地区建成了以重庆城为中心，包括钓鱼城、多功城、白帝城、瞿塘城、赤牛城、三台城、天生城在内的抗蒙山城体系。并陆续兴建了分布于重庆各地的军事寨堡设施，这些军事寨堡多建于地势险要之处，主要执行控制与防御功能，是明清重庆寨堡聚落体系的前身。

图1-3-1 重庆渝中区南宋衙署遗址

---

① 傅宗文. 宋代草市镇研究[M]. 福州：福建人民出版社，1989：107-109.

（三）唐宋时期典型聚落遗址

近年来三峡地区共发现唐代至北宋早中期遗址133处，初步可以确定为市、镇遗址的大约有14处。其中，云阳明月坝唐宋集镇是重庆地区为数不多的、经过考古发掘且聚落形态资料较为丰富的聚落遗址[①]。该遗址位于云阳县高阳镇澎溪河河畔台地上，文化地层从商周一直延续到明清时期，其中唐宋时期的聚落面积接近30000平方米，发现有明确的功能分区、路网系统，共发掘出八十余处唐宋时期的寺庙、衙署、民居等建筑遗存。难能可贵的是，通过对遗址分区、分地层的精确发掘整理，考古资料初步揭示了云阳明月坝唐宋集镇的一段聚落生长过程。唐初至唐中期的聚落遗址平面布局略呈"L"形，仅发现有鹅卵石铺砌的两条交会道路，以及十余座形制简易的房屋遗址。晚唐时期的聚落遗址中已出现两条南北向、两条东西向的主要道路，形成了东西、南北相连的路网，该时期聚落内部建筑分布密集，发掘唐代建筑遗迹计四十余处，包括有多进院落式衙署、四合院落式寺庙等高规格建筑遗址，表明该集镇聚落在唐代已经由功能结构简单的小型集镇发展为结构复杂，具备政治、商贸功能的地区中心聚落。通过清理叠压在唐代地层之上的宋代聚落遗迹，发现宋代明月坝遗址规模有所扩大，出现新建道路，并在原有建筑的基址进行了较大规模的改扩建。明月坝集镇聚落遗址的发展是以商业贸易功能为初始，进而引发人口与资源聚集，最后成为规模较大的中心集镇，应是峡江河谷地区聚落生成生长的一个典型代表（图1-3-2）。

图1-3-2　云阳明月坝唐宋集镇遗址（来源：云阳县博物馆）

---

① 李映福. 明月坝唐宋集镇研究[D]. 成都：四川大学，2006.

二、聚落生成的主要影响要素及结果

（一）唐宋元政权更迭产生重庆聚落发展的第二个兴衰周期

隋唐五代时期，重庆地区获得了较长时间的相对安定，重庆聚落从南北朝时期的衰败中逐渐得到恢复发展。唐代中晚期中原陷入长期战乱，所幸重庆地区偏安一隅，部分因躲避战乱迁居而来的中原移民，增加了区域人口，带来了先进的生产技术和文化艺术，推动了重庆地区社会经济的恢复。

两宋时期是重庆社会经济发展的一个黄金时期，在唐代恢复发展的基础上，重庆聚落发展达到了一个新的高度。尤其是在南宋时期，由于宋金战争以及北宋灭亡，全国的政治经济重心均向南方的长江流域转移，巴渝地区成为南宋的经济后方，地位日益重要。同时，巴渝地区又迎来了一批躲避战乱的中原移民，人口的大幅增长、农业手工业的升级发展，进一步促进了这一时期重庆聚落的繁荣。

宋蒙战争重创了重庆地区的社会经济，重庆聚落遭受到极大破坏。宋蒙战争前后持续四十余年，其中重庆地区一直成为重要战场，双方在此反复拉锯胶着，残酷的战争对重庆地区的社会发展造成严重打击，人口数量骤减、聚落破败，重庆聚落的发展出现严重的倒退。

（二）梯田技术与畲田运动改变重庆聚落区域平衡和分布格局

梯田技术的推广使用加速了渝西平行岭谷地区的聚落发展。唐代重庆地区开始出现梯田技术，迟至宋代，这一种植技术已经得到推广和广泛使用。梯田技术的推广使丘陵和半山区域的农业垦殖水平大幅提升，并造就了重庆聚落富有特色的梯田生计景观。其中，梯田技术使渝西平行岭谷地区的发展尤其获利，梯田大量修造，早稻、中稻、小麦和大麦等农作物普遍种植。这一区域的人口与聚落在唐宋时期增长迅速，逐渐成为重庆聚落的密集分布区。

畲田运动[①]扩大了渝东北峡江河谷地区部分聚落规模。重庆峡江河谷地区原有农业耕地一般位于沿江宽谷平坝、岸阶台地，耕地面积拓展受限。随着唐宋时期该区域自然人口和移民人口数量增长，原有耕地已经无法承载。该区域居民寻找就近山地，以刀耕火种的原始形式开展畲田运动，拓展了新的农业土地资源，也推动了农业生产聚落的新增。

梯田技术与畲田运动在一定程度上提升了重庆地区聚落分布的高程。梯田技术与畲田运动扩大了可利用土地的范围，丘陵、半山以及近山的农业开发带动就近生成一批新的农业生产聚落，这一批新聚落的海拔高程普遍高于原有沿江聚落，带来重庆聚落高程分布的一次较大变化。

（三）水陆交通的发展带来了重庆聚落生长的新机遇

伴随着唐宋时期重庆社会经济的大发展，重庆地区与外部区域的交通联系更加紧密，水陆交通体系得到了较大完善，为沿线聚落的生成发展带来新的机遇。

三峡水路交通的发展造就了一批水路驿站聚落的设立与繁荣。唐宋以来，峡江水路承担漕运和商贸物资运输功能，交通的地位日益重要。在统一和平时期，这是一条经济贸易的黄金水道；在战乱时期，三峡水路就成为维系生存的战略要道。唐宋元历代均在峡江河谷设置水驿站，由官方来管理三峡水路交通，水驿站成为峡江河谷地区的新兴聚落，如永川汉东驿、云阳龙日驿、万

---

① 畲田，是指焚烧地表的灌木杂草，以草木灰增强土地肥力后再进行耕种的农业生产方式。

户驿、夔州瞿塘驿、巫山云阳驿等①。

重庆地区陆路交通体系的完善，为沿途聚落和重要场镇的发展提供了有利条件。唐宋时期，重庆地区的陆路交通网络已经初具雏形，有与川北、长安相联系的嘉陵故道、米仓道、洋巴道等，有与川西、成都相联系的南北二道，还有与贵州相联系的僰溪道，以及沿乌江穿越武陵山区的黔州道。这些主要交通要道的沿途地区成为聚落生长的吸引点，一些位于重要交通节点场镇聚落，因运输与贸易而兴盛起来。

（四）宋蒙战争造就抗蒙山城体系的形成

1235～1279年的四十余年间，巴渝地区成为宋蒙战争的主要战场，在这场旷日持久的残酷战争中，重庆城逐渐成为全川抗击蒙古侵略的政治军事中心，夔州（奉节）地区由于其特殊战略位置，其重要性也得到提升。历代战乱时期，均会利用巴渝地区的险峻山地兴修军事防御设施。为了抗击蒙古骑兵的攻击，南宋政权在四川全境修筑防御山城，此次修筑是由国家主导的大规模军事战略工程，建设规划细密，持续时间长。1239年开始，彭大雅修筑重庆城，强化了防御能力的重庆城成为整个抗蒙山城体系的指挥中心。1243～1250年，余玠主政四川期间是抗蒙山城的主体形成期，这一时期余玠主持新修或改建防御山城二十余处，其中位于重庆地区的包括重庆城、钓鱼城、多功城、白帝城、瞿塘城、赤牛城、三台城、天生城等。

此类防御山城聚落选址多位于地势险峻的战略要地，借助地势营建关隘、城墙等防御设施，聚落内部多建有屯兵屯粮空间，并修建蓄水、取水设施，以利于长期坚守。抗蒙山城体系在其后近四十年的宋蒙战争中发挥了重要作用，数度阻挡了蒙古铁骑的侵略步伐。其中号称"独钓中原"的合川钓鱼城，更是坚持抗战36年，

图1-3-3 合川钓鱼城护国门

直至南宋政权最后灭亡。1259年，蒙古大汗蒙哥于钓鱼城下受伤而亡，改变了蒙古政权的统治秩序，对世界历史产生了深远的影响（图1-3-3）。

重庆宋代抗蒙山城聚落体系是战争时期国家工程的产物，在战争结束后多遭损毁或弃用，但现存不多的遗址遗迹具有丰富的历史文化价值，为重庆聚落研究提供了重要的实物遗存。重庆地区地形多山，抗蒙山城聚落是山地聚落的一种特殊类型，是重庆地区聚落生成脉络上一道独特的历史风景。

---

① 蓝勇. 四川古代交通路线史[J]. 中国历史地理论丛，1994（3）：174.

第四节　明清时期——重庆传统聚落的定型期

一、明清时期重庆聚落概况

（一）明代时期

从明代初期"第一次湖广填四川"移民运动开始，重庆地区的社会经济获得恢复与发展，农业经济恢复速度相对较快，人口数量逐渐增加，被战争破坏的各级聚落也得到重建与修复，聚落分布范围与聚落数量逐渐恢复至元代之前的水平。

这一时期大规模的城市修建，奠定了重庆地区现存历史古城的基本格局。明代统治时期在全国范围内推行建城运动，重庆地区一批中心城市聚落在这一时期先后实施了大规模的修建工程，此次修建中将各城之前夯土城墙以砖石、条石或包砖等方式新建、重建，修建城池的数量与规模空前绝后。此次建造形成了目前重庆地区历史古城的主要文化格局，如在目前保存较为完好的铜梁安居、巫山大昌等处可见明代建城形成的空间结构。其中，重庆卫指挥使戴鼎于明洪武六年（1373年）在宋代重庆主城基础上修砌石城，这是重庆历史上第四次大规模筑城。通过此次修建，形成了重庆城城门"九开八闭"的完整体系。此次修建的城墙圈定了今日重庆老城的基本格局，重庆城明确成为巴渝地区的政治与经济中心。这一时期，重庆基层场镇和村落也得到了较快的恢复和建设，以经济活动为结构联系的聚落集群初步形成，主要交通贸易路线的沿线各级聚落恢复与发展尤其迅速。这一时期，渝西平行岭谷与渝东北峡江河谷地区发展均衡，武陵山地由于元明时期实行的土司自治制度，地域特色较为独特，但聚落发展相对缓慢，明代以"卫所"制度在当地进行屯守，给当地聚落体系发展带来了一定的影响。

（二）明清之际

明末清初的残酷战乱，给重庆聚落造成毁灭性的灾难，人口数量大幅减少，社会经济严重衰败。这一时期的战乱，摧毁了重庆地区明代以前形成的大部分基层场镇和乡村聚落，耕地荒芜，人烟稀少，聚落破败。长期无人居住的房屋被杂草灌木吞噬，以至于被数十年后的移民误认为"千年房子"，就连重庆主城以及江津、合川等此前繁华的城市，在经历这次严重破坏之后，城内竟然频繁出现虎患，更有安居、璧山、武隆、新宁、大宁等县因户籍稀少而被裁并。

（三）清代时期

清代前期的"第二次湖广填四川"移民运动规模宏大、持续时间长，上百万移民以近百年的拓荒重构了重庆地区的区域社会结构与文化，重庆地区的社会经济得到完全恢复并迅速发展，重庆聚落在此次重构中建立了目前可见的基本格局与形态。

这一时期，重庆聚落数量达到了鼎盛，据不完全统计，清代见于各县县志所载的场镇聚落已达七百余处[①]。聚落分布范围向山区腹地和高山地区发展，场镇、村落几乎覆盖了重庆全域，已接近于目前所见之分布范围。这一时期，重庆地区各级聚落的规模均有扩大，主要中心城市逐步修缮重建并恢复活力，占据交通优势和资源优势的城镇规模发展迅猛，大量基层场镇和村落得到新建或重建，村寨联防导向下的民间防御寨堡聚落体系得到广泛构建。这一时期，重庆聚落层级结构

---

① 蓝勇. 重庆历史地图集[M]. 北京：星球地图出版社，2016：204-205.

图1-4-1 清晚期重庆主城城区图
(来源:《重庆历史地图集·一·古地图》)

逐渐完备,形成了"地区中心城市(重庆城)—地区城市(奉节、合川等)—中心场镇—基层场镇—村落"的层级结构,这种结构基本延续至今。这一时期,重庆聚落现存可见的文化面貌基本形成,经历了明清之际的毁灭性破坏,重庆聚落经由全国各地移民完成了空间重塑与文化重构,传统巴渝文化与移民文化相互交融产生了重庆聚落新的文化特色(图1-4-1)。

二、主要影响要素及结果

(一)两次"湖广填四川"移民运动与战乱主导重庆聚落的第三次兴衰周期

元末明初的第一次"湖广填四川"移民主要来自湖广地区,移民原因既有随军迁入,也有避难迁入,其中军事移民占到较大比例,整个移民过程约持续三十余年。这一次移民运动带来重庆地区人口数量的刚性增长,极大地改变了宋蒙战争以来社会经济的衰败局面,重庆聚落在迅速恢复的步伐中进入了接下来近250年的和平发展期,聚落分布范围扩大,各级聚落的数量与规模大幅提升。

明清之际的战乱造成四川人口由万历年间约300万人减少至不足60万人。重庆地区自1630年起作为主要战场,先后经历了张献忠五次入川作战、吴三桂叛乱等近50年的连年战乱,成为四川人口损耗最严重的区域,本地居住居民幸存不足"百分之一二",各级聚落损毁严重或被弃置荒废,重庆地区的森林覆盖率竟然恢复至50%~80%[①]。这一次战乱对重庆明代以前聚落的破坏前所未有,尤其是广大场镇及村落等基层聚落几乎被荡涤一空,明代以前的重庆聚落除了在个别历史古城中尚有格局遗迹可寻外,其余仅可见零星建筑单体。

清代早期的第二次"湖广填四川"移民运动是由政府支持、民众自发开展,持续时间从顺治至嘉庆约一百余年,迁入人口上百万,主要以湖广籍居多,还包括江西、陕西、广东、福建等十余省移民,此次移民运动对重庆聚落的重塑与发展影响深远。重庆地区是湖广移民入川第一站,又因原存人口稀少,吸纳了大量填川移民之后,人口数量快速增长,至清嘉庆年间记载人口已超过300万。移民使重庆地区的社会经济迅速恢复发展,

---
① 蓝勇. 清初四川虎患与环境复原问题[J]. 中国历史地理丛论,1994(3).

并逐渐凭借水陆航运贸易优势复兴、发展城镇聚落，形成了以重庆为中心、以水陆交通为网络的沿江、沿路城镇聚落群。移民使农村劳动力得到补充，农业生产发展迅猛，新的农业聚落不断生长，伴随基层商贸的发展，移民还主导了对广大基层场镇的新建或重建，并将其迁出地的文化特色植入这些新建、重建的场镇聚落，形成重庆传统聚落的特殊文化面貌。

（二）外来农作物引种改变重庆聚落的规模和分布范围

原产自美洲的玉米、红薯、马铃薯自明代传入中国，清代中前期在重庆地区推广种植，这三种高产旱地农作物非常适合重庆土质不良的广大丘陵和高山地区，推广种植之后极大地提高了重庆地区的粮食产量和社会经济水平。清初大规模的移民入渝，至嘉庆年间原有沿江、近山耕地已经垦殖殆尽，人口承载量达到饱和，玉米、红薯、马铃薯的引种，将种植农业的可耕范围以及农业人口向渝东南、渝东北山区腹地拓展，由此生长出一大批山地场镇和村落，形成重庆聚落分布范围和海拔高程的一次重大变化。尤其是武陵山地长期以来因受地形地势限制，大部地区人烟稀少，聚落发展缓慢，玉米、红薯、马铃薯稳定高产、适宜高山，引种后形成武陵山地的一次开发高峰，移民人口迁入，山地农业聚落迅速发展，形成了武陵山地聚落体系的新格局。

（三）具有交通贸易区位优势的聚落迎来大发展

明清时期是重庆地区水陆交通大发展的时期，水陆交通枢纽、重要节点以及沿线聚落日益繁荣，沿江、沿路聚落群得到空前的发展，重庆城成为长江上游交通运输的中心。

至清代前期，重庆地区已经形成以长江、嘉陵江和乌江为主干，涪江、綦河、大宁河等十余条支流水系为辅助的水路航运系统，在主干航道上设置有较为密集的水驿站，其中一部分水驿站逐渐发展成为交通贸易重镇，如木洞、蔺市、大周、巴阳等。沿江聚落带由长江、嘉陵江、乌江向支流沿岸纵深发展。

明清时期重庆地区的陆路交通已经完备成熟，以东西向的东大路—渝万大路为主干，南北向的僻北路、渝黔大道与之在重庆城相交，配合各州县之间的连接道路，形成重庆地区陆路交通网络。成渝东大路一改道路沿江修建的旧格局，穿越渝西平行岭谷连接成都平原，这条清代四川重要官道在重庆地区沿线已设立各类官驿、铺、场近50处，这些沿线聚落交通与贸易经济繁荣，并带动了周边村落发展，形成了东大路沿线聚落群，其中如白市驿、来凤驿、安福镇等已经成为极有影响力的重要市镇。

（四）清中期持续的社会动荡催生重庆防御寨堡体系建成

清代中期重庆地区出现持续性的区域社会动荡，主要有清嘉庆年间的白莲教起义，以及同治年间的李蓝起义。为了应对这两次起义，清政府在重庆地区倡导乡绅组织修建民间防御体系、实施村寨联防制度。与国防工程的抗蒙山城体系不同，此次建设的防御聚落体系是由民间组织修建，广泛分布于重庆的广大乡村地区，数量相当庞大，组成体系的防御聚落类型多样，既有对原有场镇的防御性改建，也有选址险峻之处的新建寨堡，还有对前朝寨堡的修葺沿用。新建或沿用的寨堡多选址于地势险要之处，建有防御设施，每有战乱，邻近村民则举家避入其中。战乱结束后，这些寨堡多逐渐废弃，目前存留的遗迹较多。而经过修建改造的场镇避开战火侵袭而多得以保存，并在其聚落空间格局中增添了新的文化要素。这一批防御性寨堡聚落成为重庆聚落生成过程中的一处特殊印记。

值得注意的是，1800年和1860年前后，由于清政府两次明确支持地方乡绅组织建设村寨联防体系，部分实力雄厚的乡绅借此机会在本地建造带有防御功能的大型庄园、宗祠以及场镇公共建筑，产生了一批建造水准极高的大型建筑，如云阳彭氏宗祠、涪陵陈氏庄园、江津会龙庄等，为重庆传统聚落留下了一笔宝贵的历史建筑遗产财富。

（五）"改土归流"推动武陵山地聚落整体发展

清朝的历代政权基本对渝东南武陵山区实行民族羁縻政策，土司自治一方面保存了土家族先民的特殊文化面貌，另一方面也造成该区域聚落发展缓慢。清雍正时期推行"改土归流"政策，乾隆年间武陵山地的土司制度被彻底废除，以新的行政区划和管理官员实施对当地的直接管辖（图1-4-2）。

"改土归流"加强了武陵山区与周边地区的政治经济联系，推动了当地社会经济的发展，一定程度上缩小了聚落发展的区域差距。政府主导改变当地落后的农业

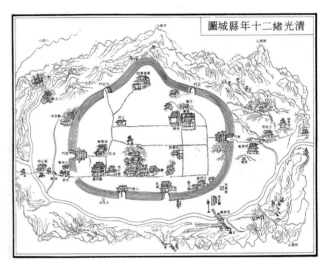

图1-4-2 黔江城图（来源：清光绪《黔江县志》）

图1-4-3 近代重庆主城远景（局部）（来源：重庆市档案馆）

种植方式，推广种植玉米、红薯、马铃薯等高山耐寒粮食作物，推动当地人口与聚落数量增长，在高山和荒僻腹地产生了一批新的农业村落。围绕交通运输以及地域特产贸易，一批场镇发展壮大，成为在周边区域具有较大影响力的贸易中心，如龚滩、龙潭、濯水等场镇。

三、现存重庆传统聚落的重塑与定型

重庆聚落历经数千年演进发展，历经了统一与分裂、和平与战乱的大历史背景，和平时期，农业生产的技术变革、外来移民的七次迁入以及交通贸易的繁荣，促进重庆聚落的迅速发展或恢复；战乱时期，峡江天险这一重要的战略位置使重庆地区往往长期沦为主战场，严重阻碍了重庆聚落的发展，但同时也催生了特殊的军事防御聚落群。

重庆聚落的生成脉络中经历了三次兴衰周期，三次衰落中尤其以明清之际的战争造成的破坏最为彻底，重庆地区各级聚落毁坏殆尽，城市破败，场镇和村落被大量摧毁或废弃，本地土著人口存留稀少。其中重庆地区明代以前的场镇和村落在明清之际已几乎毁坏殆尽，明以前以及明代兴修的古城也受到不同程度的损毁。历经战乱破坏以及建设更迭，空间格局与古建筑都能相对保存完整的重庆明代聚落极少见，仅在部分历史古城中可见当时的街巷格局、城门城墙遗迹或者零星历史建筑（图1-4-3）。

清代中前期的第二次"湖广填四川"移民运动成为重庆聚落恢复发展并达到极盛的契机，各省移民在重庆地区拓荒创业，将重庆地区的社会经济水平发展到一个历史新高度。这一时期，重庆聚落的数量规模庞大，聚落类型完备，分布范围已经接近于现代。这一时期，重庆聚落的层级结构基本定型，形成了"地区中心城市（重庆城）—地区城市（合川、万州、奉节等）—中心城镇（县城）—基层场镇—村落"的层级结构。这一时期，来自移民集团的乡绅领袖在政府支持下，以村寨联防的导向，兴修场镇、寨堡、庄园、宗祠，移民外来文化与巴渝传统文化相结合，产生了重庆聚落空间特色、文化特色的新传统。这批聚落中仍有部分城镇、村落至今保存相对完好，成为重庆传统聚落的构成主体。

除了少数明代以前的军事防御聚落和城市遗迹，目前重庆地区具备在聚落层面开展研究的传统聚落主要形成于清代中期，这是重庆传统聚落的定型期，这一时期形成并保留至今的一批场镇和村落是重庆传统聚落的主体，也是本书的重点研究对象。

第一节 地理空间层次划分

地理空间格局决定了重庆传统聚落的空间分布关系。重庆传统聚落明显受地理空间的特征影响。重庆传统聚落的分布规律，受制于地理格局的影响，传统聚落区域层面形成明显的水平间分布与垂直分布的现象；流域形成的地理空间单元，是决定重庆传统聚落之间关系的主要原因，是地理空间中观层面上的决定要素；每个聚落依赖的地理单元的条件，决定每个重庆传统聚落的空间特征。因此，关注地理空间的宏观、中观、微观层面怎么决定重庆传统聚落的空间分布关系，集中体现为以下几个问题：

传统聚落间的空间关系体现了聚落的地理空间分布关系，即由聚落规模（人口或用地）、职能、等级、空间分布四个要素组成[1]。其研究主要分为三个层级关系：一是研究区域内聚落间的空间结构，即研究重庆传统聚落之间的多样性、组织性与空间分布；二是重庆传统聚落空间结构的研究，即中心村与吸引区乡村互动形成的区域关系；三是研究单体聚落土地利用的组织、区位、控制模式和社会结构[2]。

一、影响重庆传统聚落分布的地理空间格局

重庆的整体地势由南北向长江峡江河谷地带逐渐降低，全市最高的地方在阴条岭，最低在巫山碚石村鱼溪口，海拔高度分别为2797米和73.1米。东南和南部都很高，多在海拔1200米以上，约有1.28万平方公里，占总面积的15.56%；西部地势低，大多为海拔300～400米的丘陵，占总面积的22%。重庆是典型的喀斯特岩溶地质。由新华夏构造系统的渝东南川鄂湘黔隆褶带，渝西川中褶带，渝中川东褶带，经向构造的渝南川黔南北构造带和渝东北大巴山弧形褶皱断裂带构成，地貌形态组合的地区分异明显。由图2-1-1可见重庆的西北侧在川东平行岭谷中，位于从四川境内华蓥山分出的向斜谷内有云雾山、缙云山、中梁山、龙王洞山帚状平行岭以及铜锣山、南温泉山、明月山等其他平行山岭间的向斜谷地中。这些山体并不高大，海拔多数在1000米以下，长度上几十到上百公里不等，使得大量人口聚集、生产生活。其余地区主要是大中型的山地以及喀斯特山地区。

地形条件对重庆传统聚落分布的制约由坡度和高程共同体现。单个要素不能表现这种制约的影响。为

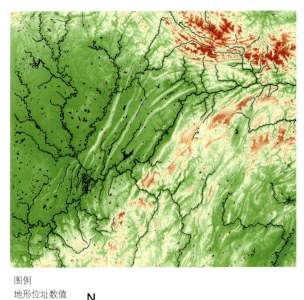

图2-1-1 重庆地形位指数示意图

---
[1] 邢谷锐. 城市化背景下乡村聚落空间演变特征研究[J]. 安徽农业科学，2007.
[2] 孙道雯. 新型城镇化导向下乾县乡村聚落体系发展规划策略研究[D]. 西安：西安建筑科技大学，2017.

了全面地反映这种空间差异，以ArcGIS为技术辅助，引入了地形位指数，运算公式为：$T=\lg[(E/\bar{E}+1)\times(S/\bar{S}+1)]$。其中，T值为地形位指数，$E$、$\bar{E}$分别表示地理空间中任意位置的高程值和其平均高程值，S、$\bar{S}$分别代表地理空间中任意位置点的坡度值和其平均坡度值。

经过上述变换后，空间中的每个点都有一个地形位，来显现坡度和高程带来的空间综合影响效果。可见，低海拔和低坡度的位置地形位指数较小，高海拔和高坡度的位置地形位指数较大。其他的组合（如低高程高坡度区、高高程低坡度区、中高程中坡度区）的地形处于中等范围。即利用ArcGIS从DEM中提取高程和坡度的信息进行叠加，得到地形位指数图可以很明显地从图上看出重庆的西北部地形位指数整体较低，西南部地形位指数区域间隔明显，东北部地区整体地形位指数都较高。

综上所述，将地理空间格局划分为三个空间区域（图2-1-2）：平行岭谷区、武陵山河谷区、峡江河谷区。平行岭谷区包括：黔江区、涪陵区、渝中区、大渡口区、江北区、沙坪坝区、九龙坡区、南岸区、北碚区、渝北区、巴南区、长寿区、江津区、合川区、永川区、大足区、璧山区、铜梁区、潼南区、荣昌区、丰都县、垫江县。武陵山河谷地区包括石柱县、秀山县、酉阳县、彭水县、武隆区、南川区、綦江区。峡江河谷区包括万州区、开州区、梁平区、城口县、忠县、云阳县、奉节县、巫山县、巫溪县。

二、决定重庆传统聚落的地理空间划分——流域区划

重庆传统聚落是典型的山地聚落，影响传统聚落的中观格局主要是流域，由分水线所包围的河流集水区。分地面集水区和地下集水区两类，如果地面集水区和地下集水区相重合，称为闭合流域。如果不重合，则称为非闭合流域。平时所称的流域，一般都指地面集水区。重庆有着"一干二骨七"的江河格局（图2-1-3）。一

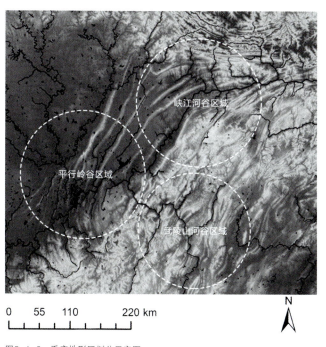

图2-1-2 重庆地形区划分示意图

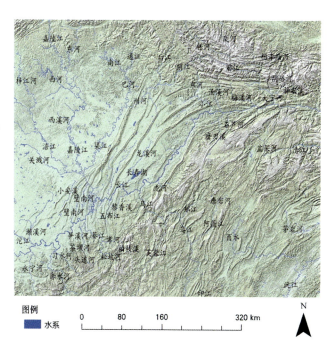

图2-1-3 重庆水系分布示意图

干指长江干流，二骨为嘉陵江、乌江，七支流包括渠江、涪江、龙溪河、小江、大宁河、綦江、酉水。在重庆众多的江河中，仅流域面积超过1000平方公里的就达到了12条，贯穿重庆各大市镇区，所以重庆又名"水都"。重庆地区由于受地形地貌特征不同层级水系分布关系明确，每级河流孕育着不同的流域聚落，对于聚落的形成与发展产生了重大的影响。由于重庆独特的地形地貌状态，形成了很多特殊的河流地貌，如峡、沱、滩、碛、浩和江心岛等，其中沱是最具有代表性的，沱的水深且平，往往成为码头的首选之地，比如重庆第一大镇的江津白沙镇就是因白沙沱得名与兴盛。河流给区域经济带来天然的交通优势，带动了区域的发展，是重庆聚落构成中不可缺少的部分，综合重庆的江河格局以及重要的流域构成，在每个地形区选取三大流域作为研究的样本，分别是平行岭谷的两江四岸流域，嘉陵江、涪江流域、綦江流域、濑溪河流域；武陵山地区的阿蓬江流域、酉水河流域、郁江流域；峡江河谷区的龙河、甘井河流域，小江、汤溪河流域，梅溪河、大宁河流域。

三、三大地形区域与九大流域的空间层次构成

重庆传统聚落的空间结构指的是区域间或者群体间的研究，也是聚落系统地域空间属性的特征体现。自然空间格局是聚落系统的结构要素之一。不同尺度层面的地理空间格局决定着不同的聚落类型。日本乡村地理学家小岛泰雄将重庆传统聚落系统划分成超村落生活空间、次村落生活空间和村落生活空间三个等级①，由此可以将本书的研究角度分成宏观、中观、微观三个层次，本书主要研究宏观层面和中观层面以流域为系统骨架不同要素对聚落分布的影响。聚落及聚落系统研究重在揭示现象所指的内在规律本身，这就要求将揭示出来的聚落现象放在更加广阔的空间系统中研究，同时将规律现象看成"人地关系"的现象。所以，本书首先揭示重庆自然空间是怎样限定聚落的，主要研究各层次重庆传统聚落的水平与垂直分布的规律及空间结构规律。

宏观层面聚落地理格局分析主要探讨广域层级的地形地貌水系的关系，它决定着中观层面流域内聚落的类型（表2-1-1）。

重庆空间层次构成　　　　　表2-1-1

位置示意图			
宏观层面 广域层级	平行岭谷区	武陵山河谷地区	峡江河谷区
中观层面 流域层级	两江四岸流域 嘉陵江、涪江流域 濑溪河流域	阿蓬江流域 酉水流域 綦江流域	龙河、甘井河流域 小江、汤溪河流域 梅溪河、大宁河流域

① 张京祥. 试论乡村聚落体系的规划组织[J]. 人文地理，2002.

第二节　各层级重庆传统聚落空间的布局特征

一、重庆传统聚落总体分布特征

自然、社会、经济、生态等因素影响了聚落空间分布的产生。聚落形成和发展，首要的决定条件是自然因素。虽然现在由于技术的发展自然因素的影响有所减弱，但对重庆传统聚落空间布局的影响不容忽视。自然因素主要来自地形和地形条件、气候因素、水文学和其他方面。但由于整个重庆的研究范围较广，所以总体布局特征的研究主要聚集在地形与村落聚集度的关系，其他的因素暂不做详述。

根据重庆聚落点地图数据显示，重庆现有约122800个村落，对于它的分布特征，用核密度分析图来进行可视化反映。将村落的点数据置入ArcGIS，再以其中的核密度分析工具，得到一个很直观的密度分布的图形。

由核密度图（图2-2-1）可以很直观地看到重庆传统聚落分布呈现明显的空间聚集特点，这种聚集特征可以归纳为以下几个方面：

聚落分布具有明显的不规则团状聚集特征，说明在空间上也具有明显的团状分布特征，分别是平行岭谷地区密度团、峡江河谷区密度团、武陵山河谷区密度团。平行岭谷区密度聚集团状块最大，武陵山河谷密度聚集团状块最小。

聚落分布有突出的地区差异。根据核密度图的分布显示，一是南北密度差异大，北部密度高，南部密度低，即"南疏北密"。二是平行岭谷区和武陵山河谷区聚落分布差异明显，分布具有不均衡性，密度大小即峡江河谷区＞平行岭谷区＞武陵山河谷区。但是总体来说平行岭谷区中高密度占比最大，说明平行岭谷区是重庆传统聚落分布最广，最集中的区域。

聚落分布具有三个明显的聚集核心，第一个核心在长江和嘉陵江交界处为中心往外扩散为多核心密度团，中心核密度最高为3个/平方公里；第二个核心在彭水自治县中北部地区，中心核密度最高为3个/平方公里；第三个核心在奉节和巫溪的交界处，中心最高核密度为4.5个/平方公里。这几个聚集核心构成了重庆传统聚落分布的热区。

由地形位指数图可见，团状聚集面积最大的区域处于地形为指数最低且同色快聚集的区域，即有大面积坡度和高程都较低的区域；团状聚集最密的区域在地形位指数最高的小山地区域，高程大、坡度陡不利于村落的形成，相对地形位指数低的地方成了聚落聚集的首选区域。地形位指数图中武陵山河谷地区颜色交错，鲜有同色大面积色块，代表着此地区坡度和高程变化都较大，没有太多大片的平整土地供村落聚集，且大部分区域为喀斯特地貌和梁峁丘陵不适宜生计的展开，所以地区整体的密度都远小于其他区域（图2-2-2）。

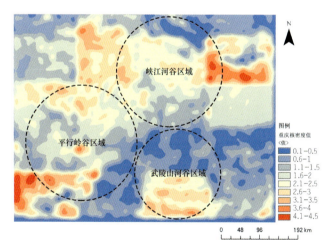

图2-2-1　重庆乡村聚落核密度示意图

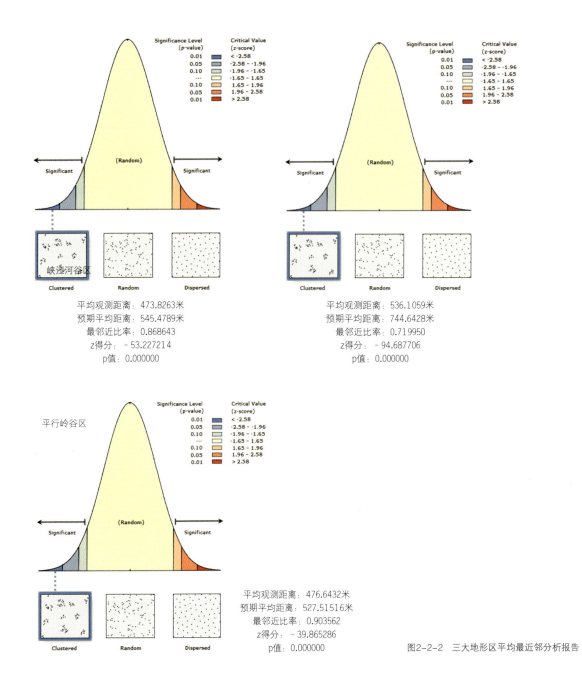

图2-2-2 三大地形区平均最近邻分析报告

二、三大地形区重庆传统聚落空间分布特征

重庆多样的地形地貌关系决定了聚落分布特征的地域性差异，我们按照上面的空间层次划分出平行岭谷地区、武陵山河谷地区以及峡江河谷区。平行岭谷区共有46691个村落，占重庆村落总数的38.02%；武陵山河谷区共有31236个村落，占重庆村落总数的25.44%；峡江河谷地区共有44864个村落，占重庆村落总数的36.54%。总体来说，重庆村落数量是平行岭谷地区＞峡江河谷区＞武陵山河谷区。

为了更科学地分析三大地形区内空间分布特征并找到其中的差异，本阶段的研究将采用多距离空间据类分析、平均最近邻值等方法，并通过数据的结果进行分布密度数据的制图，以数据对比的方式更为科学地反映出该流域重庆聚落分布的特点，同时为分析重庆传统聚落空间的分布限制提供了数据库。

平均最近邻是指点间最近距离均值。它最初由Clark和Evans在1954年提出，将这种方法在城镇聚落的空间分布种应用是1960年后由达西（Dacey）引入的。它的计算原理如下：首先，假设研究区域内随机分布的平均距离（表示为De）；其次，测量每个单元的质心与其最近单元的质心之间的距离，然后计算这些测量距离的平均值（Do）；最后，利用Do/De方法得到了平均最近邻指数（ANN）。如果De＞Do，则计算的指数小于1，则此数据的模式趋向于聚集。如果De＜Do，则计算的指数大于1，则该数据的模式趋于离散。而这个指数，越接近1，就表示随机的概率越大。而校验值z得分用来检验空间自相关分析的统计显著性，z得分为负数代表集聚，为正数代表发散[1]。

由平均最近邻分析报告可以看到，平行岭谷地区重庆村落点平布的平均最邻近比率（ANN）为0.903，校验值z为-39.86；武陵山河谷地区重庆村落点平布的平均最邻近比率（ANN）为0.719，校验值z为-94.68；峡江河谷地区重庆村落点平布的平均最邻近比率（ANN）为0.868，校验值z为-53.22，报告显示三个地区的重庆传统聚落空间分布不是随机的，而是处于显著的聚集状态，而聚集度最大的是武陵山河谷地区，最为分散的是平行岭谷地区。

（一）聚落密集区分析

上面的分析只从数值上得到重庆三大地形区重庆传统聚落分布的聚集状态和聚集程度，而无法直观地看到重庆传统聚落聚集的形状和大小，因此用核密度图来反映。核密度分析结果显示，平行岭谷区主要有四个主要的聚落密集区，分别为回龙坝镇聚落密集区、正兴镇聚落密集区、迎龙镇聚落密集区以及丰盛镇聚落密集区，并呈现出"以点为中心不规则环状"的分布特征。武陵山地区主要有一个聚落密集区，为保家镇聚集区，呈现出"一核多中心"的分布特征。峡江河谷地区主要有两个聚落密集区，竹园镇聚落密集区与双河镇聚落密集区，呈现出"团状"的分布特征。通过对比可见，峡江河谷区竹园镇聚集区的密度和大小是最大的为最大5个/平方公里。

（二）聚落的高程分布与坡度分布规律

根据临界坡度法，将其划分为0°～5°平地，5°～15°缓坡，15°～25°中坡，25°～40°陡坡，40°～50°急陡坡，＞50°险坡六个坡度范围。将高度划分为100间隔的范围。由上图的折线图（图2-2-3、图2-2-4）可以看出平行岭谷区聚落数量随高程和坡度的升高集聚减小，高度主要分布在200～400米区间，坡度主要分布在0°～15°的平地和缓坡。武陵山河谷区和峡江河谷区聚落在各区间内的分布较为均匀，峡江河谷区聚落主要分布在400～1200米、5°～40°的范围内，武陵山河谷区聚落主要分布在300～1400米、5°～25°的范围内。应优先考虑将该地区的少数居民迁至坡度较小的区域，这样既便于工程建设，也有利于保障居民安全。

三、重点流域传统聚落空间分布特征

重庆整体和三大地形区的面积较大，在空间要素以及空间分布的特征上都比较粗略，但在大体的规律上有了一定的认识。所以，继续选取三大地形区的九大重点流域区进行分析，找到同一地形区内分布特征的异同。

---

[1] 吕鑫源. 基于GIS的黄洋河流域乡村聚落空间分布特征研究[J]. 建筑与文化, 2019.

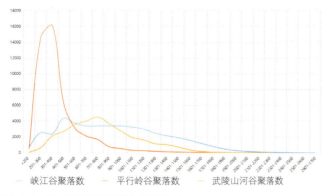

图2-2-3 三大地形区各高程范围内聚落数量

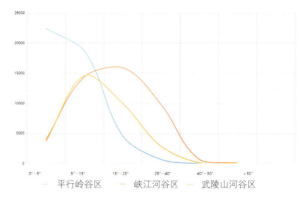

图2-2-4 三大地形区各坡度范围内聚落数量

（一）重庆传统聚落的密度分布规律

从核密度图（图2-2-5、图2-2-6）可以看出两江四岸流域和嘉陵江、涪江流域空间分布呈"多核多中心团状"型；溪河流域，梅溪河、大宁河流域和小江、汤溪河流域都是聚落空间分布呈"中高值团状聚集"型；龙河、甘井河流域和阿蓬江流域整体呈现"单核"状，小聚集大分散的分布特征；綦江流域呈"多核饼状"分布。

核密度分析结果显示（表2-2-1），两江四岸流域最大密度为4个/平方公里，密度范围主要在1.6~2.5个/平方公里，有三个聚落高密集区，迎龙镇聚集区、鱼嘴镇聚集区和蔡家岗镇聚集区；嘉陵江涪江流域最大密度为3个/平方公里，密度范围主要在1.1~2个/平方公里，有四个小的聚落密集区，卧佛镇聚集区、石塘村聚集区米坊村聚集区以及万兴村聚集区；濑溪河流域最大密度为2.6个/平方公里，密度范围主要在1.1~2个/平方公里，以万灵聚集区为中心；阿蓬江流域最大密度为2.9个/平方公里，密度范围主要在0.6~1.5个/平方公里，有一个大的聚集区，龙溪镇聚集区；酉水流域最大密度为1.9个/平方公里，密度范围主要在0.6~1.5个/平方公里，有一个聚集区，南门村聚集区；綦江流域最大密度为3.8个/平方公里，密度范围在1.1~2.5个/平方公

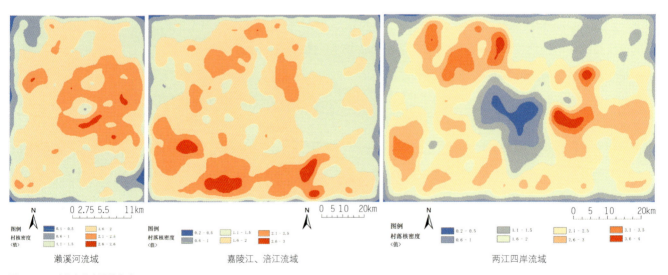

图2-2-5 重庆九大流域核密度图1

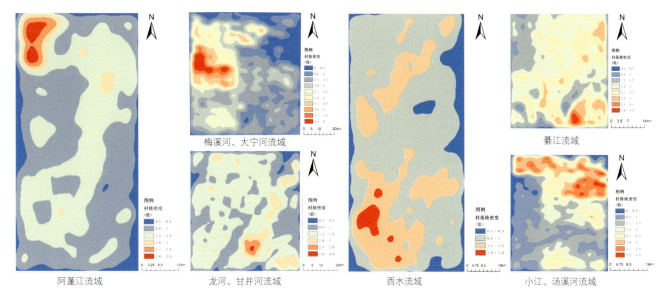

阿蓬江流域　　　　　　龙河、甘井河流域　　　　　　酉水流域　　　　　　小江、汤溪河流域

图2-2-6　重庆九大流域核密度图2

各流域密度范围占比　　　　　　　　　　　　　　　　　　表2-2-1

密度范围（个/平方公里）		0.1~0.5	0.6~1	1.1~1.5	1.6~2	2.1~2.5	2.6~3	3.1~3.5	3.6~4	4.1~4.5	4.6~5
比例（%）	两江四岸流域	1.63	6.96	12.91	26.47	29.76	16.73	4.58	0.96	—	—
	嘉陵江、涪江流域	0.32	5.09	31.49	44.4	16.36	2.34	—	—	—	—
	濑溪河流域	1.19	9.07	24.53	44.5	19.94	0.77	—	—	—	—
	阿蓬江流域	7.88	47.7	38.31	2.75	1.99	1.35	—	—	—	—
	酉水流域	10.68	61.36	25.91	2.05	—	—	—	—	—	—
	綦江流域	0.43	6.59	20.27	38.52	26.81	6.19	0.69	0.5	—	—
	龙河、甘井河流域	3.28	31.77	55.12	8.42	1.26	0.15	—	—	—	—
	梅溪河、大宁河流域	11.54	19.86	25.85	16.62	9.89	6.89	4.27	2.28	1.52	1.28
	小江、汤溪河流域	5.24	25.71	23.18	16.91	13.3	8.38	6.42	0.87	—	—

里，松山村、朝阳村、文胜村聚集区；龙河、甘井河流域最大密度为2.6个/平方公里，密度范围在0.6~1.5个/平方公里，最高密集区是三元村聚集区；梅溪河、大宁河流域最大密度为5个/平方公里，密度范围主要在0.6~2个/平方公里，有两大聚集区金盆乡、万乐村聚集区；小江、汤溪河流域最大密度为3.9个/平方公里，密度范围主要在0.6~2个/平方公里。

（二）重庆传统聚落的流域分布规律

利用离散特征Voronoi图的变异系数值（CV值）的大小反映了各流域重庆传统聚落的分散程度，对各流域重庆传统聚落的分布格局类型进行探讨。

CV值是Voronoi多边形面积的标准差与平均值的比值，其计算公式为：

　　CV值=标准差/平均值×100%[①]

---

① 谢萌秋. 基于Voronoi图的农村居民点空间布局模式分析及优化建议——以上海市松江区为例[J]. 上海国土资源，2019.

重庆村聚落空间离散特征　　　　　表2-2-2

宏观层级	名称	最大值（平方公里）	最小值（平方公里）	标准差	平均数	泰森多边形CV值（%）
盆地岭谷区	两江四岸流域	6.481	0.053	0.400	0.514	77.82
	嘉陵江、涪江流域	3.000	0.078	0.265	0.288	92.01
	濑溪河流域	2.913	0.120	0.267	0.605	44.13
武陵山河谷区	阿蓬江流域	13.136	0.092	0.773	1.011	76.46
	酉水河流域	10.764	0.121	0.663	1.112	59.62
	綦江流域	3.647	0.092	0.273	0.537	50.84
峡江河谷	龙河、甘井河流域	6.455	0.099	0.478	0.870	54.94
	小江、汤溪河流域	11.647	0.041	0.591	0.645	91.63
	梅溪河、大宁河流域	18.158	0.053	0.721	0.628	114.81

Duyckaerts提出了3个建议值：当点集为均匀分布时，CV值为小于33%的值；当点集为离散随机分布时，CV值位于33%~64%之间；当点集为聚集分布时，CV值大于64%。由变异系数计算结果显示（表2-2-2），濑溪河流域，酉水河流域，綦江流域，龙河、甘井河流域CV值位于33%~64%之间，即随机分布；两江四岸流域，嘉陵江、涪江流域，阿蓬江流域，小江、汤溪河流域，梅溪河、大宁河流域CV值为大于64%的值，即为集群分布。它们的聚集大小为：梅溪河、大宁河流域＞嘉陵江、涪江流域＞小江、汤溪河流域＞两江四岸流域＞阿蓬江流域＞酉水河流域＞龙河、甘井河流域＞綦江流域＞濑溪河流域。这个和按地形区划分所分析的结果有所不同：聚集度最大的是武陵山河谷地区，最为分散的是平行岭谷地区，有所出入；当细分为流域之后，由于受到更细致、更具体的空间限制因素的影响呈现出的空间分布特征也会更细化；高水、热通量和地形复杂的地理区域，由于空间容纳能力小，聚落间的土地资源空间分割倾向于表示小空间单位，分割的空间变异系数相应地增加。导致这种分布规律的制约因素与影响程度将会在第三章进行分析。

（三）重庆传统聚落的聚集规律

多距离空间聚类分析以半径为基础来统计空间分布的集聚状态，它显示了这些元素质心的空间聚集或空间扩散程度，以及邻域大小变化时它们如何变化[①]。通过ArcGIS运算得出分析报告的图像（图2-2-7），观测K值是里面的曲线，期望K值是里面的对角线，当观测K值＞期望K值时，该分布的聚集程度高，当观测K值＜期望K值时，该分布的离散程度高。三个地形区都是观测K值＞期望K值，都为聚集分布，但聚集的状态有所不同。主要分为三种："小聚集大分散""大聚集大分散""分散"。除了梅溪河、大宁河流域和小江、汤溪河流域属于"大聚集大分散"，濑溪河流域都属于"分散"，其他剩余的流域都属于"小聚集大分散"。

平行岭谷区中，两江四岸流域和嘉陵江、涪江流域聚集的半径分别为4500米和5500米；武陵山河谷地区聚集的半径为阿蓬江流域和酉水河流域5500米，綦江流域3500米；峡江河谷中龙河、甘井河流域聚集半径为4500米，梅溪河、大宁河流域和小江、汤溪河流域聚集半径为23000米和12000米，这会导致区域局部地区的聚落密

---

① 魏鹏. 丝绸之路国内段非物质文化遗产空间分布特征与格局[J]. 兰州文理学院学报（社会科学版），2019.

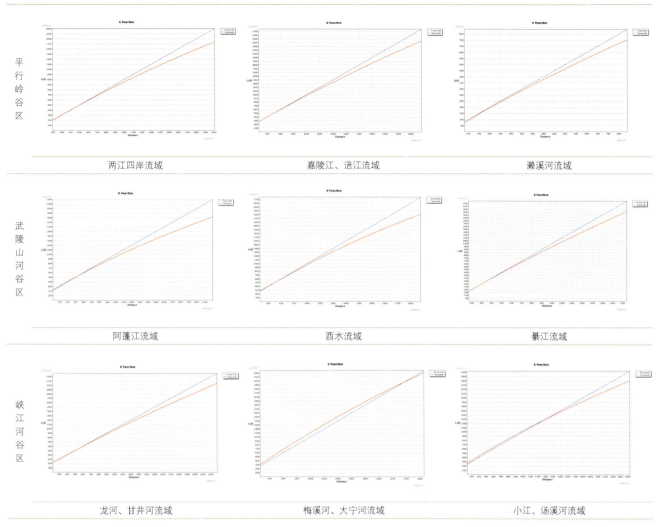

图2-2-7 各流域多距离空间聚类分析

度过大，人口密集，地区发展不平衡以及生态破坏，可利用的土地和自然资源减少，其聚落分工和产业，有可能朝向城市相邻的服务业发展，或者人口外流形成空心现象。

（四）重庆传统聚落分布结构形态与水系的关系

流域形态与聚落分布的关系很大程度上受到地形因素的影响，地形会影响河流水系的流域面积以及河流的具体走向，最终影响水系形态。重庆聚落空间分布的宏观形态特色则是伴随着流经区域地貌的不同而呈现水系形态的多样化。将九大流域水系与聚落分布的图各放置于20公里×20公里的范围内进行对比研究，以距离水系直线每500米一个色块进行距离参照。

由分析结果（图2-2-8）可以明显看到，作为聚落系统骨架的水系主要分为两大形态结构：格状和树枝状（图2-2-9），嘉陵江涪江流域、濑溪河流域和武陵山河谷地区的流域呈现树枝状分布，它们的支流多呈锐角注入主流类似于众多树枝汇入树干的形状。峡河谷区和两江四岸流域呈格状分布，两江四岸流域地处于平行岭谷的中心，西南走向山脉组合最整齐，从地质学上分析

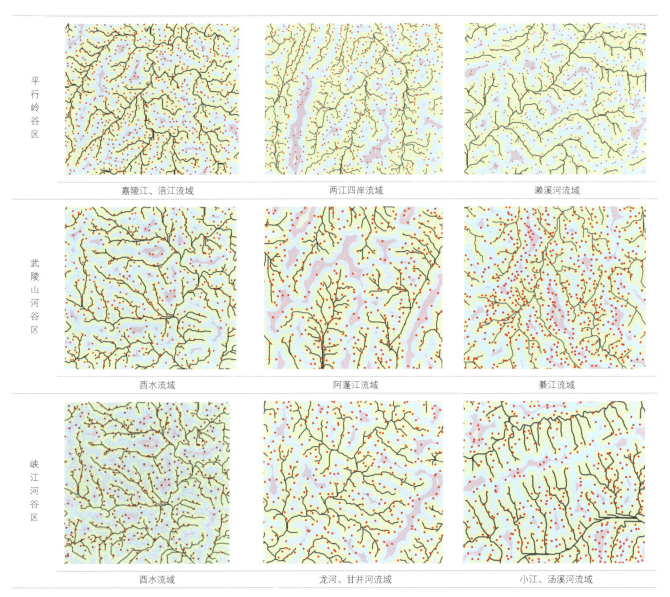

图2-2-8 各流域形态与聚落分布

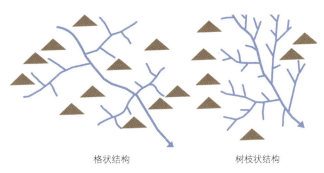

图2-2-9 重庆传统聚落系统骨架

是由于所在地区地表岩层受垂直或水平方向的构造作用力影响，开始出现有明显褶皱而形成岩层弯曲的构造山地。这种山地一般呈弧形分布，延伸数百公里以上，山体的走向和排列与内营力的作用方式紧密相关，每一条岭谷间天然形成顺势而流的河流，让平行岭谷内诸地理单元，虽然有山岭为之阻隔，但却能够借助水运增强彼此的融合度。峡江河谷地区梳齿状形态结构的构成原因

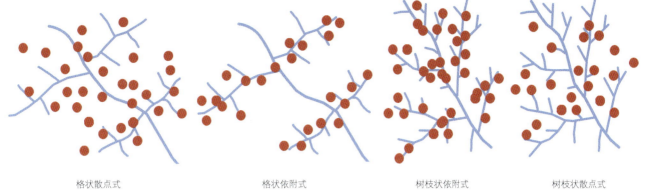

| 格状散点式 | 格状依附式 | 树枝状依附式 | 树枝状散点式 |

图2-2-10 重庆传统聚落分布形态结构

有所不同，这个区域地势从南北两面向长江河谷倾斜，起伏较大，多呈现"一山一岭"或"一山一槽二岭"的地形，地质多为"喀斯特地貌"构造。聚落分布在水系两边，总结各流域的分布特征，水系和聚落的形态结构主要分为四种：格状散点式、格状依附式、树枝状散点式、树枝状依附式。根据空间图示大致可以看出，嘉陵江、涪江流域聚落，小江、汤溪河流域聚落属于格状散点式；龙河、甘井河流域，梅溪河、大宁河流域属于格状依附式（图2-2-10）。

四、空间分布限制性要素分析

根据上述研究可知，大区域分析中重庆传统聚落空间分布主要受到短时间内人为改变最小的水系、地形地貌及耕地的影响以及需要长时间才能形成的文化的限制，主要从高程和坡度、水系、耕地、历史文化四个要素展开进行分析。

（一）高程和坡度

高程和坡度影响着土地的可利用率，是决定重庆传统聚落垂直分布规律的关键要素。坡度是影响居民点空间分布格局的重要地理因素。通常来说，宜耕宜居的坡度为平缓或平缓坡度（<15°），这个坡度内既便于工程施工，又便于生活和交通。但是大于25°的区域不适合人居，主要表现在不容易开垦土地来修建房屋和用于耕地，水土流失严重致使山体滑坡泥石流的风险加大，生态环境极为脆弱。

由表可见（表2-2-3、表2-2-4）平行岭谷地区整体高差较小，重庆传统聚落竖向上聚集明显，主要聚集在200～400米的高程范围之内，坡度为0°～15°。武陵山河谷区高差变化加大相较于平行岭谷区竖向聚集的趋势较为减弱且流域区域间变化较大，阿蓬江流域主要聚集在200～800米的范围内，酉水河流域主要聚集在300～600米范围内，綦江流域主要分布在300～500米范围内，阿蓬江流域河綦江流域坡度主要分布在5°～25°范围内，酉水河流域主要聚集在0°～25°范围内。峡江河谷地区由于高差过大，聚落的高程分布具有明显的分散性，坡度主要分布在5°～25°范围内。在平面分布上聚落的分布和地形的关联也很明显，将坡度和高程进行叠合形成地形位图来代表地形在平面上的状态，其坡度大高程越高，地形位图指数也就越高，再将地形位图和核密度图进行叠加（图2-2-11），可以很直观地看到平行岭谷和武陵山河谷地区的六个流域以及龙河、甘井河流域的聚落都随着地形的走势分布在地形位指数的低值处。峡江河谷地区总体的地形位指数偏高，小江汤溪河流域和梅溪河大宁河流域总体分布在地形位

各流域同海拔范围内聚落分布变化及占比　　　　　　　　　表2-2-3

海拔范围（米）	平行岭谷区			武陵山河谷区			峡江河谷区		
	两江四岸流域	嘉陵江、涪江流域	濑溪河流域	阿蓬江流域	酉水河流域	綦江流域	龙河、甘井河流域	小江、汤溪河流域	梅溪河、大宁河流域
<200	2.18	0.07	—	—	1.71	0.55	2.11	2.31	1.72
200~299	40.34	49.33	0.14	—	24.06	0.61	8.49	6.25	2.84
300~399	36.76	42.22	83.22	—	27.05	22.72	10.82	7.56	3.7
400~499	9.8	6.26	15.19	3.44	18.86	17.79	15.84	8.86	4.57
500~599	7.98	1.13	1.17	9.2	13.06	13.69	13.87	9.53	5.86
600~699	2.66	0.53	0.28	14.25	5.82	11.84	8.5	10.46	6.67
700~799	0.27	0.22	—	20.36	3.83	11.37	6.79	9.33	8.24
800~899	—	0.18	—	18.35	2.67	9.74	4.98	7.75	9.5
900~999	—	0.02	—	12.72	1.50	7.69	5.05	7.37	9.63
1000~1099	—	0.04	—	6.31	0.64	3.06	5.34	5.99	10.33
1100~1199	—	—	—	4.37	0.74	0.83	5.23	4.90	9.41
1200~1299	—	—	—	3.87	0.04	0.11	3.9	4.08	7.57
1300~1399	—	—	—	3.95	0.02	—	3.17	3.71	5.78
1400~1499	—	—	—	2.87	—	—	2.91	3.47	4.28
1500~1599	—	—	—	0.3	—	—	1.94	2.88	3.64
1600~1699	—	—	—	—	—	—	0.8	1.89	2.79
1700~1799	—	—	—	—	—	—	0.25	1.21	1.62
1800~1899	—	—	—	—	—	—	0.02	0.83	0.83
1900~1999	—	—	—	—	—	—	—	0.49	0.43
2000~2514	—	—	—	—	—	—	—	1.13	0.59

各流域同坡度范围内聚落分布变化及占比　　　　　　　　　表2-2-4

坡度范围（米）	平行岭谷区			武陵山河谷区			峡江河谷区		
	两江四岸流域	嘉陵江、涪江流域	濑溪河流域	阿蓬江流域	酉水河流域	綦江流域	龙河、甘井河流域	小江、汤溪河流域	梅溪河、大宁河流域
<5	47.44	62.71	83.53	10.13	21.41	23.56	19.38	6.8	4.06
5~15	42.48	32.89	15.44	34.77	50.82	51.19	50.81	29.5	28.49
15~25	9.26	4.19	0.76	43.84	23.7	19.42	23.71	30.37	39.94
25~40	0.84	0.21	0.28	10.78	3.95	5.64	5.87	17.62	25.59
40~50	—	—	—	0.47	—	0.18	0.23	15.51	—
>50	—	—	—	—	—	0.01	—	0.21	—

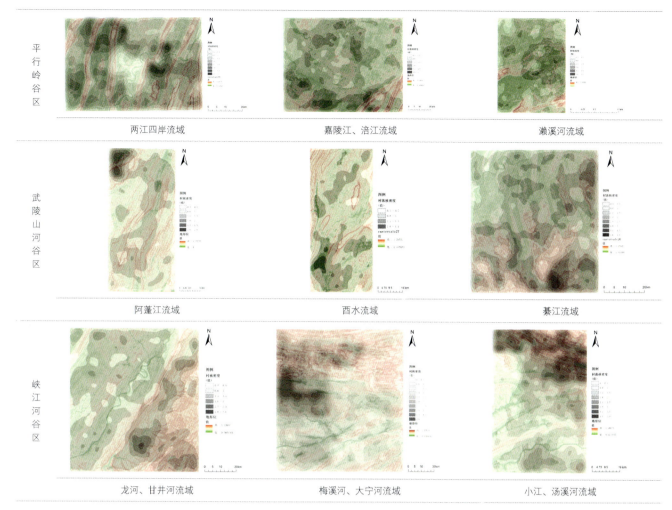

图2-2-11 各流域地形位和核密度叠图

指数较低的区域内，局部高值内有聚集区。平行岭谷地区可利用的面积更大，更易形成聚集以及规模较大的聚落。武陵山河谷区和峡江河谷区由于高差大地形变化大，缺乏适合大规模乡村建设的土地，农田也受到地形的切割，难以实现农业生产的大规模机械化，对聚落生计和形态规模分布影响最为巨大。由此可知，高程和坡度是制约重庆传统聚落分布最为重要的因素之一。

（二）水系分布

水源对早期重庆传统聚落的分布有较大的影响，现代社会由于技术的进步、对土地的依赖性降低，重庆传统聚落的布局已不受水源位置的限制，但由水系和核密度的叠图可以看到，大部分区域中的聚落仍沿着水系分布。平行岭谷区域，河流两岸地势平坦，耕地肥沃，有水也利于灌溉，是耕作建设较为优质的位置，武陵山河谷区和峡江河谷区由叠加图可知高密度区的分布和河流未有很明显的联系，但中高密度区沿河流呈带状分布（图2-2-12）。用ArcGIS以河流为中心，以500米为间隔做缓冲区分析得到聚落与水系距离范围占比的表（表2-2-5），发现随着河流距离的增加，重庆传统聚落的数量呈下降趋势，说明重庆传统聚落的分布对河流的依附性高。

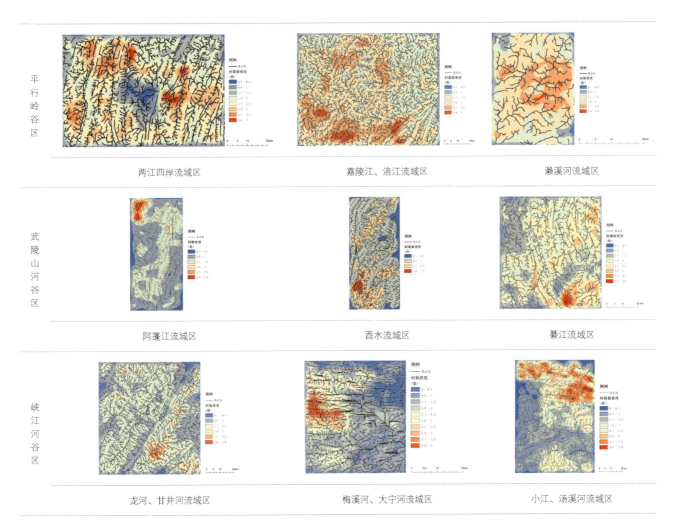

图2-2-12 各流域水文和核密度叠图

各流域聚落与水系距离范围占比　　　　　　　　　　　表2-2-5

	两江四岸流域	嘉陵江、涪江流域	濑溪河流域	阿蓬江流域	酉水河流域	綦江流域	龙河、甘井河流域	小江、汤溪河流域	梅溪河、大宁河流域
≤500	61.89	62.51	57.98	62.73	69.66	55.73	60.88	56.74	57.33
>500, ≤1000	31.01	34.40	35.69	31.52	25.78	35.02	34.10	34.81	33.69
>1000, ≤1500	6.12	3.04	6.05	5.60	4.39	8.66	4.80	8.20	8.34
>1500, ≤2000	0.98	0.04	0.28	0.15	0.16	0.59	0.22	0.25	0.63

（三）土地资源是重庆传统聚落规模的决定要素

农民在农业生产中对耕地的依赖性很强，是他们主要的生计来源。耕作半径是从聚落居住地到耕地所在区域的直线距离。它的半径长度与地形有很大的关系，能反映出不同时期农业生产力的状况与聚落和耕地分布之间的关系。这是由于传统农耕采用人力和畜力，过长的耕作距离不利于日常生产和收成农作物的运输，所以聚落常分布于耕地的边缘。随着社会经济的快速发展，一方面农业生产力水平逐步提高，耕作方式走向了现代化，机械的应用使耕作时间得以缩短，耕作半径相对加大；另一方面以农业生产为主的农民对耕地的需求逐步降低并转化为对消费的需求。所以，在这种生活水平提高、生存方式改变的背景下，农村居民对基础服务设施、交通等因素的需求增大，并使得重庆传统聚落的分布开始走向聚集，有向道路靠拢的趋势，新建房屋与耕地间的距离限制相对减小。

对于耕作半径的表达分为两种：时间半径和空间半径。与时间半径相比，距离半径能更好地反映山区耕地和聚落分散、分布小的空间格局。因此，采用距离半径来计算研究区的耕作半径。

在ARCGIS中做出缓冲区来分析表示空间上的耕作半径。以重庆传统聚落点为中心进行缓冲区分析，通过缓冲区分布图与耕地矢量层叠加得到耕作半径。缓冲区内耕地面积与实际耕地面积之差最小时，区域耕作半径等于缓冲半径值。由此方法分别求出平行岭谷区两江四岸流域耕作半径为540米；嘉陵江、涪江流域耕作半径为585米；濑溪河流域耕作半径为605米。武陵山河谷区阿蓬江流域耕作半径为835米，酉水河流域为680米，綦江流域615米。峡江河谷区的龙河、甘井河流域耕作半径为850米，小江、汤溪河流域耕作半径为825米，梅溪河、大宁河流域耕作半径为800米。

总的来说，地形地貌对耕作半径的影响很大。平行河谷地形地区的耕作半径在540～605米区间内，这个区域的地块整体相对平坦且耕地集中，所以耕作半径较小；武陵山河谷地区耕作半径在615～835米区间内，地势起伏较大，耕地较为分散且地块面积小、可达性较差，耕作半径加大；峡江河谷区与其他两个地形区相比耕作半径最大，在800～850米区间内，由于地形起伏大，导致坡度较陡、耕地细碎、分散性大以及可达性差。

（四）重庆传统聚落分布的总体趋势

本节从空间层次的划分，到对各地形区重庆传统聚落分布特征的分析，再到九大流域区特征的分析，对地形区分析的补充与细化，最后从四大限制性因素高程与坡度、耕地、水系和历史文化对分布的影响进行了分析。通过数据分析、量化，较为科学地明确了各地区各流域区的空间分布特征以及分布规律和限制因素，认为重庆现有的重庆传统聚落大多建立在对地形的适应性和自给自足的小农经济基础上，与自然环境相对隔离，传统耕作方式分散，使得重庆武陵山河谷区以及峡江河谷区呈现出与平行岭谷区不太相同的布局特征。总结出重庆传统聚落的水平与垂直分布的规律，即各传统村落垂直分布与水平隔离形成的居住模式。受地质地貌的影响，水平分布以流域为骨架，低海拔河谷与平行岭谷相互关联的网络关系，聚落间的关系呈现出西北部的平行岭谷向东部的峡江河谷区域与东南部武陵山区域逐渐减弱的趋势。整体分析结果见表2-2-6。这些特征是重庆传统聚落有别于一般聚落的关键所在，是保持重庆传统聚落特色的核心，承担着农业景观维持、农耕文化传承以及生态环境保护等重要职责。以此为空间布局的基础，能产生因地制宜的规划设计要求，寻求现状规划设计的问题应对策略，为优化重庆传统聚落系统空间分布的问题提供数据支撑，进一步促进重庆传统聚落建设的和谐发展。

重庆地区传统聚落分布特征及限制要素总表　　　　　表2-2-6

区域		分布特征	限制要素			历史文化
			高程与坡度	耕地	水系	
重庆大区域		南疏北密，分布具有不均衡性，三个明显的聚集核心	各村落垂直分布与水平隔离形成的居住模式，村落分布呈现出鲜明的垂直地带性。区域特征随地貌变化差异明显	耕作半径：540~850米	依附性高	
三大地形区	平行岭谷区	整体最为分散，多核环状分布，且内部布局紧凑	竖向聚集明显，分布坡度<15°	耕作半径：540~605米	依附性较高	
	武陵山河谷区	最为聚集，一核多中心团状分布，分布不均匀，整体分布密度小，沿水系分布	竖向聚集度较高，分布坡度<25°	耕作半径：615~835米	依附性高	
	峡江河谷区	一般聚集，单核团状分布，聚落单体整体规模小，密度小，分布严重不均衡	竖向聚集度低，分布坡度5°~25°	耕作半径：800~850米	依附性较低	
九大流域区域	两江四岸流域	小聚集大分散，聚集半径4500米，多核团状，密度主要范围：1.6~2.5个/平方公里，最高	高程主要分布区间：200~400米；坡度主要分布区间：<15°	耕作半径：540米	依附性较高	（1）界定了流域层面的重庆传统聚落层级；（2）重庆传统聚落间呈现出聚落规模、聚落功能和文化影响力的差异可划分为以下四级，包括中心市镇（含小型县城）、中间市镇、基层市镇和村落；（3）聚落之间的空间结构呈现网络状，交叉联系与垂直联系相互结合
	嘉陵江、涪江流域	小聚集大分散，聚集半径5500米，多核团状，密度主要范围：1.1~2个/平方公里	高程主要分布区间：200~400米；坡度主要分布区间：<15°	耕作半径：585米	依附性高	
	濑溪河流域	分散，多核团状，密度主要范围：1.1~2个/平方公里	高程主要分布区间：300~400米；坡度主要分布区间：<15°	耕作半径：605米	依附性较低	
	阿蓬江流域	小聚集大分散，聚集半径5500米，单核条状，密度主要范围：0.6~1.5/平方公里	高程主要分布区间：600~1000米；坡度主要分布区间：5°~25°	耕作半径：835米	依附性高	
	酉水流域	小聚集大分散，聚集半径5500米，单核条状，密度主要范围：0.6~1.5个/平方公里	高程主要分布区间：200~600米；坡度主要分布区间：<25°	耕作半径：680米	依附性高	
	綦江流域	小聚集大分散，聚集半径3500米，多核团状，密度主要范围：1.1~2.5个/平方公里	高程主要分布区间：300~600米；坡度主要分布区间：<25°	耕作半径：615米	依附性较低	
	龙河、甘井河流域	小聚集大分散，聚集半径4500米，单核条状，密度主要范围：0.6~1.5个/平方公里	竖向聚落分散，坡度主要分布区间：5°~25°	耕作半径：850米	依附性较高	
	梅溪河、大宁河流域	大聚集大分散，聚集半径23000米，单核饼状，密度主要范围：0.6~2个/平方公里	竖向聚落分散，坡度主要分布区间：5°~25°	耕作半径：800米	依附性较低	
	小江、汤溪河流域	大聚集大分散，聚集半径12000米，单核饼状，密度主要范围：0.6~2个/平方公里	竖向聚落分散，坡度主要分布区间：5°~25°	耕作半径：825米	依附性较低	

第三节　重庆传统聚落系统等级职能与规模

一、重庆传统聚落职能与等级现状分析

重庆传统聚落的职能是聚落在其所在区域的作用，聚落的等级高低反映了其作用的大小。聚落在系统中的功能是由聚落经济活动类型的划分来确定的。对于重庆传统聚落等级职能的针对性研究相对较少，主要以中心地理论及其拓展的研究为主。

（一）重庆传统聚落职能现状分析方法

聚落职能是向居住在周围地域的居民提供各种货物和服务，它的货物和服务是分级的，而其等级是由聚落所提供的商品和服务的级别所决定的。当一个聚落对周围区域相对意义的综合加大时就产生了中心性，中心性可用重要性剩余表示。综上所述，行政村可以为周边的自然村提供服务，例如教育与医疗，而自然村是最小的聚落构成单位，不具备产生中心性的重要剩余，所以自然村没有中心地的功能。

对于重庆传统聚落的职能分布，我们依照在泸沽湖区域的研究成果，将聚落在系统中的职能分为两个部分，一部分是以人均农业收入来体现服务于当地聚落的需要；另一部分是以第二、第三产业的人均收入来体现给其他聚落所带来的服务和货物量，这一部分是聚落以外为聚落所创造收入的部分，它是确定聚落职能的主要指标，它是导致聚落变迁的主要动力[①]。一个聚落，如果它在经济生活中的服务性活动的内容和规模产生增长，这个聚落就呈现发展趋势，那么这个聚落性质就无可挽回地要趋向转型。第三产业从业人员的增加，聚落服务型经济活动所引起的这样一种放大的机制，也导致聚落形态的无序变化。

（二）重庆传统聚落等级现状分析

重庆现状传统聚落等级主要是依据行政区域的划分来进行的，即以建制镇—行政村—自然村来划分。明确几个概念，首先行政村是中国基层群众性自治单位，自然村指乡村地区经过时间的发展聚集而形成的人口聚居点，所以不属于行政单位。多个自然村构成行政村，再多个行政村构成乡或镇，"乡"与"镇"属同一行政级别，建制镇为第二、第三产业的发展提供了聚集的场地，使产业具有一定的规模，促使着城镇化的发展。而乡镇基本上只是承担起对农业产业和乡村生活的行政管理和服务职能。以上都是属于行政管理的范畴。而中心村、中心镇、一般镇、基层村、集镇属于规划用语，它们才是重庆传统聚落等级系统的组成部分。

《城乡规划标准》中"建制镇城镇—集镇—中心村—基层村"的构成是现有研究成果下所提出的较为完整的重庆传统聚落等级。但现状中重庆市大部分地区的中心镇、一般镇、中心村和基础村的功能并未完全成熟，重庆传统聚落仍按以前的行政级别运行。比如图2-3-1是濑溪河流域行政区划中建制镇、行政村、自然村的现状分布情况，以行政村步行2公里/30分钟范围和以乡镇点为中心，以电动车5公里/15分钟行程作缓冲区，发现乡镇设施服务范围发生重叠，容易出现重复建设的情况，而行政村服务范围局部无法覆盖，会导致其辐射带动作用减弱。由于近年的撤乡并镇，部分乡降为行政村，但受到中心地市场原则的支配，乡为周边提供货物和服务的职能未发生改变，但其行政等级下降会导致公

[①] 黄耘. 泸沽湖地域人居环境文化演进[M]. 北京：中国建筑工业出版社，2014.

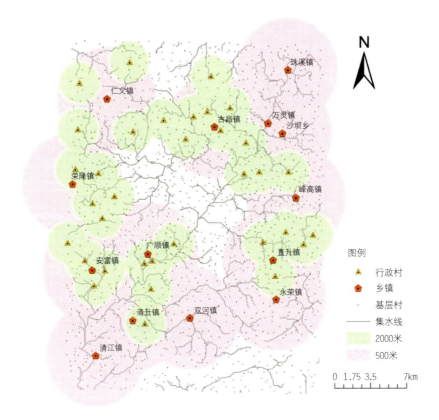

图2-3-1　濑溪河流域村镇缓冲区图

共设施配置下降，无法提供公共设施需求。

以某种程度看来，一个可以将各个重庆传统聚落和更高级别的中心连接起来的空间结构的缺失会使重庆传统聚落的发展滞后。中心系统的缺失，制约了乡村财富的增长和分配的加速发展。并且由于某些地区常住人口的减少，导致设施配置无法达到门槛人口和服务范围要求，现状等级无法发挥会使得人口外流更加严重。由此可见，需要因地制宜地采用重构或者在现状基础上完善两种模式来构建一个中心明确、等次分明的空间结构系统。

（三）重庆传统聚落等级与职能的影响因素

根据中心地理论和金其铭在《乡村地理学》[①]一书中对重庆传统聚落职能的分析可知，公共服务设施和行政机构决定着重庆传统聚落的职能，而重庆传统聚落职能的重要性最终将决定着重庆传统聚落的职能水平和规模。其主要影响因素与服务范围内的人口规模、设施需求以及交通便利性有关。

重庆传统聚落服务范围以内人口规模由人口分布和密度来决定。人口多、中心商品消费量大、顺差大，重庆传统聚落的职能和等级相对较高。中心地补充区域的交通摩擦系数越小，则交通通达度越高，可以提升高等级中心地的功能，使高等级中心的功能发挥，反之会对高等级中心的职能产生抑制作用，而交通的通达度主要与地形有关。乡村居民教育观念的提高，也会促使各种设施的类型完善和水平提高，最终导致重庆传统聚落功能类型的增加。

---

① 金其铭. 乡村地理学［M］. 南京：江苏教育出版社，1990.

二、重庆传统聚落规模

（一）重庆传统聚落规模的现状分析

聚落的职能需要在一定的聚落规模前提下才能得以发挥。聚落规模包含人口规模和土地利用规模两个方面，土地利用规模可根据人口规模和人均土地利用面积来确定。因此，人口规模一般被认为是聚落规模的研究重点，本书仅对重庆市各地形区域的乡村人口规模进行探讨（表2-3-1）。

2018年重庆乡村人口1070.2万人，其中平行岭谷区

2018年重庆传统聚落分布与人口规模情况　　　　表2-3-1

地形区	区/县	乡村人口（万人）	行政村数量（个）	行政村平均人口规模（人）	自然村数量（个）	自然村平均人口规模（人/个）
平行岭谷区	涪陵区	36.54	303	1206	4913	74
	渝中区	0	0	0	0	0
	大渡口区	0.87	32	272	237	36
	江北区	3.36	16	2100	430	78
	沙坪坝区	5.1	66	773	848	60
	九龙坡区	7.95	100	795	865	92
	南岸区	3.91	48	815	591	66
	北碚区	13.32	107	1245	1385	96
	渝北区	28.58	181	1579	2507	114
	巴南区	19.95	198	1008	3899	51
	长寿区	29.01	221	1313	2163	134
	江津区	43.79	173	2531	5482	80
	合川区	43.79	322	1362	3716	118
	永川区	34.53	206	1676	3009	115
	大足区	32.44	207	1567	2418	134
	璧山区	31.24	135	2314	2076	150
	铜梁区	31.53	266	1185	2638	120
	潼南区	33.21	208	1597	3024	109
	荣昌区	31.07	92	3377	1787	174
	丰都县	31.32	267	1193	3056	102
	垫江县	37.65	222	1696	1645	228
	平行岭谷区	499.16	3370	1480	46689	107

续表

地形区	区/县	乡村人口（万人）	行政村数量（个）	行政村平均人口规模（人）	自然村数量（个）	自然村平均人口规模（人/个）
峡江河谷区	万州区	54.57	439	1243	4106	132
	开州区	61.45	427	1439	5164	118
	梁平区	35.1	269	1305	2123	165
	城口县	11.76	173	680	6021	19
	忠　县	40.79	284	1436	2450	166
	云阳县	52.3	380	1376	6103	85
	奉节县	41.5	314	1307	7488	55
	巫山县	26.18	305	858	3049	86
	巫溪县	24.26	289	839	8360	29
	峡江河谷区	347.91	2880	1164	44864	95
武陵山地区	石柱县	21.19	205	1034	3689	57
	秀山县	28.24	202	1398	2486	114
	酉阳县	35.56	170	1317	4686	76
	彭水县	30.86	237	1302	5779	53
	武隆区	19.44	186	1045	3020	64
	南川区	23.14	184	1258	3706	62
	綦江区	41.21	359	1148	5173	80
	黔江区	23.87	138	1730	2697	88
	武陵山河谷区	223.51	1681	1279	31236	74

总499.16万人，行政村平均人口规模1480人，自然村平均人口规模106人；武陵山地区总223.51万人，行政村平均人口规模1279人，自然村平均人口规模74人；峡江河谷区总347.91万人，行政村平均人口规模1164人，自然村平均人口规模95人。由此来看，重庆传统聚落规模主要受地形影响，平行岭谷区地处川东平原，多低山浅丘地形，土地肥沃，适于发展耕地种植，粮食产量大，承载人口多，能够产生聚集，所以该区域聚落人口规模最大。武陵山地区和峡江河谷区受地形因素限制较大，丘陵沟壑和山地形使耕地破碎，适于耕作的土地减少，这两个区域聚落人口规模较小，聚落较为分散。在各地形区内部，行政村和自然村人口规模也有着很大的差异。

平行岭谷区有45%的区县未达到地形区自然村内平均人口规模，武陵山地区有50%的区县未达到地形区内自然村平均人口规模，峡江河谷区有55.5%的区县未达到地形区内自然村平均人口规模，特别是如城口、彭水县自然村人口规模极小，且比较2013年与2018年重庆行政村平均人口规模可看到（图2-3-2），重庆整体的传统聚落人口规模都显著降低，城市化率较高和较低的地区都出现了传统聚落空废化的现象。人口的流失，使乡村居住空间的社会组织结构完整性受到破坏。重庆传统聚落的分散化、乡村耕地的破碎化限制了土地的集约利用，农业规模小，不易实现产业化发展。人口不断流失也使得公共服务设施的配置标准难以实现，阻碍了农村居民的生活舒适与便利性，即现有的土地利用方式和人口规模水平对当前生产力发展产生了限制。但是，如

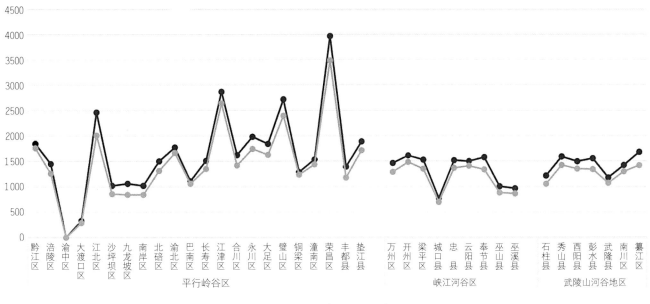

图2-3-2 重庆2013年和2017年行政村平均人口规模

果盲目地扩大重庆传统聚落规模，特别是自然村规模，就会违背聚落产生的内在规律。因此，适当扩大村庄规模，重构重庆传统聚落规模系统，是适应当前社会经济发展的必要措施。

（二）重庆传统聚落规模影响因素

1. 耕作半径

耕地是重庆传统聚落空间的重要部分，关系着重庆传统聚落的主要生计来源。耕作半径影响重庆传统聚落重构中最大规模的范围，是乡村居民迁村合并的最大制约要素，即重庆传统聚落改造的最大安置范围，不应该超过现有的耕作半径，否则农村居民的生产成本就会提高，包括时间成本和距离成本，最终造成重庆传统聚落的改造难以实施。平行岭谷区的耕作半径范围在540～605米，武陵山地区的耕作半径范围在615～835米，峡江河谷区的耕作半径范围在800～850米。这是土地承载力基础下自然演变的结果。因现代交通工具的发达，耕作半径相应扩大，可适当进行乡村的合并来扩大聚落的规模。

2. 公共服务设施的门槛

门槛人口是乡村地理论中维持中心功能所需的最小人口规模，或支持商业活动所需的基本购买力。如果没有达到这个门槛，提供商品或服务的中心地聚落将无利可图，导致破产或中断正常运营。因此，人口规模过大或过小都不利于重庆传统聚落设施规模经济的实现。如果重庆传统聚落系统中心地的人口过多，服务设施的利用率加大，损耗也会增快，导致服务质量下降从而影响社会服务水平；如果人口规模过小，其半径内的设施利用率低，会造成浪费。一般来说，乡村居民点规模必须大于或等于公共设施的门槛人口，才能加强乡村公共服务设施的配套，因此对中心地人口的提前预估就显得尤为重要。

第一节 传统聚落生计景观的视野

在聚落农业经济发展的过程中，从汉水中游带来农业生产技术推动了巴蜀地区的原始稻作农业发展，农业逐渐成为川东地区的主要生产部门之一。生产水平在巴蜀东西地区的发展差异，也使以农业生产为主要生计手段的传统聚落呈现出地域上的不平衡。农业生计现象一方面体现了聚落对土地的利用方式，另一方面人们通过对土地的合理利用来供给聚落，平衡人工与自然之间的关系，传统聚落与土地之间的关系既体现了特殊的景观格局，又塑造了该地区特色的生计景观现象。传统聚落中生计景观的研究试图从生态学、人文地理学、景观图谱的角度，厘清传统聚落与农业土地之间的关系，从景观"可视"的角度发现土地现象传达的景观语言，有助于从平面和立体等方面观察和理解重庆传统聚落的规律性特点、农业生计格局对聚落的演变和发展带来的影响。

一、村落生态学视野

作为生态学的重要分支领域，村落生态学是以村落为基础，以人为核心，伴生生物为主要生物群落，建筑设施为重要栖息环境的人工生态系统。紧靠村落并支撑村落生存与发展的农田生态系统和部分自然生态系统，包括聚落生态评价和生态区划、对特殊聚落的研究、聚落的选址以及聚落生态建设。在本章的研究中关注历史上人们利用土地孕育聚落、改造土地适应自然的景观现象，土地利用及演变作为农耕景观的主要构成，能够充分适应特定地域自然与人文环境、在特殊人地关系长期作用下形成的乡村复合生态系统。在其形成过程中，人的主体性体现为高效利用地域资源方面的经验与智慧，这些经验和智慧深刻地反映在生活、生产和生态环境等物质空间中，体现在不同尺度的乡村聚落景观系统、农田景观系统和整体人文生态系统中，呈现出不同的物质空间形态和组合特征，具有典型性和模式化特点，利用低资源建设高效性的人工生态系统[1]。

二、人文地理学视野

人文地理学作为一门以地域为单元，研究人类活动和地理环境相互关系的学科，其目标是协调人地关系，探求系统内各要素的相互作用及其系统的整体行为和调控机理。农业地理学，作为人文地理学的一个分支，研究重庆聚落人地关系中传统聚落的农业布局与地域分异规律，探讨在聚落宏观层次中农业生产特点，影响传统聚落农业生产布局的基本因素、土地利用方式与耕作制度[2]。

三、景观图谱

"景观"作为人们观察周围环境的视觉总体，在不同时期、不同专业领域中指向有所区别，文化地理学的视野下，把景观看作自然景观和文化景观组成的地理综合体[3]。文化景观是由所在地域的自然与人文要素相互作用形成的，目前划分文化景观类型的方法很多，以聚

---

[1] 岳邦瑞，郎小龙，张婷婷，等. 我国乡土景观研究的发展历程、学科领域及其评述[J]. 中国生态农业学报，2012，20（012）：1563-1570.
[2] 陈慧琳. 人文地理学（第三版）[M]. 北京：科学出版社，2013.
[3] 汤茂林. 文化景观的内涵及其研究进展[J]. 地理科学进展，2000，19（1）：70-79.

落景观作为文化景观研究的切入点，是文化地理学研究的重要途径。

刘沛林的研究团队曾结合文化地理学的研究视野，探讨了"景观基因"与"景观图谱"的研究方式与结果，对本章研究传统村落景观有所裨益。[①] 对聚落景观而言，"景观基因"是指文化"遗传"的基本单位，即某种代代相承的区别于其他文化景观的文化因子。对于辨识聚落类型与识别区域文化景观特征有重要作用。传统聚落生计景观是基于景观生态学的基础，将重庆传统聚落的自然过程看成是地理与生态过程的视觉现象，并力图从生成原理上理解这些现象的规律。可以理解为景观是人地关系复合中的视觉现象，将聚落景观看作一个自然或人文过程的显现，而非单一的审美"事实"或"科学过程"。传统村落自然景观研究的是地理与生态过程的视觉现象；人文景观是人们利用自然与自身文化过程的视觉体现。聚落中土地利用的智慧、表现出的生计形式产生了区别于场镇景观的视觉方式，通过"可识别""可读取"的图形图像传递出来，使场所的界定、空间感知和精神的体验各有区别。去辨识土地利用的结果，有助于作为产生聚落景观分析和解读，帮助我们解析传统聚落景观的结构，系统理解传统村落与传统场镇在根本上产生差异的原因。

本章采用了部分景观图谱的识别办法与分析手段，主要针对平面图谱和形态图谱来反映传统聚落尤其是传统村落对土地利用的逻辑性和差异性，探索传统乡村聚落中土地利用在图谱上特征，作为重庆传统聚落分类标准中的参考要素[②]。

第二节　地理条件与历史发展对重庆传统聚落土地利用的影响

一、历史因素对重庆传统聚落土地利用的影响

由于较为偏僻的地理位置和相对闭塞的自然环境，巴渝农业的历史地理格局在后期主要是由填川移民、土著居民共同重新建构的，也使农业文化带有南方风格。伴随人口的增加和农具、农技及水利的改进，农作区间在每个时期都较前有扩展，逐渐使半农半渔猎（副）区、林区、牧区变小，农业垂直立体分布层次增多，影响了重庆传统聚落农业生计与景观面貌。

（一）农业生产技术的提升

早期巴渝地区的农业经济特点是差异性较大。种植农业沿长江三峡进行传播，古代巴人已经开始在沿江台地和河谷冲击平坝地区开辟水田。秦汉时期的巴郡农业，在利用河道、兴建水利上有所进步，开凿陂塘，含蓄水源，在水田与水塘下修建渠道灌溉水田，水田综合利用来养鱼。宋朝由于梯田的兴建和梯田潴水种植水稻，山坡地改造为耕地，使得巴渝地区的土地得到开发。[③] 缺乏水利可灌溉的丘陵和山区，主要就利用水塘、池塘等潴水地灌溉稻田。清朝主要是把湖广及东南

---

① 邓运员，刘沛林，郑文武. 湘西传统聚落景观图谱研究[M]. 北京：光明日报出版社，2016.
② "图谱具备特殊地学含义，图是指包含地理学研究特有的地学规律的表达方法，谱是指地学现象蕴含的地学机理与地学知识。"——刘沛林.《湘西传统聚落景观图谱研究》
③ 周勇. 重庆通史（全2册）[M]. 重庆：重庆出版社，2014.

一带的山地水田营造、耕作技术传入，为清代农地大拓殖创造了条件。水田技术的特点，一是充分利用崎岖地形见缝插针，开辟各种形状的山田；二是充分利用充沛的自然降水和众多的山泉溪水进行多种形式的灌溉，如塘堰、沟渠、筑槽、汲灌工具等，因地制宜；三是注重改进耕作技术，其经验有育秧宜细，栽秧肥田宜稀、瘠田宜密，犁板田（板结田）宜早等。①元代到民国期间，农业种植制度上渐渐形成了水田多单季，少双季，旱地多连作、间作、套作的制度，灌溉形式多样化与"冬水田"的普及。经过几个时期的生产技术提升，传统聚落逐渐突破了山地丘陵的种植局限，产生了立体农业布局的可能。

（二）作物谱系上的迭代

巴渝地区早在宋朝就已较广泛种植水稻，到明清时期，新的经济作物、经济林木、农业资源等从长江中下游及东南地区传到巴渝地区，玉米、红薯取代黍、粟，成为农业村落中的主要作物，自江淮的马铃薯取代圆根等。比如，在云阳"业烟草者多闽人"。

伴随清代的移民入巴渝，给原来的农作体系带来了新鲜血液，又给传统的农业部门结构造成了影响，移民带来的人口增长，一是引起了农村的多种经营向商品化方面发展，比如武陵山地区的木本油料，成为远近闻名的地区性农副产品，粮食的商品化趋势显现；二是林木渔猎衰落二重种植与家庭副业，极大地压缩了必要的林木渔猎的地理空间，定型了一部分以农业种植为核心的山地聚落面貌。部分临水传统聚落周边，都扩大了收益较高的经济作物种植②。

（三）农产品的商品化发展

清初以来，人口压力与田赋杂税驱使农民因地制宜，扩大经济作物的种植，促进了农产品商品化发展。外国对原料的需求，推动了聚落农产品商品化的迅速发展。首先，表现在经济作物种植面积的扩大和商品量的增长，形成了桑蚕业、桐油业等重要副业。比如，聚落房前屋后土坎种植，拓展养蚕植桑，很少用良田种植。安居古城历史上就大规模种植蚕桑，业态兴旺。长江流域、乌江流域、嘉陵江流域的州县桐树种植过万亩，聚落周围多有大面积的桐树林带。其次，促进了农副产品的增长和手工业、农副产品加工工业的发展。明清时期出现了专业性的农业区域和地区性商业集镇，万灵古镇、双江古镇、濯水古镇等商贸发达的传统场镇均布有油坊、作坊等建筑要素。③清中叶，封建社会末期宗法关系的松弛和商品经济的发展以及四川富农经济的发展促使农村中的土地流向不同身份的新旧地主，土地高度集中于地主手上。因此，地主乡绅购田置地坐收谷租，或兴建规模形制良好的宅院，建筑群常选择地势优越用地，周边良田环绕，如双江古镇、万灵古镇等聚落周边多有大型院落、庄园分据；或碉楼高筑，建宅院于丛山之顶，占据地势优越风景优美的山谷地带，如云阳凤鸣镇赵氏宗祠、万州良公祠、金黄甲大院等。

（四）土地利用方式的变化造就了差异的聚落景观

历史上秦汉时期农耕区以庄园为中心，从集作坊、田池、园林为一体到自给自足的大中型庄园风光，

---

① 郭声波. 论四川历史农业地理的若干特点与规律[J]. 四川大学学报：哲学社会科学版, 1994 (01): 78-91.
② 中国科学院成都地理研究所. 四川农业地理[M]. 成都：四川人民出版社, 1981.
③ 周勇. 重庆通史（全2册）[M]. 重庆：重庆出版社, 2014.

发展至唐宋时代，入川移民的成分复杂，百姓以佣佃为生，形成异地民户聚居、农村集市繁荣的局面。到明清时期，在以乡贯、宗族关系为纽带的结团自保，落户插秧时间不一，插占田块难以集中，结团式的土地利用形式使之呈现出"大聚居、小散居"的聚落景观。史料上描述平行岭谷区的传统聚落山脉环绕，丘陵错落，其农舍的分布呈现散居形式，周边地主建筑碉堡，家族聚居外的农舍于陇亩之间，周围多竹林成丛，伴有杂树，如松柏桐棕。而涪江流域地势略平坦，则呈现其聚落多居河坝沿岸，民居栉比鳞次排列的景观。曾有吟咏风土的竹枝词描述清朝时期平陵岭谷一带的聚落景观，通常是农舍周边一片竹林，各自相距一里半里，典型的地广人稀的景致，后伴随"湖广填四川"的浪潮，吸引了更多的外来移民定居，才逐渐形成当时的川东地区倚林而聚、农田散布、集镇繁茂的聚落景观[1]。

历史发展过程中，几次技术提升、作物迭代、商品经济的发展，促进了传统乡村聚落农作物种植区间的横向与纵向拓展，使生计作业区间更加宽泛。

二、农业地理区划对重庆传统聚落土地利用的影响

重庆地域恰处于我国耕地资源集中的第一阶梯与第二阶梯的交接区域，主要为海拔1000~2000米的广大丘陵山地和河谷地带，对农业分布、土地利用、种植制度等都有强烈的影响和制约。多山的地形使其在自然地域差异上趋于复杂，从而使重庆不同聚落所处的资源类型更为多样。重庆属于中亚热带与南亚热带的交汇区域，在种植制度上多以水田二熟三熟、旱地二熟为主，农业立体性强，常绿阔叶林、季风常绿阔叶林是主要植被，赤红壤的土壤为主，双季稻一年三熟或两年五熟等为主要作物，以上是重庆聚落农业种植基础[2]。

（一）自然地带制约农业种植种类

重庆作为亚热带，农业的基本特征为冷季种植喜凉作物，夏季种植喜温植物，形成不同生态型的作物组合，一年两熟或三熟。重庆西面的平陵岭谷区所处中亚热带，位于长江以南、南岭以北的广大丘陵山地和河谷平原，西侧接壤四川盆地，南面临近云贵高原。中亚热带由于受季风和青藏高原的影响，是气候适宜、物产丰富、人口密集的好地方。双季稻种植较普遍，或以水稻为中心的稻、豆、绿肥（或油菜）及早稻、晚玉米、油菜（或蚕豆）的三熟制，茶、柑橘、油菜、油桐等生长良好，并盛产杉、毛竹、马尾松等，农业植被类型的为单（双）季稻连作冬小麦（或油菜、绿肥）或一年三季旱作，以及亚热带常绿果树、经济林[3]。

（二）重要农业地缘界线

重庆南面临接所在暖温带与北亚热带的重要分界，此线是我国地理上的一条重要界线，自古以来以此划分南北，东部季风区农业区的地带界线对农业制约明显。重庆以北的秦岭对冷暖气候起阻隔作用，作为黄河、长江、淮河的分水岭，在气候上是热量收支相等以及全年水分收支相等的界线，农业景观上为我国水田农业北界，更是我国亚热带经济林木分布的北缘地带。此地缘线以南的峡江河谷、平陵岭谷有常绿阔叶林，聚落农业以水田作物为主。

聚落生计环境包括气候资源、水资源、土地资源与生物资源，作为一个统一体的自然环境，有诸多共性与特征，组成这个自然资源的各要素相互联系与制约。一

---

[1] 郭声波. 论四川历史农业地理的若干特点与规律[J]. 四川大学学报：哲学社会科学版，1994(01)：78-91.
[2] 周立三. 中国农业地理[M]. 北京：科学出版社，2000.
[3] 中国科学院成都地理研究所. 四川农业地理[M]. 成都：四川人民出版社，1981.

是自然因素的变化会导致一种资源组合演变为另一种资源组合,可能体现在不同流域的生计景观差异现象中;二是自然资源的分布和组合有区域性,资源分布不平衡。农业自然条件的地域差异是影响传统聚落中农耕区域分布的重要制约因素[①]。

三、自然要素对重庆传统聚落土地利用的影响

(一)地形地貌条件限定农业生计区域

平行岭谷区的传统聚落农业生计用地,受到一山一岭、一山一槽平行排列的地貌限定,主要分布在丘陵、低山、平坝区域,除去一部分平地坝田,大部分聚落生计的耕地都集中在两山之间。历史上巴县当地重叠多山,只能够在山与山之间的盆地进行耕种。如嘉陵江流域松溉古镇的农业生计用地周围是绵延的浅丘地貌,海拔相对高差为300米,四周山坡地形坡度在9°~15°之间。渠江两岸地形陡峭,坡度都在45°左右,耕地坡向大多都在西南方向。濑溪河流域万灵古镇农业生计用地都分布在海拔500米以下,草地和林地主要分布在500~1000米,水域主要分布在500米以下的区域。农业生计种植的区域地貌相对单一。农作物面水靠山的分布种植,也充分利用了河道周围的平地耕种,农田作业区间从河岸平地一直蔓延到坡地。用地条件较好,利于栽培水稻、玉米等作物。在聚落规模演变的过程中,低山浅丘的农业用地条件也为农产品的转运、商品化发展提供了条件,降低了聚落对农业生计单一的依赖作用。

武陵山区的传统聚落农业生计用地,多开垦于武陵、金佛、七曜、石壕等山脉中坡、高海拔的夷平面区域。一般高度在800~2200米,江河两岸多是120~300米的高山,耕地大多依山开垦。如阿蓬江流域的花田乡何家岩古寨,农耕区域沿山地沟谷纵横,聚落分布的海拔相对高差为1000米,四周山坡地形坡度在14°~29°之间,耕地坡向大多在东南方向。总的来说,地形地貌复杂,耕地条件有限。常采用一般的农业耕种方式栽培水稻、玉米、土豆等,在坡地间依山就势,沿等高线建造阶梯式农田。

峡江河谷区的传统聚落农业生计用地,以大巴山和巫山等中山为主体,多位于1000~2600米海拔之间。高度变化从北到南呈现下降趋势,中北部低山与当地相接,该地较为宽阔平整。其中川原较少,主要是山碛多,在中间有平衍之田。中山地形下的"V"形河谷生计用地条件并不充裕,土地方面肥沃与贫瘠兼有,也影响着产量,气候、土壤条件优劣相兼。因此,一方面形成了以水稻、玉米、红苕、小麦粮食作物为主的生产格局,另一方面也栽培花椒、辣椒、旱烟叶、桐油、竹等经济作物。农业生计的地形条件使得峡江河谷的农业面貌类型不一(图3-2-1)。

(二)水系渠网条件差异对聚落土地利用的影响

鲜明独特的自然条件与人工建造,共同构建了重庆聚落在土地利用上的空间特征。流域与山脉赋予了重庆的水源供给条件与优势,与重庆聚落的栖居演化联系密切。重庆地处亚热带湿润季风气候区,降水丰沛,形成了众多的河流。再加上地形起伏较大,山地丘陵广布,既使得河流具有明显的山地特征,又使农业生计方式极大程度上依附于流域水道与用地条件。重庆的水系密度为0.3~0.5公里/平方米,流域水系结构上是主要为山地型和树枝状灌木型。重庆河流河道类型以交叉汇合形和蜿蜒曲折形为主,少有编织形和直线形。天然的

---

① 周立三. 中国农业地理[M]. 北京:科学出版社, 2000.

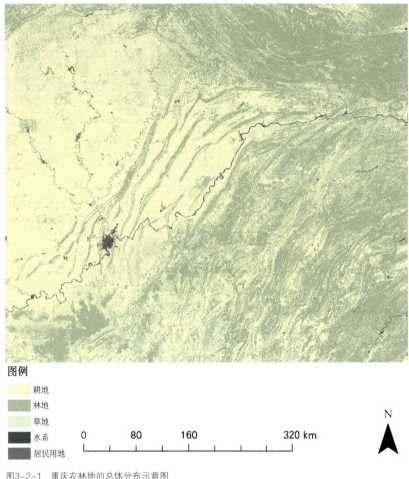

图3-2-1 重庆农林地的总体分布示意图

图例
- 耕地
- 林地
- 草地
- 水系
- 居民用地

水系形态与冲击岸线，为岸线两侧的聚落创造了良好的耕作条件，宋后期的水利设施修建更提高了河道周边农业开发的效率。

1. 平行岭谷区——以主水道沿往支流拓展式分布的树枝状水系

从农业耕地与水系渠网叠加来看，西面以长江流域为主的峡谷河谷地区往西至平行岭谷地区，水系的密集程度与农业耕地的格局紧密并成正比拓展的态势。长江自江津羊石镇入境，呈近东南向切割渝中、渝东褶皱带，形成猫儿峡、铜锣峡、明月峡、黄草峡等峡谷，其间为宽谷，河谷形态呈藕节状；长江于涪陵顺应向斜转向东北流入万州，江面宽阔，阶地发育[①]。因此，传统聚落大量利用二级支流阶地往纵深拓展。嘉陵江在合川区古楼镇流入重庆境内，并于合川城接纳渠江、涪江两大支流后呈东南向横切沥濞、温塘、观音等背斜，形成嘉陵江小三峡，以及西南面的濑溪河，由于优良的河道条件与两侧浅丘地貌的地形条件更为有利，因此聚落的农耕用地大，生态格局中基质突出，少量林地斑点，对大量沿岸或支流聚落形成了明显的农业支撑局面。

---

① 冯维波. 重庆民居（上卷：传统聚落）[M]. 重庆：重庆大学出版社，2017.

临涪江的双江场镇、渠江河岸的涞滩场镇，均因两个支流的航运条件获利，因为河道迂曲，为内陆农业灌溉提供了便利。渠江与涪江不同的是河岸两侧为保土防侵蚀，河岸沿线种植植被形成了岸线廊道；涪江两侧则由于蜿蜒的水系冲刷，形成水土丰厚的扇面耕作区域。两江四岸有着较好的航运条件，大型规模的传统聚落生长发展并逐渐城镇化，由于多条陆路转运通道的连接，因此传统聚落在二级支流或者陆路节点上得以发展扩大，主体生计资源不仅包含农作物料，也包括生活、贸易物料。西南面的濑溪河单线河道两面通常由岩石、土壤以及植物组成驳岸，河道水流平缓，河水清澈，河面宽敞，水深约10米，河道上游呈"S"形。由于在主轴线上往往河流速度较快、河流较深，多在农业耕作区与河岸之间留出隔离带，耕作区间往后方平坝浅丘拓展，形成团状格局。位于濑溪河的万灵古镇在场镇西侧日月门处，建有人工升降船闸及修建渡槽系统，用于满足调控季节性水位差异下的航运需求。

2. 武陵山地区——以主水道两侧沿纵深汇集式分布的枝状水系

在东南面以乌江以及支流郁江，阿蓬江、酉水流域为主的武陵山谷三条水系分布均匀，农地生态基质与林地斑点形成交融局面。水网的纵向格局促使农业生计难以沿横向纵深展开，郁江西侧与乌江之间形成少量开阔的、农地基质集中的区域。东南侧郁江与阿蓬江、酉水平行沿南北纵贯了武陵山地区，农业基质与林地斑点不以主河道开展，均匀团状分布其中，因此以旱地农业为主。阿蓬江、酉水河、龙河等水系，岸线平直，河道开敞，取水较为便利，土地资源有限。受武陵山地区喀斯特地形的限制，聚落多利用两岸为数不多的台地布局，聚落多依赖水道顺水平行展开，生计用地沿岸线分布，规模不一。夷平面台地上的聚落，耕地大多依山地、河谷、盆地或坝区之间开垦，远离主水系的农业灌溉多用堰塘，通过人为引流灌溉，沿着层层梯田，在人工疏导之下，大小水系实现从上到下沿梯田横向引流，发挥梯田灌溉的作用。

3. 峡江河谷区——以主水道两侧沿纵深汇集分布的树枝状灌木形水系

在北面以大宁河、梅溪河、小江流域为主的峡江河谷三条水系，农地生态基质与林地斑点分布均匀，大宁河沿线的农业基质占比相对较大。处于峡江河谷地区是整个地方径流最为丰富的地方，在大巴山秦岭山脉的地理条件下，传统聚落多生长形成在二级支流和径流边界，河道并不宽敞，河床多呈"V"形，该河自北而南切割构造，传统聚落农耕用地多向高山转移，大面积的耕地远离主水系。

总体而言，水系不对称且类型复杂多样，农业生计的利用方式也有所区别；就空间分布而言，水资源时空分布不均，北部、南部、东部多，西部少，也促使重庆西部传统聚落在水利技术利用上采用引水入天，河道灌溉与水位调节的举措[①]。

（三）植被土壤的条件限定了种植类别

重庆属于典型的亚热带湿润季风气候，高温多雨，雨热同季，为植物的生长提供了良好的水热条件；再加上山地丘陵广布，地形复杂多样，立体气候明显，也为聚落的生长与发展提供了不同的生境条件，既对生物多样性进行着维系，也具有涵养水源的作用。

1. 植被类型

植被的类型较多，纯林木比重偏大。重庆地处亚

---

① 刘敏. 重庆地理[M]. 北京：北京师范大学出版社，2017.

热带湿润气候区，又属于植被带中的湿润、半湿润森林带，植被可分为阔叶林、针阔混交林、针叶林、竹林、灌丛、草坡、农业植被七个植被类型。亚热带常绿阔叶林为本区的地带性植被，由于人为破坏，仅保留在个别中山顶部。落叶栎类林分布在低山丘陵土层深厚的地区。马尾松林、杉木林以及马尾松、杉木混交林多分布在砂岩或中山石灰岩发育的黄壤上。川柏木林分布在紫色土或黑色石灰土地区，多为疏林，中山地区由于淋溶作用强，在石灰岩上发育的为酸性黄壤土，因而喜钙的川柏木常和马尾松或杉木在此混交生长。针叶林被破坏后，发育成各类灌丛，在石灰岩和紫色页岩区多为有刺灌丛，砂岩地区多为落叶灌丛。竹林多为人工栽培的半自然林，硬头黄竹林分布于河流两岸，毛竹、慈竹、淡竹多栽在上层土壤深厚的地方，但慈竹林多为自然林，分布于石灰岩中山地区。水田植被分布在向斜紫色页岩形成的平坝缓丘以及沿河阶地的冲积土上。以水田为主，间有旱地的农业植被分布于向斜两侧紫色页岩构成的丘陵地区。以旱地为主，间有冬水田的农业植被分布于由砂岩或石灰岩构成的背斜两翼的山麓或丘陵地区。旱地农业植被多分布于海拔较高的砂岩或石灰岩的背斜地区，在聚落周边主要是防护林，也常分布在半山水系两侧，起到重要的保土涵养作用，也起到强化防风、隔离以及重要的景观屏障等作用。

2. 植被分布

植被的垂直分布，具有南高北低的特点。重庆多山，由于地势高差较大，造成植被垂直分异明显。水热条件有较明显的水平变化，总趋势大致是东南、东北优于中西部，植被也随之产生了明显的水平地域分异。地貌的分布影响了植被地理分布，使其产生垂直地带性的变化。由于山地面积广，地势高低悬殊，植被随高度变化而发生垂直分异的规律为：常绿阔叶林带（基带）—常绿阔叶与落叶阔叶混交林带—亚高山针叶林带（包括落叶阔叶与针叶混交林带）。[①]

3. 土壤条件

从土壤条件看，由于重庆地域面积大，地形、母质及气候条件差异较大，致使土壤具有明显的水平地域分异。大致可分为三个土壤类型组合区：渝西方山丘陵紫色土—新积土组合区；渝中渝东平行岭谷紫色土—黄壤（石灰岩土）—新积土组合区；渝东北渝东南低中山黄壤（石灰岩土）—黄棕壤—棕壤、草甸土组合区。由于重庆市紫红色砂、泥岩分布十分普遍，致使紫色土广泛分布。西部平行岭谷区域以及峡江河谷的前部分区域，多为旱作紫色土丘陵；而武陵山地区主要为针叶林黄棕壤土地，以及峡江河谷的大巴山地带主要是针叶林黄壤土地。土地特性的区划差异，为聚落的生计种植奠定了作物的基础。[②]

除了水平地域分异之外，重庆的土壤也具有明显的垂直分布规律。海拔由低到高土壤分布大体趋势是：沿河两岸分布着新积土（多在200米以下）；在海拔500米以下（个别地区达800米）的丘陵地区，大多植被破坏殆尽，地表冲刷严重，紫色母岩在热胀冷缩的作用下，物理风化强，故分布着带有明显母岩特性的紫色土；在海拔500~650米的石灰岩槽谷区分布着石灰（岩）土；海拔500~1500米的低山和中山下部，分布着受水热支配明显、反映生物气候对土壤形成产生深刻影响的地带性土壤——黄壤；海拔1500米以上分布着黄棕壤；海拔2100米以上分布着棕壤。不同土壤的高层不同，也一定程度上限制了传统聚落农作种植的品种。

---

① 易思荣，唐正中，张仁固. 重庆市植物区系特征及植被类型[J]. 重庆林业科技，2008（001）：42-46，41.
② 刘敏. 重庆地理[M]. 北京：北京师范大学出版社，2017.

第三节 土地利用方式与不同层次景观格局

一、重庆传统聚落的流域景观格局

重庆传统聚落的土地生计包括水田农业与旱地农业两大系统。农田、水系、聚落、自然植被等构成斑块的大小对于聚落的生计系统而言意义突出，在获取生活生产资源的传统聚落，由于主要流域生态景观格局的差异，造就了聚落在土地利用上依附于流域这个空间载体，体现出不同的差异（图3-3-1、图3-3-2）。

（一）平行岭谷区

总体上呈现河谷、冲积平原地貌为景观基底，水田种植指状分布，点状聚落成团伴生发展、树枝形水系主导的传统聚落景观格局。

两江四岸区域景观格局分布不均，从几种土地利用水平来看景观多样性和均匀度较高。綦江流域呈现出景观基质以农地为主，农林交融的格局特点，綦江控制着整个景观的能流、物流，农地多沿江岸线两侧拓展，往纵深区域农地分布均匀，主要农业区间分布在海拔较低的低山浅丘之间；农地虽然连续，但破碎化程度高，有中山、低山优势林、草地存在，疏林、草地等斑块分布在海拔较基质农地高的一些丘陵上缘，破碎化程度略高一些，且分布较为分散。影响人类活动的斑块如建筑、农田一般分布在靠近中山浅丘中心的地区，高程最低，分离度较小。聚落多分布在农地中、农林交界的区

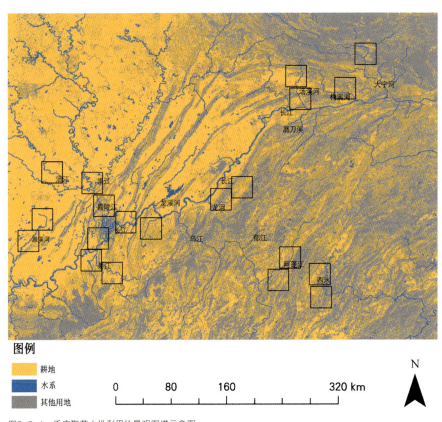

图3-3-1 重庆聚落土地利用的景观图谱示意图

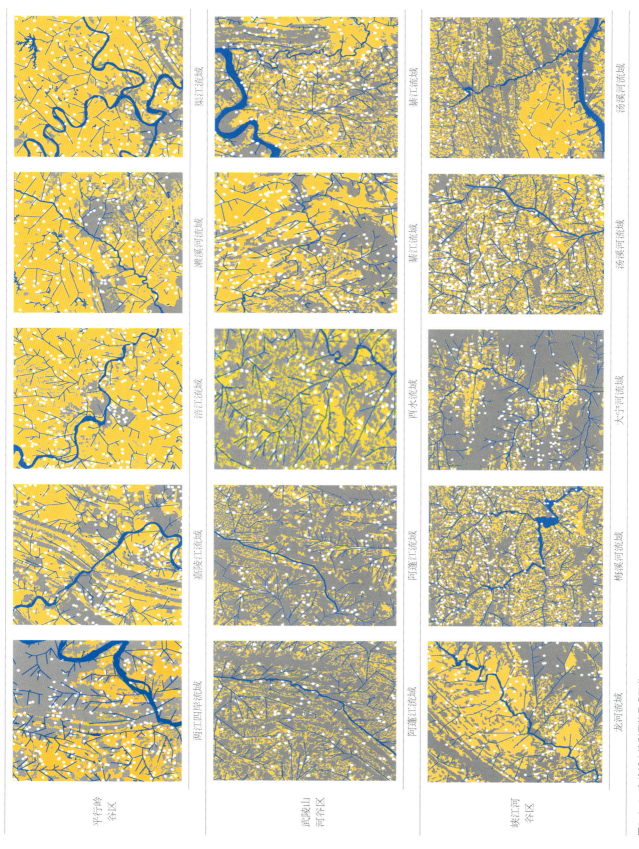

图3-3-2 各流域土地利用的景观图谱

域，分布呈现密集状。

濑溪河流域、涪江流域农地作为景观基质，呈现出整体性高，边缘连续，破碎化程度低的格局。农地以濑溪河、涪江的径流展开布局，主要分布在海拔较低的浅丘平坝之间，面积大、分布广泛。疏林、草地等分布在丘陵高地、平坝扇面边缘及部分农田中，且分布较为分散。聚落部分集中，分布稀疏零散。

建筑与农田的关系紧密，水系分布均匀，平坝浅丘地形下，农地与聚落的依附性关系突出。

以嘉陵江及两大支流为主的区域，水网分布广泛且均匀，景观格局上以主水系为线索，建筑斑块稠密，反映出传统聚落在选址上既临近支流，又受到后期陆路转运的发展，因此聚落与耕地有一定的分离度，农业土地多在传统聚落周边规模化分布团状散分。纵横阡陌的支系和丘陵奠定了平行岭谷地区的基本结构，农地、农田之间由丘陵山地分隔，丘陵谷地内是肌理清晰的农田基质。聚落景观格局上呈现出农田作为基质呈片状布局规模大、黏性强，水系斑块均匀，植被廊道连续的状态，从而体现出农业生计与主水系连接性强、依附关系紧密的特点。

平行岭谷区临近四川盆地周边生产农业水平发达，农地的景观基质大，也出现了规整式的格局。农田与聚落的依附关系较强。如涪江流域的双江古镇，江侧向侵蚀和堆积作用形成的河漫滩，地势平坦，周围农田规模大，斑块形状规则，破碎化程度低，在聚落周围形成了规则式条田景观。

（二）武陵山地区

总体上呈现褶皱抬升中山、喀斯特丘陵地貌为景观基底，旱地种植团状分布为主，点状聚落成团伴生发展、树枝状灌木形水系主导的传统聚落景观格局。

乌江、酉水、阿蓬江流域、控制着整个该区域景观的能流、物流，农地多沿鱼骨状径流往纵深两侧拓展，纵深区域农地分布均匀、规模小，主要农业区间分布在中山半山、山缘之间；农地虽然以带状格局布局展开，破碎化程度高，但中山、高山优势林规模大、占比高，整体连续，成为该区域的主要景观基质，疏林、草地等斑块分布在层状地貌比农地斑块高一些的，分布零散。影响人类活动的斑块如建筑、农田一般分布在靠近中山低山山腰、平坝扇区的地区，高程最低，分离度较小。聚落农业的土地多利用该区域的低山平坦区域。

龙河流域的两侧开阔用地为农业生产与利用提供了优良的土地资源，以龙河为核心形成农地的景观基质，纵深的林地分布在层状地形高的一些区域形成连续廊道，景观基质与廊道之间常产生交杂的林地斑块。中山地区从高处汇流的生态营养多汇聚在河道两侧的台地上，使该流域两侧的土地生态涵养高，聚落生长稠密，景观格局上呈现出农地基质与林地廊道并列的格局，造就了龙河两岸大量因水而生、逐水而居的村落。

（三）峡江河谷区

总体上呈现褶皱抬升中山、喀斯特丘陵、侵蚀剥状中山地貌为景观基底，中山旱地种植带状、点状纵深分布为主，点状聚落成团伴生发展、灌木状水系主导的传统聚落景观格局。

峡江河谷区以中山为主，陡峭的地形条件不利于土地的有效利用。汤溪河流域、梅溪河流域都出现了农地斑点与林地斑点交融的格局，沿水系缺乏大规模的农地耕作区域，聚落多沿径流在山地中均匀分布。农田边界连续但破碎性高。

大宁河流域农地沿河道形成破碎化高、连续的格局，聚落点在纵深河谷分布较少，地形深切使农业可耕地受到明显制约，也依靠少量高山台坪、多级台地的分级式种植，影响了聚落的规模发展。因此，在总体农业景观格局上，该流域难以形成以大面积种植为主的条田景观。

二、重庆传统聚落的典型景观格局

景观要素在空间上的分布自西向东，土地利用规模由大变小、土地利用强度由强变弱的规律，从景观要素的空间分布关系上讲，重庆传统聚落典型的景观格局主要有平原均匀型聚落景观格局、中山团聚式聚落景观格局、喀斯特丘陵伴生聚落景观格局、抬升中山平行聚落景观格局和其他特定组合或空间连接。

1. 平原均匀型聚落景观格局

该景观格局指某一特定类型的农地基质之间的距离相对一致，呈现出沿河谷、冲积平原、丘陵平原均匀分布拓展的聚落景观。如濑溪河流域的传统聚落，由于人均占有土地相对平均，形成的村落格局多均匀地分布于农田间，各村距离基本相等，是人为干扰活动所形成的斑块之中最为典型的均匀型分布格局。

一类是主要位于平行岭谷区西北端的聚落，主要包括平行岭谷区的嘉陵江流域部分和涪江、渠江流域的部分，典型的聚落组团如双江古镇、涞滩古镇、安居古镇等。聚落与环境要素的关系：聚落临河横向布局，农耕地多分布在河谷平原和湖积平原的开阔地带与低山区域，利用褶皱抬升低山区域形成规模的农作物种植带，耕地面积大，后期小规模的聚落多利用河道的扇面和临水区域开展农耕作业。常绿阔叶林多沿丘陵西侧或阴面成带状种植，沿水岸多扇面平坝农田。聚落与农地的关系：场镇型聚落土地与土地分离，依附性较弱。

另一类主要位于平行岭谷区西南端的聚落，渠江与长江流域交汇两侧，东以缙云山分水岭为界，典型的聚落组团如万灵古镇、清江古镇等。场镇聚落临河而横向布局，农耕地大面积分布在周边的浅丘平坝地带，并利用低山区域形成规模的农作种植带，后期多利用河道的扇面和临水区域开展农耕作业。植被林带多据丘陵低山上缘成团状种植，沿水岸多扇面平坝农田。聚落组团为大聚居、小散居，周边散居聚落背山靠田，多由合院组合团聚，与农田依附紧密；场镇与土地分离，依附性较弱。它们形成一定的类型组合或者平面分布，往往呈现出河川秀丽、村落散布的聚落景观景象（图3-3-3）。

2. 中山团聚式聚落景观格局

该景观格局指土地斑块聚集在一起，形成大面积分布。如许多中山农业地区，农田多聚集在村庄附近或道路一侧；在丘陵地区，农田往往成片分布，村落集聚在较大的山谷内，农田沿半坡、中山坡地规模化发展，呈现出聚落与林地成团据高地、周边大落差、坡地农田的聚落景观。

这一类主要位于武陵山地区的聚落，分布于向斜宽谷和溶蚀盆地，西以七曜山为界。武陵山地区聚落生态斑块内异质性较小，聚落与耕地呈现嵌入式格局，农业土地多在山间谷、槽、坡、坝拓展。二级河道和夷平面分级地貌奠定了武陵山地区的基本结构，农地、农田之间由台地限定，二级台地、高山坡地上典型聚落农田主要以坡地梯田和条田混合为主，塘、池、渠自然承担了灌溉功能。聚落往往有一个较大的核心组团和多个小规模的聚落组团形成聚落斑块，分散的斑块导致劳动生产率并不高。大的自然植被廊道沿着分级的地表呈带状连续展开，充分发挥了如涵养水源、维护林中物种的安全等生态功能，有利于多样性的保护。而聚落景观格局上呈现一中心多组团的聚落斑块分布、农田斑块分散、廊

(a)村落远景

(b)万灵古镇景观格局

图3-3-3 平原均匀型聚落景观格局

道带状连续分布的状态(图3-3-4)。

典型的聚落组团如位于中山坡地的花田乡何家岩古寨和位于台状山地谷地与盆地①的三塘盖黄家寨等②。聚落依山而建,传统聚落成团、成组散居在山间谷地与盆地间,农耕地大面积分布在周边的中山、半山地带,并利用平坝、坡地沿地形形成具有规模的农作种植带。植被成带状种植在中山上缘,聚落中植被成团状和带状环聚落种植,沿汇水沟谷带状成林。聚落与土地相互嵌入,依附性强。因此,呈现出成片农田环绕聚落,植被成片成林为远景的景象。

3. 喀斯特丘陵伴生聚落景观格局

土地的斑块呈线形分布。如聚落沿喀斯特丘陵山谷零散分布或耕地沿河流分布的状况。农田沿河谷坪

---

① 川东南陷褶束的黔江褶束,背斜多为宽缓的箱形,向斜陡窄,两者相间平行排列,构成隔槽式构造,背斜成山,向斜发育成倒置的台状山地,当地俗称"盖"。
② 刘敏. 重庆地理[M]. 北京:北京师范大学出版社,2017.

(a)村落远景

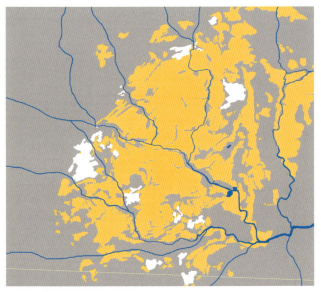

(b)酉阳何家岩村落景观格局

图3-3-4 中山团聚式聚落景观格局

坝、低山坪坝分布式发展，呈现出坐落靠山面水，小组团谷地聚落景观。

位于峡江河谷区北端，大巴山—巫山地区。典型的聚落组团如武陵山阿蓬江流域的土家聚落等。场镇聚落临河而展开布局，由于山高坡陡土层薄，适耕性较差，耕地以旱地为主，农耕分布于具有一定纵深河谷的低地，传统聚落对土地的利用有限，因此聚落农耕区间作为溪流、径流经过的山缘低地、冲积扇区。林地和牧草资源多集中在中山上缘。聚落组团为带状，多背山面水，聚落与土地既有分离，又紧密依附，土地的利用往往呈现出立体突出的特点（图3-3-5）。

（a）村落远景

4. 抬升中山平行聚落景观格局

土地的斑块平行、多层次分布。如侵蚀活跃地区的平行河流廊道，以及山地景观中沿山脊分布的森林带。农田沿抬升地形的台、坝、低山坪坝组团式发展，呈现中山农小组团台坪聚落景观。

如龙河流域如文庙村，聚落选址在水系廊道与上部植被廊道间的低山坪坝，以特殊地貌展开的分级平行台地形成了大规模的农地基质。文庙村是龙河流域的一个独立聚落组团，这样的河谷及其流域形成了一个完整、紧密而又自给自足的农业单元，并演化形成了与平行岭谷区浅丘区截然不同的延绵且有韵律分布的扇区、低山坪坝为脉络的景观格局，聚落组团沿着台坪散布的龙河生态文化景观（图3-3-6）。

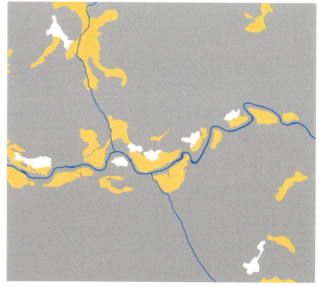

（b）黔江小南海镇新建村景观格局

图3-3-5 喀斯特丘陵伴生聚落景观格局

（a）丰都文庙村

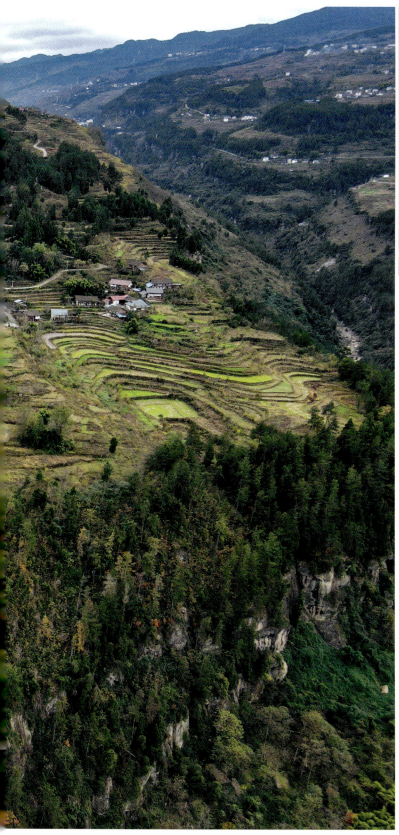

（b）丰都文庙村落景观格局

图3-3-6 抬升中山平行聚落景观格局

第一节　重庆传统聚落研究的文化视野

一、重庆传统聚落的文化机制

（一）社会生活方式

"社会生活方式"是决定传统聚落社会文化形态的最基本要素。人们的生活模式发生变化或者同化，会导致社会形态的转变，所以传统聚落的人居环境变化也就是由人们生活方式的变化而发生的综合转变。

（二）社会体系

"社会体系"是传统聚落运行机制的重要部分。以血缘和宗族为基础产生的多种联系存在于社会生活的种种形式中，这种多维度的联系模式建立在个人的社会角色上，正因为存在这种联系，才使得传统聚落文化形态呈现多样性与活力。

（三）社会结构

"社会结构"是构成传统聚落社会形态的主干。传统聚落社会形态的基础构架集中反映了传统聚落社会内部的结构联系特点，对这种聚落社会结构形式的保护，就是传统聚落文化保持新鲜活力和多样性的根本动力。

（四）社会功能

传统聚落内在社会环境的运行机制是"社会功能"。通过对传统聚落内部的社会文化因子进行研究，可以对其人居环境中特定的生活结构变化、发展、转型等过程进行解剖和分析。

（五）传统社会的文化演进

传统社会进化的过程实质上反映了人居的演变过程。传统社会进化的历程表明，传统聚落的演进过程是一个社会不断变异的过程。在社会不断变异的过程中，受到了来自自然地理、地域文化、生态生计等因素的制约，再通过其内部的"组织进步"来实现聚落系统内部的演变，演变过程的具体表现主要为人居的生态适应、制度适应、习得适应。

二、文化控制力对重庆传统聚落的影响

（一）影响重庆传统聚落区域格局的主要历史文化因素

1. 区域文化源流

重庆传统聚落在区域层面存在的不同文化源流，文化传统成为影响区域聚落格局的控制力要素。目前的重庆行政区域内，包含因不同的历史文化源流而呈现不同面貌的三个文化区。

2. 社会生活方式

社会生活方式适应于自然地理与生计方式，一般在区域层面可观察到自然地理条件的差异性，不同的生产生活方式产生不同的生计文化，成为塑造该区域文化面貌的控制力要素。在重庆地区存在较为明显的自然地理条件的区域差异性，由此产生社会生活方式的区域性特色。

3. 历史行政沿革

国家政权出于政治管理的目的，参考地理位置进行行政隶属划分，形成不同的行政区域和行政中心。在重庆具有行政隶属关系的各区域内部，以及行政平行关系的区域之间，各级传统聚落会因历史行政沿革产生联系和构建层级关系。

（二）影响重庆传统聚落系统的主要历史文化因素

1. 移民运动与迁徙路线

沿河流的水陆交通路径是历史上移民迁徙的主要路线。各地移民进入重庆地区后，沿流域内的上游与下游、主流与支流迁移、留居，形成聚居并拓展新的聚落，在重庆传统聚落系统中建立了特定聚落之间的族源、地缘关系。

2. 交通与商贸活动

交通网络是重庆传统聚落系统的内在脉络，具有交通位置优势的聚落率先向场镇、城邑发展。沿特定的交通路线，可以形成沿线聚落的密切文化联系。贸易集期是重庆传统聚落的重要商贸制度，这一制度一方面可以在场镇与邻近村落之间组建基层市场共同体，另一方面可以在邻近的场镇之间建立商贸、交通联系。

3. 血缘、婚姻与信仰祭祀

邻近聚落的居住者由于地缘和血缘等联系，往往具有共同的信仰祭祀活动和特定的联姻关系，从而在聚落系统中产生精神联系。邻近聚落居住者之间，建立较为稳定的联姻关系，可以缔结特定聚落之间特殊的文化联系。共同的信仰祭祀活动可以形成区域内的重要宗教中心、祭祀中心，此类中心可产生辐射邻近若干聚落的祭祀活动圈。

（三）对重庆传统聚落内部空间格局产生影响的文化控制力

1. 重庆传统村落

1）主要文化控制力

重庆传统村落作为农业生产的基本行动单元，土地资源的占有与分配是其生计文化的基础。重庆传统村落主要为血缘村落，传统的家族和宗族制度是村落文化控制力的重要因素。重庆传统村落的文化控制是农业生产制度与宗族制度的互动控制。

2）主要文化现象

重庆传统村落的社会历史形态中，主要制度与组织有生产方面的租佃制度，农业生产协作组织，宗族方面的族规家训、族会组织等。主要文化角色有农业体系下的地主、佃农、自耕农，宗族体系下的族长、宗族家族成员等。

3）两种并行的文化体系管控重庆传统村落空间格局

适应于农业生产制度与宗族制度的互动控制，重庆传统村落空间的形成与发展受制于农业生产体系和宗族家族体系共同管控。农业生产体系决定了村落的土地资源利用格局，逐田而居的农业生产习惯，形成散村为主的村落空间形态。宗族制度中对于分家的规定，影响了村落内部生长的形式与规模。

2. 重庆传统场镇

1）主要文化控制力

重庆传统场镇适应于贸易交换的需求而产生，经济贸易活动在场镇的文化控制因素中处于基础地位，围绕这个基础，以地缘（如移民）、血缘（如宗族）和业缘（如行会）为纽带形成各种社会组织，实施对场镇空间的管控与营造。

2）主要文化现象

重庆传统场镇的主要文化单元包括商贸文化、移民文化、宗族文化、宗教民俗信仰文化、军事防御文化等。在传统社会时期，主要运行的制度有行规帮规、乡约民俗、族规家训等；主要组织包括商会行会、移民会社、秘密会社、宗族组织等；主要文化角色是由官绅、商绅、地主和会社首脑组成的乡绅集团。

3）文化控制力将重庆传统场镇空间建构为连接城乡的功能平台

重庆传统场镇是社会管理平台、经济交易平台和技术聚集平台，这三大平台的空间需求决定了场镇空间的功能性组合，如社会管理的防御需求可形成城墙寨门体系，规定了某些场镇的边界；再比如经济交易是场镇的主要功能，场镇中的主体空间是直接或者间接服务于该功能需求的。

第二节 历史文化因素对重庆传统聚落区域格局的影响

一、重庆传统聚落的区域文化格局

在目前的重庆市行政区域内，存在川东平行岭谷、峡江河谷和武陵山区三个主要的自然地理板块。在历史文化源流、社会生活方式和历史行政沿革等历史与文化因素的共同作用下，为重庆传统聚落的区域格局塑造出三个各具特色的文化本底，展现出重庆全域传统聚落文化面貌的区域差异性。参照重庆全域的地理格局，以文化面貌差异度为取向，可以将重庆传统聚落的区域文化格局划分为平行岭谷文化区、峡江河谷文化区和武陵山地文化区三个文化圈层（图4-2-1）。

二、平行岭谷文化区

（一）位置范围

平行岭谷文化区主要位于重庆中西部区域，属于四川盆地东缘的平行岭谷区域，包括目前的重庆主城区、荣昌、大足、永川、潼南、铜梁、合川、江津、綦江、巴南、长寿、涪陵、南川等区县。

（二）巴蜀文化传统悠久

平行岭谷文化区是巴蜀文化相互交融的重点区域，巴蜀文化悠久的历史源流在这一区域留下了深刻的文化印记，形成了较具代表性的巴蜀文化传统。

巴与蜀，曾是我国古代西南地区的两大部族和方国，因巴蜀两地地望相连、经济文化交流密切，古代文献中常将巴蜀连称，巴蜀区域的历史文化从广义上被泛称为"巴蜀文化"。平行岭谷文化区历史上是古代巴国的统治范围。西周至春秋战国时期，重庆地区属于巴国的统治范围，虽然巴国在当时属于较为弱小的方国，但立足该地区的时间持续数百年，古老的巴文化在这一区域影响至深，是重庆地区历史文化和精神文化的重要源泉。平行岭谷文化区除了传统巴文化的深厚积淀，还因为毗邻蜀文化的中心区域——成都平原，因而与近邻的蜀文化存在较为密切的交流，如1954年在本区域的铜罐驿冬笋坝战国墓地发掘中，发现同一时期的墓葬

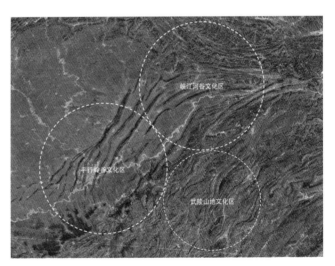

图4-2-1 重庆传统聚落区域文化格局示意图

中，既有源于蜀文化的船棺葬，也有常见于巴文化的狭长竖穴土坑墓[①]。

（三）农耕文化与商贸文化发达

我国西南地区的巴蜀文化以农业作为主要产业，稻作农业是主要的农业生计方式。平行岭谷文化区多低山浅丘，在重庆地区内最适合发展稻田种植，并逐渐成为重庆的主要产粮区。该区域具有较为发达的水陆交通网络，依托稻作农业和便利的交通条件，商业贸易较为繁荣，社会经济发展水平也在重庆全域中位于前列。

（四）行政经济中心区域

平行岭谷文化区所在区域是重庆社会经济的中心所在，是历代政权对重庆地区实施行政管辖的重点区域，该区域的核心为重庆主城，其作为重庆地区的主要行政中心存续历史悠久。区域内合川、荣昌、涪陵、江津等州县建制历史较长，下属场镇、村落数量多、分布广泛，形成了网格状聚集分布的聚落区域格局特点。

三、峡江河谷文化区

（一）位置范围

峡江河谷文化区主要包括重庆东部沿江地区，东面通过三峡与湖北相接，长江横切鄂西山地，形成以长江三峡为代表的峡江河谷区域，包括丰都、忠县、万州、云阳、奉节、巫山等区县，另如梁平、开州、巫溪、城口等县因地理位置邻近，也当属峡江河谷文化区的影响范围。

（二）文化交融与移民走廊

峡江河谷文化区内的长江航道自古便是四川盆地与中原地区的交通要道，沿着这条通道流动的不仅是商品货物，也是文化交流的重要通道。

新石器时期，武陵山地、成都平原和江汉平原的考古学文化已经在这条走廊上来来往往，春秋战国时期，强大的楚文化沿峡江河谷西进，一度控制着整个三峡地区，文化影响力辐射至重庆中部地区。秦汉统一之后，峡江河谷文化区继续成为巴蜀地区与中原地区文化交流的通道，尤其是在巴蜀地区历史上的历次重大移民运动中，峡江河谷成为移民迁徙的主要路径，如其中规模较大的蜀汉荆楚移民入川、两宋北方移民避难入川，以及明清时期两次"湖广填四川"移民运动，均主要经由峡江河谷通道进入四川盆地。移民运动是人口的流动，也是文化与技术的流动，带来的不仅是人口的增加，还带来了中原地区的先进生产技术和文化，同时增强了各区域之间的政治经济联系，而峡江河谷文化区就是这种联系的枢纽。

峡江河谷文化区既是历史上各种区域文化交流的走廊，也是外来文化停驻的第一站，峡江河谷文化区的历史文化源流呈现出多元化的特点，该区域的文化面貌相应也具有丰富、兼容的特色。

（三）盐业特色与峡江航运业特色

峡江河谷文化区内盐业资源蕴藏丰富，从新石器时期直至近现代，该区域的居住者一直围绕盐卤资源开展盐业生产，因盐业生产、贸易而兴盛的聚落群、因盐业运输贸易而发展的水陆交通网络在区域内比比皆是。盐业生产甚至影响到该区域的行政设置，如三国时期因强化管理云阳盐业资源，增置北井、羊渠等县，宋代因管理宁厂盐业生产而置大宁监。盐业生产、运输以及贸易成为该区域的特色文化现象。

依托长江黄金水道，峡江河谷文化区孕育了独特

---

① 四川省博物馆. 四川船棺葬发掘报告[M]. 北京：文物出版社，1960.

的三峡航运产业。数千年来，长江航道上的水驿、码头逐步产生发展，成为峡江河谷文化区的重要城市、场镇聚落，聚落居民临水而居，且大都从事与长江相关的生计，如船帮、力行、渔业和商贸服务等，这种生活方式塑造了峡江河谷文化区的又一文化特色。

（四）军事战略要地

峡江河谷文化区据三峡天险，扼长江航道交通咽喉，进可挥师东下江南，退可固守巴蜀一方，自古以来即为兵家必争之地，具有重要的战略价值。每逢战乱延至巴蜀，三峡地区就成为军事攻防的重要阵地，统治政权提升区域州府的行政级别，集中大量军事资源，在战略要地修建防御要塞，沿江布置防御系统。如奉节白帝城因其独据瞿塘峡口的特殊战略位置，从东汉至近代的军事防御建筑遗址层层叠压，形成一部生动的三峡军事史。宋蒙战争时期，以白帝城为起点，在峡江区域修建了云阳磐石城、万州天生城、忠县皇华城等抗蒙山城防御体系。军事防御功能为峡江河谷文化区留下了独特的聚落生成文化脉络。

四、武陵山地文化区

（一）位置范围

武陵山地文化区位于重庆东南部，地处四川盆地东南大娄山和武陵山交汇的盆地边缘山脉，是重庆、湖北、湖南、贵州四省的交界处，包括武隆、黔江、石柱、彭水、酉阳、秀山等区县。该地区是重庆唯一的、成组团集中的少数民族聚居区，居住的少数民族以土家族和苗族为主。

（二）少数民族文化传统深厚

武陵山地文化区在本书中特指目前属于重庆市行政区划范围内的武陵山地区，但从文化源流的角度进行考察时，需要将视野扩大至涵盖渝、湘、鄂、黔的整个武陵山地。

武陵山地据认为是远古巴文化的发源之地，相传远古巴人起源于武陵山地的清江流域，古代巴人的一支沿武陵山地的河流沟壑辗转迁移，势力逐渐强大，最后进入重庆中部并建立巴国。武陵山地是我国西南古代民族多元文化的叠合之地，秦汉以前的武陵山地是巴人、濮人、楚人、苗人、越人等多民族聚居区，秦汉以后，先后还有被称为武陵蛮、五溪蛮、酉溪蛮等少数民族长期在此居住，费孝通先生认为武陵山地是历史上重要的民族走廊。明清以来，在武陵山地逐渐形成了以土家族、苗族和侗族文化为主体的少数民族文化，并与汉文化进行了不同程度的融合。武陵山地文化区整体呈现出独特的少数民族文化面貌。

（三）相对封闭的社会文化形态

武陵山地文化区处于一个相对独立的地理单元，地势险峻，交通不便，区内少数民族与周边汉族之间在历史上存在一定的文化冲突，客观上造成了该区域在文化形态上的相对独立，以及社会形态上的相对封闭。区域内部横山众多，农业与交通商贸发展条件受限，在相当长的历史时期中，其区域内部各地之间亦处于交流受限的状况。清代"改土归流"以后的移民迁入以及旱地物种推广种植，使该区域封闭的社会文化形态逐渐得以改变。

（四）土司制度下的自治区域

武陵山地文化区在历史上长期处于当地民族自治状态。唐宋时期，中央政权在武陵山地一直实行羁縻州制度，元代开始推行土司制，这一制度由明代继承并逐渐完善，本区域内先后设置有石砫宣慰司、酉阳宣抚司、石耶长官司等众多土司机构，土司负责辖区的自治管理，具有较强的独立性。清代雍正至乾隆时期，武陵山地实施"改土归流",废除了土司制度,这一措施加强了中央政权对武陵山地域的实际控制,起到了促进该区域社会经济发展和文化融合的作用,但长达数百年的土司制度给武陵山地文化区留下特殊的文化符号。

第三节　影响重庆传统聚落系统的历史文化因素

一、第二次"湖广填四川"移民运动

巴蜀地区历史上一共有八次较大规模的移民运动,其中清代初期的第二次"湖广填四川"移民运动对于重庆传统聚落系统具有较强的历史影响力。清代康熙至嘉庆年间,为了解决战争造成的巴蜀地区土地荒废、人口稀少、社会经济衰败等问题,清政府实施了"移民入川垦荒"政策,前后共有包括湖南、湖北等十多个省、上百万移民入川,这就是历史上著名的第二次"湖广填四川"。通过这次移民运动,重庆传统聚落得以重建并发展到鼎盛。

(一)移民迁徙路线因素

第二次"湖广填四川"移民运动进入重庆地区的路线主要有以下三条,其一是沿长江水路而上进入重庆,其二是经贵州的川黔道北上进入重庆,其三是通过川陕道南下经川北进入重庆。从整个移民路线和流量上看,由长江进入重庆的移民占绝大部分。这是对重庆传统聚落系统影响最大的移民路线。(图4-3-1)

重庆是移民路线的重要节点,也是大量入川移民的第一个目的地。移民沿着迁徙路线插占土地、定居耕种,并逐渐在主要迁徙路径沿线产生聚落,进而形成聚落群,从而对重庆传统聚落系统产生较大影响。

如重庆濑溪河流域荣昌段,濑溪河为沱江左岸一级支流,发源于重庆市大足区中敖镇,穿过了重庆的大足、荣昌,四川的泸县和龙马潭,最终在泸州市的龙马潭区汇入长江。荣昌境内流长51.5公里,流域面积708平方公里。濑溪河线路是移民入川后继续迁移的一条支线,经过第二次"湖广填四川"移民运动,濑溪河流域以荣昌为移民迁徙集散中心,向四周成"放射状散点式"分布,主要以沿陆路东西向分布,沿河流南北向分布,其中濑溪河作为移民迁徙的主要线路,沿岸聚落更为密集,形成了"一带多点"的空间格局(图4-3-2)。

(二)移民乡缘与血缘纽带因素

填川移民在定居、聚居的过程中,乡缘与血缘是两个重要的关系纽带,居住者的乡缘认同与血缘认同能够搭建起特定聚落之间的文化联系。填川移民来自全国十余个省区,在垦荒拓业的艰难过程中,同乡之间的互助

图4-3-1　第二次填川移民入渝路线示意图

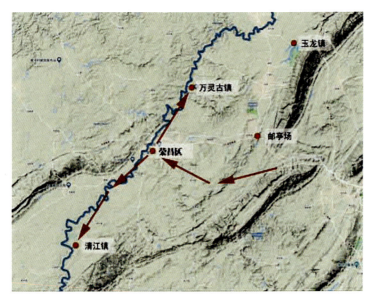
图4-3-2 濑溪河流域移民迁徙示意图（来源：根据《水经注》地图 改绘）

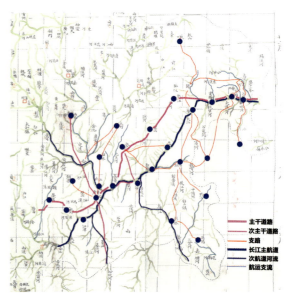
图4-3-3 清晚期重庆地区水陆交通图（来源：根据《重庆历史地图集·一·古地图》改绘）

支持是移民可以依托的重要社会资源。某些聚落的居民主体如果来自同一移民迁出地域，这些聚落之间则可以通过移民会馆、同乡祭祀等形式建立基于乡缘认同的文化联系。

填川移民多以家族、家庭形式结伴而行、聚族而居，家庭成员与亲属共同组成协作团队进行垦荒拓业。以同一宗族或家族为居民主体的聚落之间，通过共同宗祠、宗族谱系和共同祭祀等形式，形成基于血缘认同的文化联系。

二、历史交通网络

（一）明清时期重庆水陆交通网络的构成

重庆历史交通网络是重庆传统聚落系统的文化脉络，这些交通路径既是军事要道、商贸纽带，也是文化走廊。重庆地区由于地形影响，历史上交通相对封闭，交通路径成为聚落发展的重要资源，交通网络对重庆传统聚落系统具有重要影响。明清时期，重庆地区逐渐形成了较为完整的交通网络，其构成主要包括以长江水道、嘉陵江水道、乌江水道为主的水路交通，以及成渝东大道、僻北路、渝黔大道、渝万大路为主的陆路交通。依托这一交通网络，水陆交通枢纽、重要节点以及沿线聚落日益繁荣，沿江、沿路聚落群得到空前的发展（图4-3-3）。

（二）水路驿站聚落系统

水路航道是多山的重庆地区最具优势的交通方式，也是人类最早能够利用的自然交通条件。长江干流和嘉陵江、乌江等支流构成重庆地区的主要水系，长江主航道在重庆境内全长680公里，是重庆历史交通网络中最为重要的路线。

重庆长江沿岸利于船舶停靠的地区，自古便形成码头集镇，元代开始由政府设置水驿，维护航道运行，如朝天水站、木洞水站、涪州水站、万州水站、云阳水站、夔府水站和巫山水站等。到明清时期，为适应日益繁荣的川江航运，重庆长江沿岸水驿设置更为密集，从重庆至宜昌已有28处水驿[①]。水驿的选址与设置既考虑航道条件，也配合航程时间。水驿所在聚落获得航运枢纽或节点的区位优势，聚落规模发展迅速，各水驿所在聚落之间虽然山河相隔，但因水陆贸易与运输、航道管理等因素建立了行政、经济、文化等方面的密切联系，以服务长江航运功能为核心，形成水路驿站聚落系统，成为重庆传统聚落系统的一个文化类型。

（三）陆路驿站聚落系统

明清时期，重庆地区的陆路交通网络日臻完善，陆路交通的发展拓展了交通运输的覆盖范围，弥补了水运交通的季节、水文等自然限制。明清时期，成渝东大路逐渐成形，一改以往沿江河发展陆路交通的惯例，东大路以东西向贯通四川盆地，连接成都与重庆，成为巴蜀地区最为重要的交通干道。

明代以来，在重庆地区的主要陆路交通沿途开始设置官方驿站，为政府公文递送、人员往来和物资运送服务，如明代成渝东大路的重庆段长约300里，沿途设置有朝天驿、巴县白市驿、璧山来凤驿、永川东皋驿、荣昌峰高驿等主要官驿，清代东大路更是连接成渝的唯一官道，东大路重庆段已经成为重庆地区最为发达的经济文化带，在明代官驿的基础上，沿线发展了密集的驿站型场镇，如石桥铺、走马场、帽子铺、兴隆场等，逐渐形成东大路沿线聚落群（图4-3-4）。

这些以"场""铺"命名的各级聚落因服务陆路商贸运输而生，依托陆路交通繁荣而获得发展，与官驿所在聚落一起形成陆路驿站体系，成为重庆传统聚落系统的又一个文化类型。

渝黔大道是重庆连接贵州、云南、湖南等地的重要通道，也是清初移民入川的主要路径之一。渝黔大道沿途也多设置有各级驿站，綦江东溪就是一处较大的中心

图4-3-4 成渝东大路走马段遗迹

驿站，清咸丰二年（1852年）即创立有"麻乡约大帮信轿行"。川盐入黔是从重庆南岸的黄桷垭老街沿五尺道一直南下，途径鹿角场、温泉场、公平场、烟波场、綦江，到达货物集散的交通枢纽——东溪场，再往南去向贵州桐梓，转入贵州各地。从黄桷垭老街与东溪之间的沿线聚落围绕陆路驿站功能，形成了"两点一线多节点"的聚落系统（图4-3-5）。

三、传统商贸集期制度

传统商贸集期制度是指由固定地点或邻近的几个地

---

① 蓝勇. 重庆历史地图集[M]. 北京：星球地图出版社，2017.

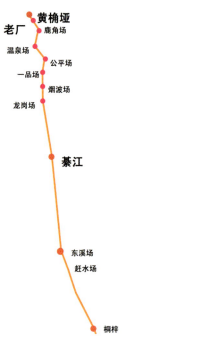

图4-3-5 渝黔大道陆路驿站聚落系统示意图（来源：根据《重庆历史地图集一·古地图》改绘）

点轮流、定期举办商品贸易与交换活动的组织制度。在重庆传统聚落所在的广大乡村地区，参与集市贸易是经济文化生活中的重要内容，商贸集期制度影响到场镇与村落、场镇与场镇之间的经济文化联系，对重庆传统聚落系统具有重要影响。

美国汉学家施坚雅（George William skinner，1925—2008）提出，在传统商贸集期制度下，场镇提供的商品和服务范围是其辐射范围，周边村落居住者是否前往该场镇来进行交易取决于场镇的"服务半径"。由此，他认为理论上每个场镇的辐射区域应该是成一个类似六边形的区域空间，每一个场镇的周边大都有6个相邻的场镇或村落，从而形成六边形的聚落系统。探讨传统商贸集期制度对重庆传统聚落系统的影响，施坚雅先生的这一理论具有一定的启发作用[①]。

（一）对重庆平行岭谷区域传统聚落系统的影响

重庆平行岭谷区域地形起伏较小，稻作农业与商贸交通发达，聚落之间多为耕地，聚落群形成较为等距的散点分布结构。

以濑溪河流域为例，濑溪河流域处于重庆西部与四川东部交界处，属于重庆平行岭谷区，地形起伏小，路网纵横，聚落分布密集而且相互之间联系紧密，呈现出以中心场镇为核心，次级场镇与村落呈网状散布的空间格局。通过对流域内万灵古镇周边聚落集期的调查，发现万灵镇的集期为逢农历1日、4日、7日，而其周边的峰高、直升、古昌等场镇的集期则同为逢农历2日、5日、8日。施坚雅认为，毗邻的同层级场镇经常安排为同样的集期，而高一级场镇与它下属的任何一个基层场镇通常都没有集期冲突，这体现了聚落系统中由经济活动建构的层级关系。濑溪河流域在此理论上的模型基本成立，这就意味着经济活动行为构建了聚落系统的层次关系，聚落的等级是与市场范围、市场辐射域相关的（图4-3-6）。

（二）对重庆武陵山地区域传统聚落系统的影响

重庆武陵山地区域地形起伏较大，而且由于河流隔断、山脉挤压，聚落之间的距离较大，空间关系较稀疏，聚落之间还会发生"断裂"的现象。在这一区域，虽然各聚落还是在传统商贸集期制度下开展经济活动，但商贸集期制度构建的聚落关系并不完全符合"六边形模型"。

如武陵山地酉水流域的聚落系统由于受到地形因素、交通因素的影响，场镇之间距离较远，中间场镇之

---

① 施坚雅. 中国农村的市场和社会结构 [M]. 史建云，徐秀丽，译. 北京：中国社会科学出版社，1998.

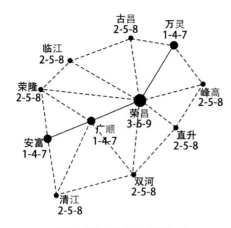

图4-3-6　濑溪河流域聚落系统集期结构示意图

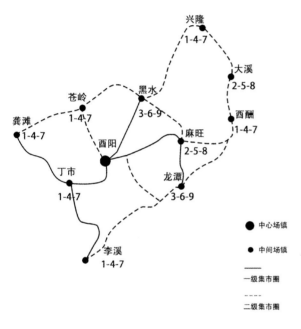

图4-3-7　酉水流域聚落系统集期结构示意图

间的空间关系没有较为规整的形状，而呈现出不规则分散状的网络结构。酉阳县城作为中心集市受到山脉的阻隔，只在县城范围内形成了一个相对独立的区域空间，周边的龙潭、龚滩等主要场镇与酉阳县城的集市贸易联系相对较少，但这些场镇各自成为邻近聚落商贸集期制度的中心，与周边聚落建立密切的经济文化联系，酉水流域的聚落系统在传统商贸集期制度影响下形成"多中心分散状"不规则网状结构（图4-3-7）。

四、血缘、婚姻与信仰祭祀等要素

（一）血缘与婚姻建立聚落之间的联系

重庆传统聚落深受宗族文化影响，血缘组织在同一宗族为主的聚落之间搭建关系结构。重庆传统村落常为单姓村，村落空间在宗族或家族的"分家制度"下分裂式生长扩大，当土地承载达到极限，便出现"跳跃"式生长，宗族或家族的一支离开原村落，在附近选址拓展新的聚居点，并逐渐形成新的村落。新生村落与发轫村落之间存在血缘联系，在宗族文化规定下，这些同姓村落或以发轫村落为核心或以宗族宗祠为核心，建立经济往来、共同祭祀以及互帮互助的网络结构。由于同姓之间的婚姻禁忌，宗族之间的联姻行为可以在存在长期稳定的婚配关系的聚落之间缔结基于姻亲的关系网络，成为重庆传统聚落之间文化结构的一种补充。重庆云阳县黎明村组团的若干村落之间，就是属于血缘和宗族构建的相互关系。该区域存在三处彭姓聚居点，聚落规模不大，以散居式布局。但该组团内建有彭氏宗祠一处，宗族控制力极强，并且对空间格局具有重大影响。彭家老屋院子、彭家四合院子、彭家石板沿院子则以众星捧月之势分布在彭氏宗祠的四周，分别居北、居南、居东，是彭氏家族居住场所（图4-3-8）。

同样，一个历经长期发展的显赫宗族可以在本宗族控制的场镇与村落之间，建立类似上述的关系。显赫宗族在占有土地耕田的村落兴建大院、庄园，在其具有较大影响力的场镇上修建宗族祠堂，形成向心式联系。如万灵古镇建有赵氏宗祠，在万灵古镇周边的村落里，分布有赵家新房子、赵家花房子、赵家老房子等赵氏宗族的大型住宅院落，赵氏一族通过村落庄园对周边农业土地进行控制，宗族的影响辐射力将场镇与周边村落联系起来（图4-3-9）。

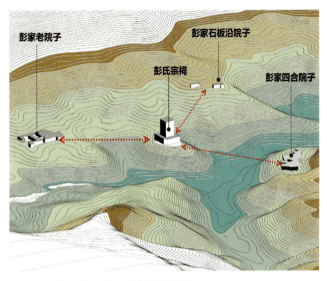

图4-3-8 彭氏宗祠聚落组团宗族联系示意图

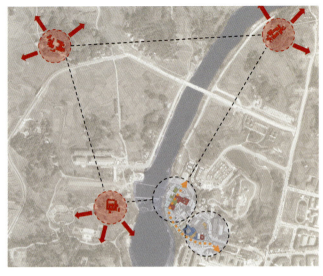

图4-3-9 万灵聚落组团宗族联系示意图

（二）信仰与祭祀活动形成"共同祭祀圈"聚落系统

在重庆传统聚落日常居住者的精神生活领域，宗教与民间信仰是重要内容。特定的宗教场所或民间信仰祭祀点具有较强的文化影响力，以这种特定地点作为文化场所中心，以祭祀活动为纽带，产生覆盖周边聚落的"共同祭祀圈"，祭祀圈内各聚落可以打破地形、行政区划等限制，结成基于共同信仰和共同祭祀活动的精神共同体。

位于永川与江津交界处的石笋山，由于地貌壮观雄奇，发展成为以道教为核心的多宗教信仰中心，全山遍布三教寺、妙音寺、九龙寺、弥陀寺、宝峰寺等众多寺观，历代香火旺盛。周边隶属江津、永川的何埂、板桥、临江、松溉等场镇、村落的居民，多以石笋山作为朝山参拜的共同地点，这些聚落组成了以石笋山为中心的共同祭祀圈聚落系统（图4-3-10）。

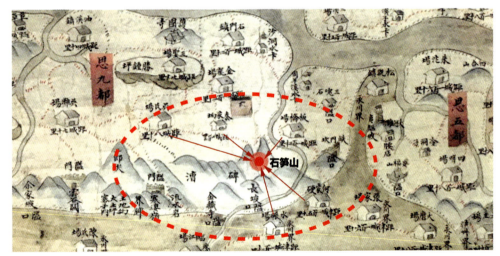

图4-3-10 石笋山共同祭祀圈示意图

第四节 文化控制力对重庆传统聚落内部格局的影响

一、文化功能塑造重庆传统聚落的典型文化空间

（一）典型文化空间是重庆传统聚落文化结构的基础要素

文化控制力影响下，重庆传统聚落内部存在一系列具有特殊文化价值的典型空间，如俗称的"九宫十八庙"系统。为了实现特定的文化功能，在重庆传统聚落中会形成相应的社会组织，由特定人选担任其中的文化角色，订立相关制度规则。组织运行与制度执行一般需要依托建筑空间而开展，围绕这一目标而专门修建、借用或沿用的空间建构物是执行文化功能的空间载体，即为典型文化空间。重庆传统聚落的典型文化空间是物质文化、精神文化和制度文化的结合。

（二）重庆传统聚落的典型文化空间

现存于重庆传统聚落的典型文化空间，目前可见的主要有以下类型：

宗祠：宗族祭祀与族会场所。宗族成员组成族会组织，一般由宗族内德高望重的乡绅出任族会族首，在宗祠召集同族进行祭祖、族规制定执行、族务商议等活动（图4-4-1）。

会馆：移民会馆是同乡祭祀、议事和公共活动的场所，会馆运行具有完善的管理规则，具备同乡凝聚、场镇公共事务管理及商贸协调等功能。移民为实现地缘情感认同、同乡互助和事务协调，筹建同乡会馆，一般由显赫乡绅出任同乡会会首，在此组织同乡互助、集体祭祀以及公众节庆等活动（图4-4-2）。

茶馆：重庆传统聚落内重要公共活动场所，作为休闲娱乐、信息交换及公共管理的多功能空间，承载了丰富的文化内涵。近代"袍哥"组织[①]兴起后，部分特定茶馆成为场镇事务管理空间，当地袍哥组织作为堂口使用，袍哥领袖在茶馆处理帮会内部事务与场镇公共事务（图4-4-3）。

图4-4-1 重庆万州区长岭镇良公祠

图4-4-2 重庆铜梁县安居镇万寿宫（江西会馆）

---

① 袍哥组织是清末至民国时期四川（包括现在的重庆）、云南、贵州盛行的一种民间帮会组织，在其他地区被称为哥老会。

图4-4-3 重庆巴南区丰盛古镇仁寿茶馆("仁"字堂袍哥堂口)

图4-4-4 重庆江津区石蟆镇清源宫

图4-4-5 重庆酉阳县龙潭古镇沿街商铺

庙观:庙观是场镇与村落居住者日常祭祀和节庆朝拜的主要宗教场所,原多由乡绅领袖与宗教人员组建"庙会"组织,进行大型宗教、民俗活动管理(图4-4-4)。

商铺:包括商铺、作坊、栈房、食肆等,是场镇商贸功能的空间主体,每逢赶集集期,商户、手工业者以及周边村民汇集于此,开展集市贸易活动。场镇商铺、作坊往往兼有居住功能(图4-4-5)。

祖屋:多见于村落,又称"老屋"或"老屋基",家族最初发源之地,是家族分裂式发展的起点。祖屋除了日常居住,往往兼有宗祠或支祠的功能,是本家族血缘认同的核心空间(图4-4-6)。

宅院:乡绅阶层在场镇或村落的居所,除了日常居住以外,此类宅院也是乡绅处理场镇、村落事务的场所,包括公共事务、经济事务以及宗族(家族)事务等。部分宅院(庄园)规模庞大,建造精美,兼具宗族(家族)宗祠、军事防御等功能,往往成为所在聚落的文化核心(图4-4-7)。

碉楼:重庆传统聚落寨堡防御体系的重要建筑,分布于场镇、村落的关键防御位置。碉楼有建于大型宅院

图4-4-6 重庆酉阳县双泉乡十八寨喻家祖屋

图4-4-7 重庆江津区双凤乡会龙庄

之内,为家族成员提供庇护;也有建于聚落附近险要之处,可为宗族成员或邻近居民提供保护。这类碉楼中规模较大者多以宗祠形式修建,建造坚固(图4-4-8)。

墓地:特指同一宗族或家族成员的集体墓葬区。墓地与聚落的空间关系、墓地的规划布局以及在墓地进行的集体祭祀活动,是宗族制度和丧葬风俗的体现。个别早期大型墓葬具有文物价值与建筑艺术价值(图4-4-9)。

其他文化空间:主要包括常见于重庆传统聚落的寨墙、寨门、码头、桥梁、驿道、书院、学堂等。

图4-4-8 重庆万州区太安镇丁家楼子

图4-4-9 重庆万州区罗田镇向氏宗族墓园

二、文化单元支配重庆传统聚落的文化空间组合

（一）文化单元是重庆传统聚落文化结构的主要单位

重庆传统聚落的文化单元由文化功能、文化角色、制度与组织以及功能空间等组成，是传统聚落文化结构的主要单位，它的产生、形成以及组合，直接反映了文化控制力对聚落空间的影响。文化单元在空间上是由具有同一文化功能的典型建筑的组合，集中体现了某一特定文化类型的空间布局。评价某种文化单元所体现的文化控制力，不单纯以空间规模界定，需要结合其文化功能和文化地位加以综合考量。某一建筑空间如果具有多重文化功能，可以兼跨不同的文化单元。

（二）重庆传统聚落的主要文化单元

重庆传统聚落中特征较为明显的文化单元主要有以下几类：

宗族文化单元：重庆传统聚落空间的重要文化单元，主要由宗祠、祖屋、宅院、庄园、书院、墓地等空间要素组成，其中宗祠和祖屋是该文化单元的核心。宗族文化是中国传统社会的重要社会现象，基层宗族是普通民众经济互助、社交交往、精神认同的多功能社会组织。在场镇和村落的宗族是一个自治单位，在国家与聚落社区之间扮演重要角色，对接国家公权与宗族成员，实施自治管理，维持稳定的秩序，对重庆传统聚落空间具有重要影响。

移民文化单元：重庆传统聚落空间的特色文化单元，主要由移民会馆这一空间要素组成。重庆传统聚落的发展脉络深受历代移民运动影响，其中本书界定的重庆传统聚落主要由清初第二次"湖广填四川"移民运动重塑与定型。各地移民在场镇修建移民会馆，实施地缘认同、同乡互助和地缘信仰祭祀等活动，重庆传统聚落中常见有湖广会馆（禹王宫）、江西会馆（万寿宫）、福建会馆（天上宫）、广东会馆（南华宫）等数量众多的会馆建筑，共同构成重庆传统聚落空间的显著文化特色。

宗教与民间信仰文化单元：重庆传统聚落空间的精神文化单元，主要由儒释道三家寺观、民间信仰庙宇以及民俗祭祀点等空间要素组成。其中，儒释道三家寺观主要体现了中国传统文化与宗教信仰的大传统，而内容丰富的民间信仰庙宇、民俗祭祀点则反映了具有重庆地域特色的小传统。宗教与民间信仰文化单元在重庆传统聚落中成体系存留，影响深远，部分宗教空间要素至今仍以活态形式存在和更新。

商贸与交通文化单元：重庆传统场镇聚落空间的文化结构基础，主要由商铺、作坊、栈房、食肆、码头、桥梁、驿道等空间要素组成。场镇是商贸与交通的结合点，交通运输业者、工商业者、手工业者及雇佣人员在以上场所进行商贸、运输等活动，商贸交通文化单元内容形态丰富，是传统场镇空间的主体，属于场镇文化格局中的基本功能区域。

军事防御文化单元：重庆地区社会动荡在传统聚落空间中留下的特殊文化印记，主要由寨（城）墙、寨（城）门、碉楼等文化要素组成。重庆传统聚落的防御体系主要是在清代中期的白莲教起义、李蓝起义背景下产生，是在政权支持下，由当地乡绅集团组织民间自建并组织管理。军事防御文化单元对于聚落选址、聚落边界等空间格局施加了重要影响，在重庆传统聚落空间中留存下具有文化特色的显著地标。

"袍哥"文化单元：重庆传统聚落近代社会组织的空间投射，主要由场镇茶馆这一空间要素组成。重庆传统场镇茶馆数量较多，是场镇重要的日常公共活动空间，近代以来，袍哥组织遍布重庆社会各阶层，乡绅阶层普遍成为袍哥组织上层，形成对场镇、村落的实际管控集团。袍哥组织多在场镇特定茶馆开设"堂口"，处

理组织内部以及场镇、周边村落的社会事务，赋予"茶馆"这一公共空间特殊的文化功能，构成了重庆传统聚落空间中的特殊文化单元。

三、文化控制力影响重庆传统聚落的空间结构

文化控制力是指通过文化的适应力，即生态适应、制度适应和习得适应，针对社会进化产生的综合调控力，文化控制力对传统聚落的空间结构往往产生较为明显的影响。以重庆传统聚落普遍存在的文化单元类别为导向，对重庆传统聚落空间文化结构产生影响的文化控制力主要有以下四种：

1. 宗族文化控制力

以场镇和村落为代表的重庆传统聚落在近现代国家制度建立以前，基本处于间接管理状态，当地乡绅集团直接实施社会管理职能，乡绅集团的主要成员多为当地显赫宗族的代表。传统聚落居住人群的长期稳定性形成以宗族为中心的血缘组织，宗族制度是传统民间社会的重要制度，势力强大的宗族推选宗族领袖参与或主导社会管理，将宗族文化的影响力由血缘组织内部扩展到聚落社会层面。在某些特定聚落，由于某一宗族长期把控聚落管控权力或者聚落宗族构成单一，宗族文化成为该聚落生成发展过程中的核心控制力。

2. 移民文化控制力

如前文所述，重庆传统聚落的定型与大规模的移民运动密切相关，尤其是明末清初第二次"湖广填四川"。各地移民在战乱留下的废墟上重建、新建了大部分的重庆传统场镇、村落，移民文化在重庆传统聚落空间文化结构上留下了深刻的印记。各地移民在拓业开荒的艰难历程中，以协作互助为初衷建立同乡组织，同乡组织以移民会馆为功能空间开展活动，形成乡缘集团，乡缘集团领袖是当地乡绅集团的重要成员。在某些特定聚落，同乡组织不仅处理同乡内部事务，还具备协调处理乡缘集团之间事务、重要宗族之间事务以及聚落公共事务的功能，移民文化成为该聚落在一定时期的核心控制力。

3. 军事防御文化控制力

在重庆传统聚落重建与定型时期，持续的区域社会动荡对聚落空间的军事防御功能提出要求，在1800年及1860年前后，以政府倡导、民间实施的形式，开展了两次大规模"村寨联防"防御体系建设，产生了一批防御寨堡型聚落。这一时期，部分重庆传统聚落大规模修建、改建寨墙、寨门、碉楼等防御设施，提升了聚落军事防御功能。同时，因"村寨联防"体系需要，新建了数量众多的防御型寨堡聚落，这一部分聚落地势险峻、防御设施齐备，主要为战乱时供民众临时避难使用，动荡平息之后，这一部分聚落主要功能丧失，多被废弃，个别聚落得以继续沿用。这一部分聚落因军事防御而建，在聚落选址、聚落空间格局以及主要功能等方面，军事防御文化发挥了主导作用。

4. 宗教文化控制力

宗教与民间信仰是传统聚落居住者精神生活的重要内容，既包括儒释道等大传统体系，也包含生产、生活诸多方面内容丰富的民间信仰体系。宗教与民间信仰文化长期植根于重庆传统聚落，聚落内部与宗教、民间信仰文化相关的特殊空间往往成为该聚落的地标，个别影响力较大的宗教信仰空间可以成为该聚落居住者的心理认同核心，甚至成为该聚落空间格局的地理核心，聚落生成发展过程中，围绕这一核心可以形成特殊区域、特殊边界、节点或路径，进而对聚落空间格局施加整体影响，体现出宗教文化的核心控制力。

第一节　重庆传统聚落分类方法的适宜性理论

一、重庆传统聚落分类的类型学运用

了解聚落与建筑现象的一种重要途径就是分类。考虑到认识途径因人而异,而且聚落生成过程本身各自的复杂性,由此产生了多角度的聚落分类途径。人们对聚落现象的认知,使得不同的人对特定聚落形成的概念也各不相同,概念间的互相作用形成了聚落现象的分类网架。通过分类网架,我们得以正确认识聚落现象并将它们分门别类。值得重视的是,我们的认识会通过预期和矫正控制着聚落的发展活动。

海德格尔将类型比作"存在之家",提出既然人在类型中栖居,那么就应该将其视作需要阐释的元素。诺伯格·舒尔茨在此基础上提出诠释这一对象需要结合类型学(Typology)、场所学(Topology)和形态学中的相关方法。所谓类型,是对一切特殊现象或事物共同特点的抽象形态。探索聚落类型主要是旨在从一切具象的聚落现象中抽象出其存在的潜在趋势。所谓聚落分类,即对符合相应限制要求的聚落进行归纳整合,根据特定原则,构建聚落现象的组群关系,从而确定一种具有共性的特定秩序。我们将这一秩序称为诠释聚落的重要原则和方法,这也是我们认识聚落的重要途径。

展开聚落研究之前,我们需要明确下述几组概念。

分类学由于是对"自然属性"进行分类,可以用"属"与"类"这类概念作为分类标准。但是,由于聚落的各类型之间没有"科学的界限",研究的领域还涉及类型的可变性与过渡性等模糊性问题,特别在一个界定的区域内,聚落类型间变化越细微,限定类属的区别因素就越困难,此时自然科学中的分类学将无法承担这一职责。类似于社会与文化的研究,聚落与建筑的类型研究,"属""类"之间并不存在严格明确的边界。社会与文化类型学通常使用的分类行为,如形态、地域、结构、功能等概念在建筑学中同样适用。文化类型学和自然分类学相比则界定的更模糊。"例如,就食物角度而言,红苹果、绿苹果均应归于苹果类,然而将色彩作为分类原则,红苹果则与其他红色物体同属于红色类"。

道萨迪亚斯提出,"开展聚居静态分析时,首先需要明确聚居所属的类型以及数量"。譬如,大型聚居和小型聚居仅是依据人口规模对聚居进行分类;而临时性聚居和永久性聚居则是依据永久性程度得到的分类方法;另外还可根据形成方式对其进行分类,包括规划建成聚居和自然形成聚居。通常来说,分类大多是依据聚居所承载的功能而对聚居进行划分。

道氏针对聚落采取的分类方法是根据人口的规模来划分的。以他为领导的团队将人口规模小于2000人的聚居视为乡村型聚居,反之则为城市型聚居。这一类型学无法视作研究分离的空间构件,聚落与建筑无法单单按照社会文化或地理要素完成对其的分类。它应完整包容那些本来是同一类型的空间片段。这些空间片段的特点表现出的"属性组合",就是"类型"。某一类型与其他类型一定有排他性。这个类型有其完整的社会历史等方面的生成原因,类型的空间特征是"属性组合"在空间上的投影。

类型学研究的结果是关于类型的运用,我们的研究将立足于历史模型形式,从中抽象得到类型,接着将抽象得到的类型运用于具体场景，从而获得具体形式。我们提倡从重庆传统聚落中抽象出重庆传统聚落的类型，以用于今后发展过程中的创造，从这个角度看，等同于提倡"文化传承"的意义。"具体→抽象→具体"并非构建全新的类型形式，也并非是对历史类型学形式的复制，是基于对三个层次意义的推演，得到的特定标准来进行再一次的整合与选择，意义的第一个层次即对过去存在形式所属意义的延续；第二个层次，立足于特定片段与界限，推演超越历史类型的意义；第三个层次，依据新的准则对特定片段进行重新整合。综上所述，对重庆传统聚落类型的研究从分类的方法论—属性组合—聚落现象类型—类型层次间关系—聚落发展这几级层面依次开展。

二、重庆传统聚落分类研究的两个维度

（一）时间维度——聚落类型与原型聚落

从时间维度入手，可将聚落类型理解为经过历史积淀、延续至今的某种聚落要素，也就是说，能够基于当前存在的聚落类型去探寻聚落在历史长河中的变迁史。这种"历时研究"的方法即为探寻"原型聚落"的过程。

聚落类型不同于原型聚落，所谓原型指的是长久存在于人类心理经验中的一种原始表象，这种原型反映在聚落研究中即原型聚落。同样地，我们认为原型聚落即经过历史文化的积淀而形成的一种"空间表象"，也被看作扎根于人类心中的集体表象。聚落类型并非是"原型"通过进化得到的，而是空间形态结合特定生活方式造就的，随着生活方式的改变，类型也随之发生改变。

（二）空间维度——聚落类型与聚落形态

立足于空间维度，聚落类型可表现为聚落形态。聚落类型囊括了聚落全部的人居要素信息，而聚落形态只能代表聚落类型中的某一部分特质。着眼于社会学层面，生活方式决定了聚落类型，聚落形态作为聚落类型的空间形态，代表的仅仅是表层结构，具体形象。而聚落类型则突出的是深层的结构和抽象的规律。也就是说，聚落形态是我们认识聚落类型的基本媒介。

三、重庆传统聚落类型分类的特征取向

聚落分类的空间形态特征辨识：是聚落的历史演变中体现的可辨识形态要素，即显著的排他性，进一步分析，可获得人居要素是聚落空间个性的重要因素。

聚落分类的层次性：人居环境空间根据研究角度的差异，可得到不同的划分层次。例如，以重庆传统聚落为分类对象，我们将重庆聚落划分为四种类型。但对于全国范围的聚落研究而言，重庆聚落则属于四川盆地东南丘陵山区域某聚落类型的亚类。

聚落分类的广泛性：当地理、人文环境相似时，聚落类型的研究成果具有广泛适用的可能性。

聚落的复合性：仅仅通过对某个要素的比较无法确定聚落类型，必须要综合多个要素形成的特点才能确定聚落类型，多个要素的综合比较，能够有效识别和判定聚落类型的形成规律。聚落分类通常最常用的方法为类型要素特征组合分析。例如，当我们单纯观察不同聚落中的某类建筑，会得出类型差异不大的结论，但结合聚落的其他要素综合研究，往往发现其实是分属不同的聚落类型。追溯其原因主要在于形成聚落类型的深层因素，在不同的聚落类型中，看似相同的建筑往往承担着不同的功能。

第二节　决定重庆传统聚落类型的空间要素评价

一、决定重庆传统聚落类型的三大系统要素

所谓聚落，具体指的是人居环境的居住系统，基于这一理论，在针对重庆聚落的研究中，将人类和社会系统整合为文化系统，支撑系统的关注为人居的技术要素，也就是重点从聚落、技术、文化和自然系统四个部分展开对重庆人居环境系统的研究。

根据吴良镛先生的人居理论，将居住系统看作研究中心，重点研究重庆传统聚落类型的三大系统要素：首先是"地理空间要素"，这一要素主要研究生态过程与自然地理条件的不同是如何影响聚落特征类型的；其次是景观格局与土地利用要素，这部分主要探索生计方式对聚落特征类型的影响；最后是"历史与文化要素"，这一要素主要关注历史遗留的物质文化与精神文化特性如何影响聚落特征的差异性。图5-2-1揭示了三大要素的关系谱图。

（一）地理空间要素

地理空间是划分聚落类型的主要要素。重庆是典型的喀斯特岩溶地质。总体上，地理空间格局可划分为三个空间区域，分别是平行岭谷区域、武陵山地区域、峡江河谷区域（图5-2-2）。

1. 地理空间要素的可视化图谱研究

根据田野调查与后期图示分析，我们完成了以下重庆传统聚落地理空间格局及其相关要素的可视化研究（图5-2-3~图5-2-8、表5-2-1）：

由聚落图谱的可视化研究与总结可以得出：重庆传统聚落的平均坡度都高于5%，坡度影响人们对土地利用的方式，以及街巷、与建筑物的平面布置，一般开发利用坡度为25%以下坡地，对于25%以上坡地需要强化保护。由于重庆位于山地地区，所以地理空间格局更直接影响了聚落的用地。在山谷、山坳、小盆地等凹向型围合空间，聚落建筑多集中在一片区域，内聚力强；山顶、山冈、山脊等凸向型的开敞空间，聚落建筑一般沿山坡呈竖向错落布置，外散性比较强，不易形成内聚中心；而坡地、台地等半开敞空间，聚落建筑一般沿着等高线呈条带状半边街的方式布置，聚落建筑之间高低错落。

总的来说，根据地理空间格局分类，重庆聚落的地形可分为浅丘缓坡地形、浅丘缓坡或中丘缓坡、中丘陡坡或高丘缓坡（表5-2-2）。不同的地形条件也不同程度地影响了聚落生长：浅丘缓坡地形影响了聚落功能布局；浅丘缓坡或中丘缓坡影响了聚落结构形态与聚落的中心以及公共设施的布局；而中丘陡坡或高丘缓坡影响了聚落结构和聚落的发展方向。

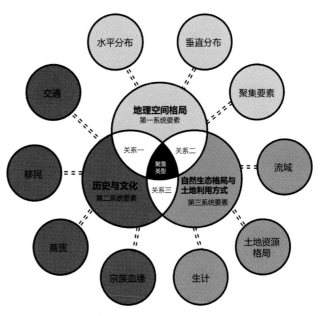

图5-2-1　重庆传统聚落系统要素三大关系图谱

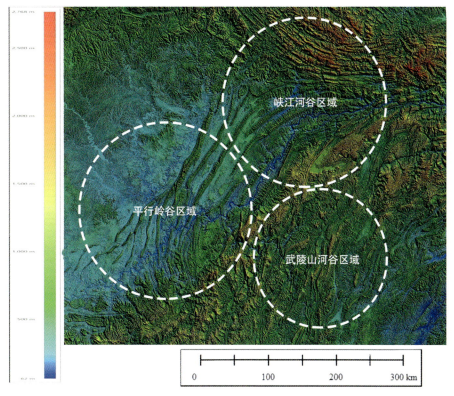

图5-2-2 重庆地理空间格局DEM图

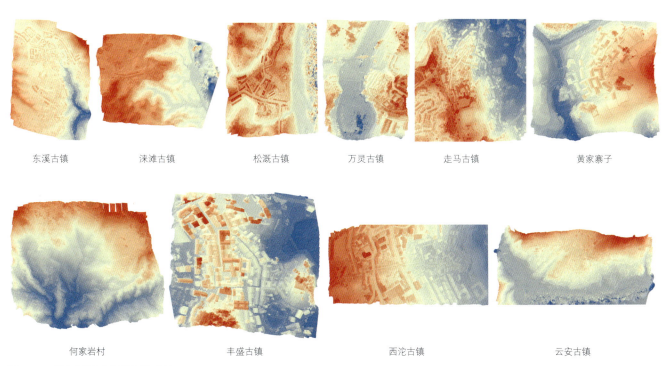

东溪古镇　　涞滩古镇　　松溉古镇　　万灵古镇　　走马古镇　　黄家寨子

何家岩村　　　　丰盛古镇　　　　西沱古镇　　　　云安古镇

图5-2-3 重庆传统聚落高程可视化分析1

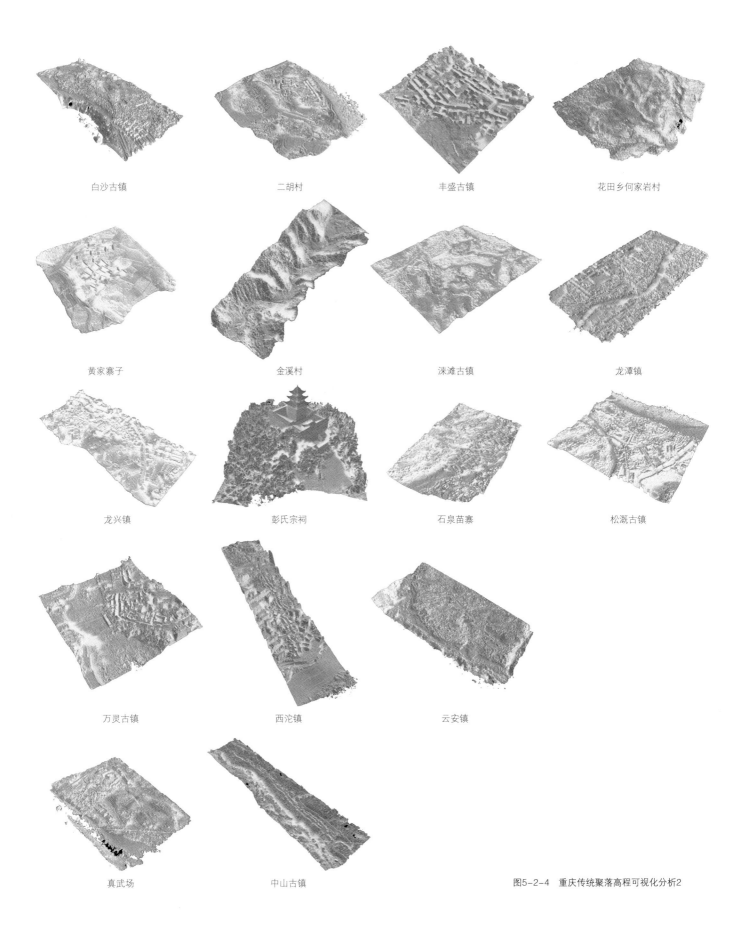

图5-2-4 重庆传统聚落高程可视化分析2

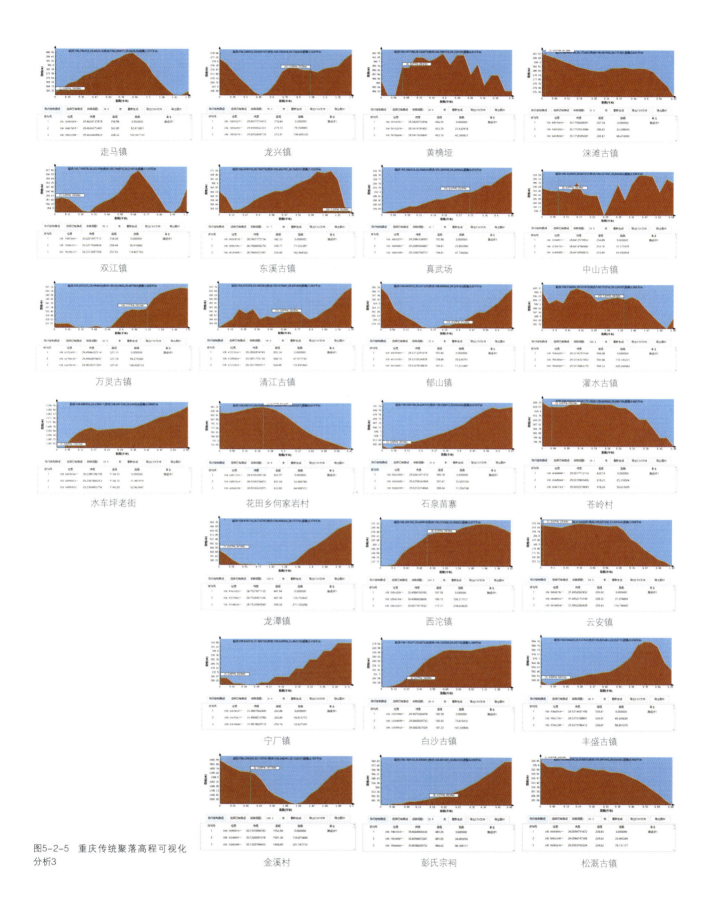

图5-2-5 重庆传统聚落高程可视化分析3

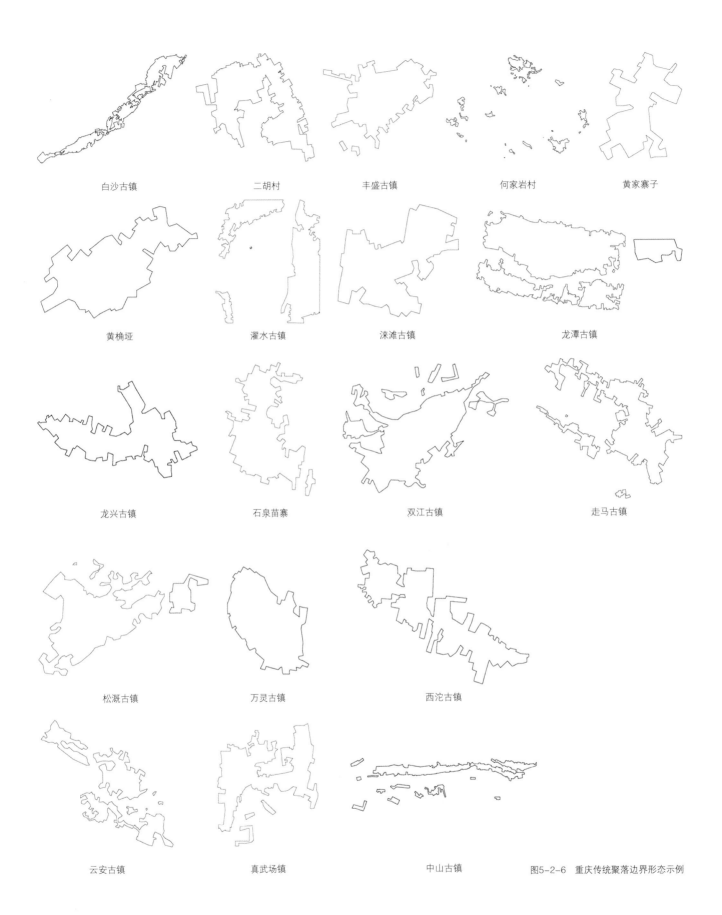

图5-2-6 重庆传统聚落边界形态示例

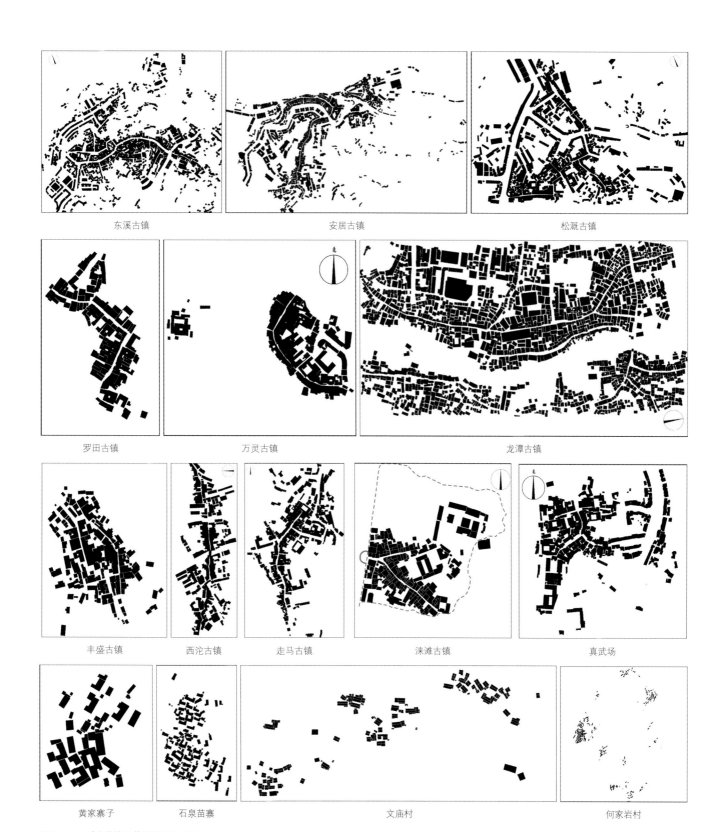

图5-2-7 重庆传统聚落肌理形态示例

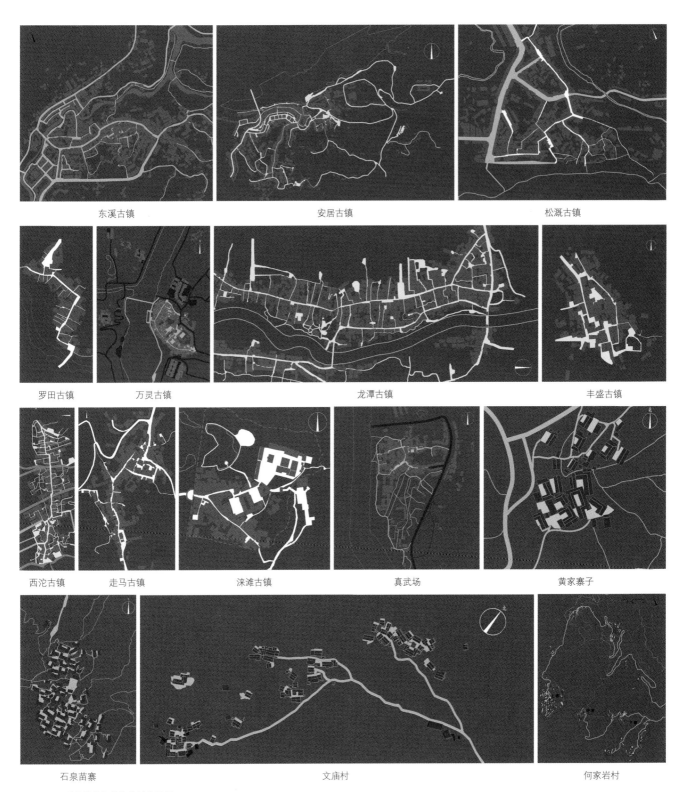

图5-2-8 重庆传统聚落街巷结构示例

地形地貌组成因素对聚落形成的影响表　　　　表5-2-1

地形因素	对聚落的影响
坡度	坡度的陡缓影响山地利用的方式及道路与建筑物的布置，一般开发利用坡度为25%以下坡地，对于25%以上坡地宜强化保护
坡向	坡向对日照有极大的影响，一般西、北向的山坡采光较差，冬季寒冷；坡度越陡影响越大，其建筑布置的方法、间距等也会有较大改变
地势	山地走势限制了建筑和道路系统的布置，只有在缓坡（坡度小于10%）才能做出对称布置，地势取代了轴线
形态	山地用地的形态与环境空间的特点，对山地的利用与布置有极大影响： a. 山谷、山坳、鞍部与小盆地等凹向围合空间中，建筑多集中成簇布置，内聚力强，人的注意力容易被引向空间的中心和地面； b. 山堡、山冈、山嘴、山脊和山顶等凸向开敞空间，建筑多沿山坡呈竖向错落布置，扩散性较强，不易形成中心； c. 坡地、台地等半开敞空间，建筑多沿等高线呈带状半边街方式布置，每台建筑之间高低错落
地质	陡坡一般地质结构不良，地层破碎，断层或顺向坡有滑动可能的地带、有崩塌或洪患的地带均不利于开发。地震烈度高的地区更应慎重
土壤	承载力、稳定性、潜在的侵蚀、排水特征、植被生长等都会直接影响其价值
水系	除注意各种水体的水量、水质等一般性可利用因素外，还应注意分水岭与场地的排水方式、地表水流动、洪水流与洪灾、地下水等情况，在山地应特别重视原有排水系统，只有利用原有排水系统才最安全、经济

重庆传统聚落的地貌特征表　　　　表5-2-2

名称		特征值		影响范围
		平均坡度	分割深度	
山地	浅丘缓坡地形	>5%	25～100米	影响聚落功能布局、各类用地选择和小区域的划分
	浅丘缓坡或中丘缓坡	>5%	100～200米	影响聚落结构形态及聚落公共设施布局
	中丘陡坡或高丘缓坡	>5%	>200米	影响聚落结构和发展方向

2. 地理空间要素影响下的重庆传统聚落空间结构类型研究

通过数据总结与形态分析可以得出：重庆作为山地城市，"基底"的差异性建设，导致空间结构格局呈现出"大分散、小集中"的特点，山地条件的差异，生长方式以"最大效益、最小阻力"为主，呈现出的聚落空间结构形式主要表现为如下六种（图5-2-9）：

1）组团式聚落空间结构

地形主要以低山丘陵为主，包括众多彼此独立的适建用地，组团式聚落空间结构从核心组团向周围衍生，跨过山川河流，从而形成组团功能显著、生态环境各不相同的组团格局。

2）条带状聚落空间结构

地形主要以高山河谷为主，由于受到山地地形结构的限制，只能沿河谷进行建筑的建设，聚落用地延伸并不成比例于腹地拓展强度，上述特点决定了空间结构多以单轴多廊格局为主。

3）绿心式聚落空间结构

这一聚落结构的特点为建筑围绕山川河流而建。兼具组团状和带状的生长特征，以山地为中心的聚落空

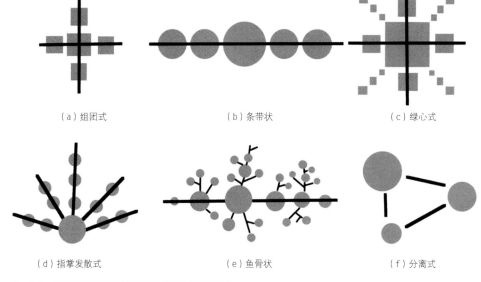

图5-2-9 地理因素影响下的重庆传统聚落空间结构形式

间,考虑到其所占的比例和尺度,故而其承担这公共核心和生态核心两大重要功能,基于此核心,聚落通常产生环形放射状廊道体系。

4) 扇形发散式聚落空间结构

地形以冲积扇平原为主。通常来说,由于受到单侧山水的限制,聚落呈扇形延伸至腹地,形成扇形发散形态。聚落格局呈现出楔状特征,人工空间与自然空间紧密连接,围绕扇形原点形成弧形放射状廊道体系。

5) 鱼骨状聚落空间结构

地理空间单元以树枝状的河谷与沟壑决定的主要要素。另外,地形还呈现出由枝状谷地或山脊隔开的冲沟结构,这属于特殊的带状结构。与普通带状结构相比,被其分隔的聚落呈现的特征往往差异显著:若枝状所占比例较大,聚落地形条件复杂,功能空间分散;若枝状以恰当尺度对带状聚落补充,则会形成功能集中的带状聚落结构。

6) 分离式聚落空间结构

通常在两种情况下会形成这一空间结构,首先,该聚落有着深厚的历史文化底蕴;其次,聚落受地形条件限制,基本无法实现在原址的聚落空间拓展。新旧聚落空间独立发展,经过多年的发展,形成了差异显著的聚落形态。这一聚落空间结构形式既有利于对历史文化空间的保护,又能使新聚落不受旧聚落保护的影响。

(二) 自然生态与土地利用要素

自然生态与土地利用要素是界定聚落性质与聚落间关系的主要要素。重庆传统聚落的景观现象和演替研究,是结合生态景观学理论,讨论土地利用、农业景观等要素发生与改变的规律,并通过田野调查,总结重庆传统聚落景观演进的规律。重庆传统聚落保护是应该基于生态保护、传统生计保护、地域文化观念保护的全方位保护。根据田野调查与后期图示分析,我们完成了以下重庆传统聚落自然生态与土地利用要素的可视化聚落景观图谱研究。

1. 自然生态对重庆传统聚落土地利用的影响分析

自然生态要素是聚落传统聚落生计生活的基底,而生计方式则体现了人们尊崇自然和利用自然的传统智慧。传统聚落系统作为地理单元,是一个自下而上层层叠加的复合系统，包括自然基底景观、水利系统景观、农业聚落景观及生计运行机制。下面的层级都为上一个层级提供空间上的背景环境，形成生态、生产和生活高度统一的整体。

1）自然要素对重庆聚落的农业生计影响

广大丘陵山地和河谷地带的地形对农业分布、土地利用、种植制度等起到制约作用，使重庆不同聚落所处的资源类型多样。峡江河谷中亚热带与南亚热带交汇区域的气候、土壤条件让种植制度上多以双季稻、一年三熟或两年五熟等为主，常绿阔叶林、季风常绿阔叶林为农业生计区间提供了大量的储养绿带，发挥庇护作用。

2）历史要素对重庆聚落的农业生计影响

技术提升、作物迭代、商品经济的发展，促进了传统乡村聚落农作种植区间横向与纵向的拓展，逐渐使农业垂直立体分布层次增多，形成了重庆传统聚落农业生计在平行岭谷区以流域为核心呈集中团状发展，在武陵山区及峡江河谷区北端以河谷及山区坪坝为核心呈带状发展。

2. 影响聚落类型的土地利用方式

1）聚落与农地组合的不同模式

通过对重庆聚落影像资料的分析及实地调研发现，聚落与农地的分布呈现出明显特征：

（1）伴生关系

聚落依附于农田周边或者山麓与农地之间。

（2）分离关系

这种特征有两个典型区别，一是聚落与农地联系不紧密，农地分散布局，难以产生组团对应或相应的种植区间；二是聚落与农地分离，不依赖农业产生生活生产物资。

（3）嵌入关系

农地主要以围合布局在聚落周边，以聚落为中心。

决定聚落选址的因素其中有附近是否有较充足的生产用地（农田、牧场等）和水资源（山泉、溪流或湖泊等），坡度相对较缓的建设用地，聚落依水而建的特性使其空间形态及规模尺度与水利系统产生密切的联系。另外，重庆潮湿的自然气候也使山区聚落呈现择高地成团状，散居集中，农地绝大多数多以伴生关系出现。

2）聚落与土地分离关系的组合（图5-2-10）

（1）伴生型的组合

浅丘低山地、低山谷地平坝、中山平坝等，沿坡地开垦种建，团状聚落根据可耕地规模几乎到几十户结团聚居，沿河、湖、溪的交叉口形成村庄聚落中心，农地多布于聚落前端，与之形成伴生关系。人们或沿坡地直接整理成台；或直接修农舍于农地边界上，成为农地边界的一部分，田垦、台地边界作为聚落的内巷。农田与村落逐渐融为一体，边界难以区分。如酉阳何家岩花田村、阿蓬江流域的新建村（原后坝山寨）、丰都文庙村、涪陵大顺乡大顺村、大田村等。

另一类沿主要的河道、支流形成聚落，形成"一街一水"或"两街一水"的聚落格局，建筑沿水系两岸呈带状排布。在渠网交叉口处易形成农地成外围的聚落边界线。农地向四周扩张，种植结构多元，并逐渐形成新的伴生组团，脱离其核心聚落外向拓展，如濑溪河的万灵镇、酉阳龙滩古镇、荣昌清江古镇。

（2）分离型组合

一类是聚落周边缺乏伴生农地，这类聚落主要依赖其他生计资源得以发展。另一类是聚落周边受用地影响缺乏可开垦土地，另外择地种植，作业半径在2公里内，产生聚落与核心土地的分离分布。

（3）嵌入型的组合

在一些农田腹心地带的田野间，集中分布着大小不同规模的院落，或几十户成带状沿田坎中心展开，或者十几户成团聚居，聚居的规模与农田大小、农田周围水塘的数量和大小相关。相邻的聚落之间通过乡

图5-2-10 聚落与农地组合的不同模式

间小路连接，水网相互贯通，属于同一村落，有着相对密切的联系。平坝型浅丘聚落的形态及规模相对自由，在竖向上与农田的高差小，这类聚落较少受洪水冲击，成为保留下来的以聚落为中心、四周均布农田的聚落。人们在设计引水时，将水渠沿田坎边缘修建以提供生活、生产上的便利，如黔江三塘村黄家寨、合川小河村。

3）水系与聚落农地的形式

平坝浅丘区农业利用的形式。浅丘平坝及与山麓交接地带的聚落较东面中部较早形成，可能与传统的稻作农业种植方式有关。平行岭谷区的水系布局受农田灌溉需求量及渠水水量的影响，有其他水源灌溉和道路运输便捷的区域对水系的依赖性较低，因此可以看出户均灌溉田亩数与其树枝状水网密度成正比。平行岭谷区的水网形成了自西南至东北、自河岸至内陆逐渐密集的景象。灌区聚落分布整体没有太大失衡，主要集中在通济堰灌区的上、中源区域，下源由于曾经有大面积池塘因此较为分散。聚落发育受到灌溉水量及交通运输的共同影响。渠水以水田、水塘作为生计储水，湖塘周围聚落发育程度相对较好，同时沿着水道分布的聚落受到道路运输所带来的政治、商业贸易、节事活动、手工业等非农业因素影响，普遍发育程度较好。

山麓灌区农业利用的形式。武陵山区、峡江河谷北面的聚落发育程度低,主要原因是两个灌区的水量存在差异,溪水穿村而过,多条山溪灌渠、自然水系呈鱼骨状,后继续分水或引水至农地。武陵山地带还有其他灌区和自然山溪,酉水、阿蓬江纵深水量成为这些聚落发育的主导性因素(图5-2-11)。

4)重庆传统聚落的土地开垦模式

(1)土地开垦模式

为适应人口增加、优化农业生产方式,聚落农地的开垦预先经过设计,以提升土地利用效率为原则,被开垦为高效集约的几何网状,形成适应山地的土地使用模式。

梯田:人们利用山坡等高线开辟出一片梯台式的农

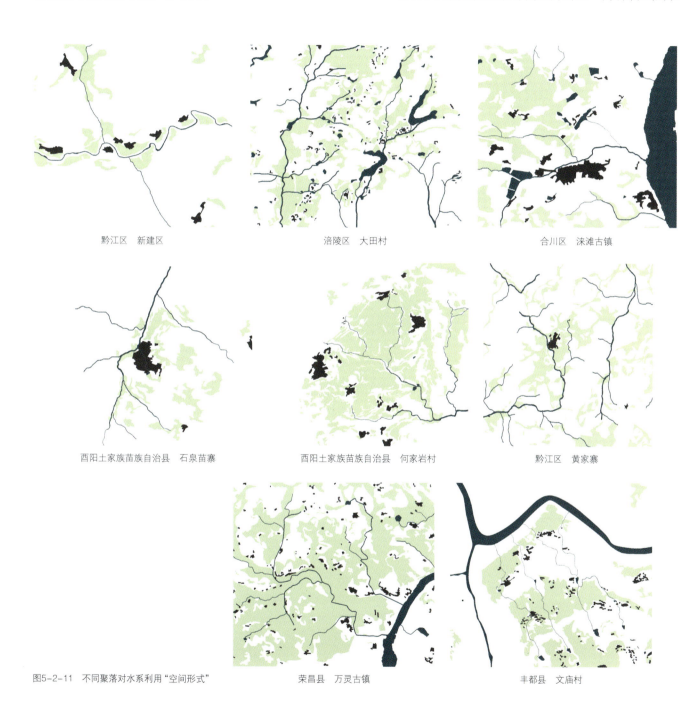

图5-2-11 不同聚落对水系利用"空间形式"

田,这种农田形式不仅具有良好的透光性,同时也兼具着通风性。能够最大限度地防止水土流失,而且可以有效积累作物生长所需的供养物质。梯田是为符合自然和反映人类智慧而建造的人造景观。由于地理空间格局的不同,梯田可以分成水平式梯田和坡面式梯田。土地上的物质差异形成了岩草梯田和地梯田的分类。水稻梯田、茶园梯田和高地梯田的分类是根据作物类型进行的。如綦河流域的东溪古镇,东溪镇地处两山之间的槽谷地带,在耕种选址上依山就势,在山地环境中,形成了层层叠叠的梯田生计景观(图5-2-12)。

梯田条田混合:坐落在山谷与平地的传统聚落,往往选择在山脚的缓坡地种植梯田,而在平地进行条田种植,位于平地的农田逐渐延伸至坡地,从而形成了梯田、条田混合的景观。

如嘉陵江流域的涞滩古镇,周围是绵延的浅丘地貌,以面水靠山的格局,充分利用河道周围的平地用于农田耕种,农田从平地一直蔓延到坡地,形成梯田条田混合的生计景观(图5-2-13)。

规整式条田:坐落于面积辽阔平坦地势的山间平地的传统聚落,主要以规整的农田形态为主,种植作物往

图5-2-12 传统聚落中的梯田

往比较单一,色彩一致,管理方便,整体视觉效果良好。如涪江流域的双江古镇,江侧向侵蚀和堆积作用形成的河漫滩,地势平坦,周围农田规模大,斑块形状规则,破碎化程度低,在古镇周围形成了规则式条田景观(图5-2-14、图5-2-15)。

自然式农田:平地农田有天然式和规整式之分。对于面积较小的平地,由于地形有限,无法形成统一形态,往往以自然式布局为主,农作物种类繁多,色彩纷呈,以不同形态色彩分布于山间平地。

(2)农田单元与农田斑块的划分

选取传统聚落内4个不同区间的典型水渠单元,对其内部水系、聚落与农田斑块进行图示化分析,并总结其土地进一步划分的模式。

田坎规则化划分农田单元:田坎划分好之后,通过田间土坎进一步将聚落内的农田划分为大小均衡的长方形区块,并根据原始的地形地势或原有的水渠走向进行调整,进一步细化农田空间,每个小格形成一个农田单元。每个农田单元的尺度一般为宽0.1~0.2公里、长0.2~0.4公里。

图5-2-13 传统聚落中的梯田条田混合

图5-2-14 双江小坝村的条田

图5-2-15 双江小坝村的条田2

田埂划分农田斑块：在每个农田单元内以田埂为边界，将农田单元划分为单个的农田斑块。农田斑块的形状或延续坡地原有的肌理，形成不规则的斑块。聚落大部分堤垸内部土地空间的划分基本遵循以上开垦步骤，但不同区域的开垦模数依据其所处位置、地形和初垦时间而有所变化。例如，较早开垦的河谷、湖积浅丘平原腹心地带的农田，其农田单元尺度宽达0.4~0.8公里、长达0.6~1.2公里，一个农田斑块则宽达100米，这与其平坦的地势及农业生产方式不无关系。通过田坎护坡与自然河流、河流划分中心农田区间——主渠、支渠划分水渠单元——田埂划分农田斑块的开垦秩序，大部分土地形成大规模平面化的几何图案，成为平行岭谷区典型的乡土景观。

对重庆典型传统聚落与土地的组合模式、农地使用水系两个主要类型、土地开垦模式进行解析，可作为重庆聚落类型划分研究的因素之一。采用多尺度嵌套的研究方法，将重庆传统聚落中土地单元等进行解析，可以获得从聚落中使用土地的基本组合手段。对其形态、尺度等特征与相互关系进行解析，其中水利系统对各个空间层起到了重要的整合作用，该因素可以使我们理解聚落的土地使用法则，并获得这类景观保护与转型的线索。

（三）历史与文化要素对重庆传统聚落文化结构类型的影响

1. 历史与文化要素对重庆传统聚落空间文化结构的影响分析

历史与文化要素是聚落历史源流的体现，是缔结聚落之间社会结构体系、塑造聚落类型的文化控制力要素。重庆地区人类活动历史久远，距今200万年前巫山猿人的发现，号称"亚洲文明的曙光"。不同时期的人类在巴渝大地上留下了丰富的历史文化遗存，各种类型的聚落是其中的重要内容。历史与文化要素影响着重庆传统聚落的生成脉络，重要历史事件、生产方式与技术变革、交通贸易以及特殊产业等历史与文化要素，对重庆传统聚落文化结构类型的形成有直接影响。

区域文化源流、社会生活方式、历史行政沿革等历史与文化要素，在重庆传统聚落宏观格局层面，产生了三个文化面貌存在明显区别的聚落文化区域，分别是平行岭谷文化区、峡江河谷文化区和武陵山地文化区等三个文化圈层。历次移民运动、历史交通网络、传统商贸集期、血缘、婚姻与信仰祭祀等历史与文化要素，在特定区域的聚落系统中，搭建起聚落之间丰富多样的文化结构联系。

文化控制力在场镇、村落等重庆传统聚落内部可以产生典型的空间要素、形成文化单元的空间组合，直至建构特殊的空间文化结构，对传统聚落空间的生成与发展发挥主导控制作用或重要影响作用。

2. 文化控制力作用下的重庆传统聚落空间文化结构形式

1）聚落空间的文化结构

聚落空间的文化结构指由聚落内部各个文化单元所建构的空间关系，是文化秩序与空间格局的结合，是文化控制力的空间体现。文化单元由同一文化意象的建筑空间构成，多个文化单元之间通过相互联系与相互作用，对聚落空间的组织和配置产生控制与影响，从文化功能的角度形成可以辨识的聚落空间结构特征。

2）重庆传统聚落空间文化结构的识别

对于重庆传统聚落空间文化结构的识别，是基于各个文化单元在聚落文化秩序中的序列、在聚落空间格局中的位置以及聚落居住者的心理认同等因素的复合分析。具体如下：

（1）文化功能

主要考察各个文化单元在该传统聚落的生成与发展中承担的文化功能。不同文化单元的形成是履行文化功能的产物，其所发挥的文化功能存在重要性和影响力的差别，重庆传统聚落普遍存在宗族文化、移民文化、宗教信仰文化等多组文化单元，但在特定的聚落和特定的历史时期，这些文化单元的功能重要性各不相同，文化单元的文化功能排序是识别聚落空间文化结构的主要标准，如商贸交通文化单元承担了重庆传统场镇聚落的基本功能，但宗族文化或移民文化则可能在聚落生成中发挥了主要控制功能。

（2）空间影响力

主要考察各个文化单元对该传统聚落空间生成的影响程度。空间影响力的评估既包括空间的实体格局，也关注空间的文化地位，如商贸交通文化单元涵盖传统场镇的主要空间，建筑数量多、分布广泛，但军事防御文化或宗教信仰文化则可能在聚落选址、聚落边界、重要节点等方面发挥关键性影响与控制。

（3）文化认同

主要调查聚落长期居住者对于本聚落典型文化空间、文化单元的心理认同与感知评价。聚落居住者是传统文化生活的参与者，扮演特定的文化角色，对于本聚落的文化空间有较为深入的直观感受，通过对这一人群的田野访谈，可以形成居住者关于聚落中心、显著地标、特殊路径等特定聚落空间的心理地图，是识别聚落空间文化结构的重要参考。

3）重庆传统聚落空间文化结构的主要形式（图5-2-16）

（1）中心辐射式结构

中心辐射式结构常见于规模较小的传统场镇或部分村落，单一中心的产生通常有两种情况：一种是围绕一个功能非常突出的文化空间产生单一中心；另一种情况是不同功能的文化空间聚集在同一区域产生单一中心。单一中心在聚落内部具有核心的文化地位和空间地位，其文化影响力辐射聚落其他区域，形成中心辐射式结构。一般来说，中心辐射式结构相对简单，一旦形成后便具有较强的稳定性，如云阳黎明村彭氏宗祠村落组团、万州罗田古镇等。

（2）多核串接式结构

多核串接式结构常见于文化内涵丰富、规模较大的

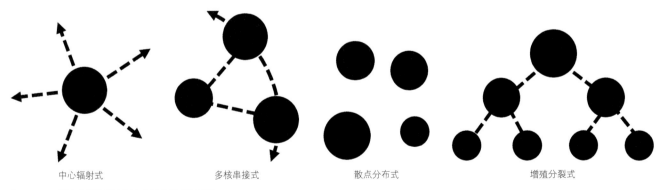

图5-2-16 重庆传统聚落空间文化结构形式示意图

中心辐射式　　多核串接式　　散点分布式　　增殖分裂式

传统场镇，主要因为不同文化单元的聚集与分离，在聚落内部形成不同的文化分区，进而产生两个或两个以上的核心功能区。并存的多个核心功能区之间既在空间上存在串接式联系，也存在功能上相互补充与分工联系。多个核心还可能因为社会变迁及文化控制力演进，发生核心地位更迭、核心区域分裂、新核心区出现等现象，多核串接式结构相对较为复杂，且具有动态演变的可能性，如铜梁县安居古镇、荣昌县万灵古镇等。

（3）散点分布式结构

散点分布式结构多见于受限于地形地势或资源分布的传统场镇，部分聚落地处山地或峡谷，因高差、用地等限制，聚落内部无法形成较为明显的中心空间，除沿道路分布的带状商贸区以外，其他文化单元主要根据用地条件呈散点式分散分布。如部分盐业生产型传统聚落功能较为单一，主要依托盐卤资源的分配和生产需要来构建聚落空间，其他文化单元的空间布局需要服从盐业生产的基本需要，其聚落空间的文化结构往往也呈现散点分布式的特点，如巫溪县宁厂古镇、云阳县云安镇等。

（4）增殖分裂式结构

增殖分裂式式结构常见于传统村落，通常以宗族、家族居住空间的裂变增生作为结构特征。增殖分裂的起点一般是村落的第一批居住家庭，如单姓村落中的最早落户家庭是该聚居点的单一发源起点，多姓村落则可能并存多个增殖分裂的起点，这些起点家庭在聚落形成、扩展后，具有特殊文化意义，多被称为"祖屋"或"老屋基"。增殖分裂式结构以传统宗族制度为依托，家族的"分家"是主要作用机制，家族成年人员以"分家"的方式修建新的居所，以祖屋为起点，扩展居住空间，产生新的居住单元，进而形成规模聚落。值得说明的是，以祖屋为起点的家庭增殖分裂是聚落格局的内在文化结构，具体空间的分配还要受限于地理条件、时间条件以及宗族关系等内容。增殖分裂式结构的聚落，当土地负载达到极限时，居住者会寻找新的定居点重新发展，促成增殖分裂式结构可能超越单个聚落的内部范围，如酉阳县石泉苗寨、黔江区黄家寨等。

二、形成重庆传统聚落类型的作用力与约束力

系统要素彼此之间存在着一致性、约束性和共同性，从而在此基础上形成了某些聚落出现的统一特征，将有共同特征的聚落归类，区分出各种聚落类型。三大系统要素之间的关系有以下三种：一是地理空间格局与历史文化系统间的关系；二是自然生态格局与地理空间格局间的关系；三是土地利用方式与历史文化要素的关系。在这三大关系的彼此作用与约束下，使部分聚落趋向形成相似的特征，这有助于我们进行后续的聚落分类。

三、重庆传统聚落类型的内部关系程度与导向评价

由于系统要素间存在差异显著的关联程度，另外随着聚落的变迁，发挥主导作用的子系统要素也有所变化，因此基于前期调查，对每两个要素关联程度进行分析至关重要。通常以关系导向评价法来揭示相互关系影响聚落特征的约束机制，为了更好地揭示三大系统要素相互关系的运行机制，我们基于吴良镛先生的"牵牛鼻子"理论提出了关键要素遴选的方法，利用此方法遴选出具有导向作用的关键子要素。

四、二元关系分析下的重庆传统聚落类型

立足于早期的田野调查，参考各学科中相关的遴选方法，对三大系统要素中涉及的子要素进行综合分析，从中选出能够全面表征系统要素特征的关键子要素。对于此次重庆传统聚落研究，确定了五个能够全面表征聚落

类型变迁方向以及形成原因的关键子要素，包括空间形态、劳动力支配方式、交通方式、资源条件和人口规模。

将遴选出的关键子要素两两并置，分析二者相互关系程度，以此确定每组子要素间的相互关系，并确定在子要素作用下，聚落将会产生的发展趋向。聚落间的差异可利用关键要素二元并置关系的量化评分法，这有利于进行后续的聚落分类。本次针对重庆传统聚落的研究，根据聚落特征确定的五个关键子要素两两并置，一共10种二元关系。所谓二元关系的导向表征是两个要素间的关系为排斥关系还是协作关系；作用力的大小以二元关系程度来表征（表5-2-3）。

重庆传统聚落类型二元要素并列关系表　表5-2-3

	自然资源条件	劳动力支配方式	空间形态	人口规模	交通方式
自然资源条件		1	2	3	4
劳动力支配方式			5	6	7
空间形态				8	9
人口规模					10
交通方式					

评价重庆传统聚落二元关系的过程中，正分值和负分值分别表征传统型关系导向和与之相反的关系导向。以-5～+5分的分值来表征二元关系的强弱，以此作为标准来给出若干组二元关系的分值。将10项二元评价的分值相加来确定聚落所属类型。

五、重庆传统聚落类型划分

基于重庆传统聚落的二元关系程度、导向评价、关键子要素的导向作用分析（表5-2-4、图5-2-17），我们将重庆传统聚落类型划分为四个类型，分别为交通依赖型、农业依赖型、文化结构型、资源依赖型。

自然资源条件作为地理空间格局系统要素的关键子要素，是影响聚落发展最基本的要素，通过分析自然资源条件要素和聚落之间的影响关系，我们可以看出整体自然系统因素和聚落之间的相关性。对重庆传统聚落进行了田野调查之后，调查结果显示土地面积和聚落规模之间存在显著的正相关关系，即当可使用土地面积较大时，聚落规模也会比较大。然而近年来，随着旅游开发发展保护模式的广泛应用，聚落规模和土地资源之间的这种约束关系也越来越弱，两者之间的正相关关系不再显著。重庆传统聚落的农业资源利用也是自然资源条件中的一项重要因素，在技术手段有限的背景下，人们主要利用传统技术来获取自然界的生态资源来达到生存目的。而在技术日益进步的今天，随着现代化技术不断进入传统聚落，聚落成员采用排水工程等技术来获得更多土地资源，进而实现聚落规模的扩张。自然资源要素作为一项基础性因素，和聚落其他因素之间存在十分紧密的关系，并且这种关系直接影响到了聚落的选址、发展、规模以及形态等。根据土地价值评价结果来看，聚落的文化系统要素主要包含劳动力支配方式和土地人口规模两项关键子要素。

历史文化系统要素是否能够充分发挥其功能，主要取决于社会结构，这是因为社会结构直接关系到了社会组织、劳动力分配、人口规模以及血缘家庭结构等文化系统子要素是否可以实现协同作用。通过分析人口规模子要素，我们可以了解到文化系统要素和聚落类型之间存在的作用关系以及作用方式。通过分析劳动力分配子要素，我们可以清楚认识到聚落的社会分工情况。

在研究自然生态格局与土地利用方式系统要素时，我们主要分析交通方式这一关键子要素。随着交通工具的现代化特征愈发显著，交通工具对人们的生活以及社会活动行为的影响也越来越大，现代化交通对重庆传统

重庆传统聚落类型二元评价表　　　　表5-2-4

因子	子要素\重庆传统聚落类型	交通依赖型		农业依赖型		资源依赖型		文化结构型	
1	自然资源-劳动力支配	-5分	关系分离，第三产业为主	5分	关系密切，农业为主	5分	关系密切，开采业为主	1分	关系较为一般，传统商业为主
2	自然资源-空间形态	-2分	交通建设改变原有自然格局	5分	充分适应自然环境	5分	充分适应自然环境	3分	拓展文化空间场地
3	自然资源-人口规模	-4分	人口规模超过环境容量	5分	人口规模严格受环境容量约束	4分	人口规模受环境容量约束	3分	基本与自然资源条件相关
4	自然资源-交通方式	-5分	现代交通刺激聚落自然形态变化	2分	现代交通基本不影响聚落空间形态	-4分	资源运输刺激交通改变聚落形态变化	2分	外来移民通过传统交通要道刺激传统商业形态
5	劳动力支配-空间形态	-4分	外来劳动力输入改变聚落空间形态	5分	传统劳动力支配方式控制聚落空间形态	5分	传统劳动力支配基本不改变聚落形态	2分	制度等级要素支配劳动力的方式保护并强化了部分聚落形态
6	劳动力支配-人口规模	-2分	通过购买农产品转移支配劳动力	5分	劳动力支配与人口规模成正比	5分	劳动力支配与人口规模成正比	3分	历史上支配其他聚落劳动力
7	劳动力支配-交通方式	-4分	对外联系交通带来区域外的劳动力	4分	交通不便，以本村劳动力为主	-2分	对外交通带来少量区域外劳动力	2分	传统交通要道刺激贸易方式转移支配其他聚落劳动力
8	空间形态-人口规模	-5分	空间形态变化大，人口规模增加	5分	人口规模与聚落传统形态密切相关	3分	少量人口增加，聚落形态基本不变	2分	形态基本不变，人口规模增加
9	空间形态-交通方式	-5分	对外联系交通对聚落空间影响较大	4分	远离主要对外联系道路，形态没有改变	-2分	受资源条件限制，交通基本不影响聚落形态	2分	外来移民通过传统交通要道形成商业型聚落形态
10	人口规模-交通方式	-4分	现代交通方式是人口增加的直接原因	4分	人口规模基本无变化	3分	交通条件带来少量外来人口	-2分	交通刺激移民，分对聚落人口有一定程度影响

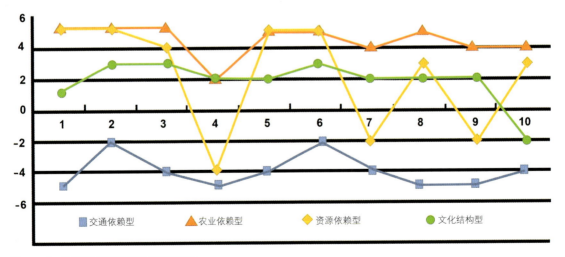

图5-2-17　重庆传统聚落类型二元折线评价图

聚落形态产生了巨大的冲击。因此，我们可以通过分析交通方式这一关键子要素来认识传统聚落的趋势。

在研究空间形态时，我们主要以分析空间形态关键子要素为主，重庆传统聚落形态呈现出可辨识的聚落变化趋势，将其与其他要素并置评价，可以解释聚落形态变化的真正原因。

六、重庆传统聚落类型的可辨识要素

重庆传统聚落类型的形成，并不是受上述某一种特定因子的影响，而是多重因子共同作用的结果。在聚落演化的过程中，这些影响因子呈现出特定的复合性、多重性、动态性特征。具体来看，表现在以下几个方面：

（一）影响因子的复合性

在重庆传统聚落分类的影响要素讨论中，各因子间并不是相互孤立的，而是相互联系、相互交织，共同组成引导聚落演化的合力，从而使聚落演化无论从方式或类型上都呈现出更加多重复合的特征。在聚落形成的初期，重庆独特的地理环境对聚落的生成起着主导作用，这表现在聚落的规模、分布、形态都受到所处地形地貌的影响和限制。随着农村地区商品贸易的发展，大宗商品集散贸易的刺激、交通条件的改善，以及军事、宗教等社会文化因子的作用逐渐显现，它们一起综合构成了引导聚落空间环境不断演变的合力。由于影响因子的多元构成，使得聚落空间环境演变的方式复合多样，也就是说，某一聚落可能同时具备多种类型特征。

（二）影响因子的多重性

除极个别因子外，大部分影响因子并不是长期有效的，它们在不同的历史阶段表现出不同的阶段性特征，从而使聚落在不同历史时期处于不同的影响环境。随着时间的推移，影响重庆地区传统场镇空间环境演变的因子并不是一成不变的，它们在不同的历史阶段或增强、或减弱甚至是消失，呈现阶段性特征。如重庆地区的一些传统场镇起初由于地区商品贸易的发展而兴起，这时场镇的空间结构更多以商贸经济为主，呈现出分散、自由、小规模的特征。而随着交通的发展，长途商品贩运的刺激，场镇可能发展成为一个区域内重要的交通枢纽和商品集散中心，使得大量人力、物力、财力相对集中，规模逐渐增大。但有可能在某一阶段由于社会动荡，军事防御的需求突然增大，场镇又会出现一些满足军事防御的功能空间，而这些阶段性因素的影响又会随着时间的推移而减弱或消失。

（三）影响因子的动态性

随着重庆地区传统聚落不断演化，对聚落具有决定性影响的已不再是某个因子，而是众多因子相互叠加而形成的合力，由于这种叠加合力的动态变化，促使聚落空间环境的演化过程呈现出相应的动态性和不确定性。随着时间的延伸，经济、交通、军事、宗教等社会文化因子对聚落的影响也越发增强和多元，甚至在某个阶段成为聚落空间格局演化的决定性因素。这时，原有的以某一种主导因素控制聚落发展的状况逐步消失，聚落空间演变的影响力逐步走向多因素共同作用的合力叠加模式。这种合力叠加模式强调综合体现各种影响因子的意图，即以一种或几种具有较高影响力因子综合叠加的作用下，形成聚落演变发展的主要基调和方向，同时由于其他影响因子的存在，聚落格局也会适度在某些方面进行调整，以满足其他因子的诉求，而调整的程度取决于这些因子的影响力大小。这种叠加合力的形成成为一种动态变化的过程，从而也促使聚落空间格局的演化过程也呈现出相应的动态性和不确定特征，故本书的研究将对这种动态的变化要素做一个显性分析，将聚落类型中具有排他性的显性要素作为聚落分类的重要依据。

第一节 交通依赖型聚落

交通依赖型聚落是以交通因素为主导，其他多种因子并行作用，形成特色聚落空间布局。便捷的水路交通作为特定因子，刻画聚落的生成演变，影响聚落的兴衰演进，其历史阶段性特征明显，呈动态发展趋势特征。交通运输服务和商业贸易交换成为此类交通依赖型聚落的主要职能。

重庆作为长江上游最大的经济中心、西南工商业重镇和水陆交通枢纽，在历史上滋生出一大批典型的交通依赖型聚落，这类聚落人口流动密集、物质交换频繁，其发展源起于滨江码头或轴线古街，如背倚龙潭河的龙潭古镇，位于长江回水沱的西沱古镇，位于南大道要地的东溪古镇，川渝东大道上的走马古镇，陆路交通典型的丰盛古镇，川鄂要道上的罗田古镇及坐拥天然流域网的松溉古镇。此类古镇曾得益于优势的地理区位，成为重要的物资集散要地，因"湖广填四川""川盐济楚"等系列历史运动影响，成为历史上繁华一时的商贸重镇，景观格局和功能分区与道路系统、河流走向关系密切，整体发展具有强烈的移民性、地域性与民族性。

一、龙潭古镇

（一）聚落空间的生成

1. 地形地貌与聚落空间布局

龙潭古镇位于重庆市东南部的酉阳土家族苗族自治县东南，与重庆的黔江区、彭水县、秀山县及贵州的沿河县，湖南的龙山县，湖北的来凤县交界（图6-1-1）。

龙潭古镇地处武陵山腹地的龙潭盆地，是相对平坦的丘陵平坝。镇域地形平坦，自然地形坡度在3%～5%以内，海拔高度315～330米。古镇东西两侧受南北走向的山脉夹峙，东侧白岩山是自湖北入境的天龙山的一脉，海拔在1050～1200米（图6-1-2）；西侧的巫家坡则与酉阳县中部的毛坝盖山脉绵亘相连，海拔约500米。[①]

2. 生态格局与聚落空间布局

古镇水系发达，包括龙潭河、酉水河、溶溪河三大江河、八大溪流支流以及两大水库。龙潭河由北向南绕镇而过流至梅江，后注入三省交界的酉水，最后汇入沅江。其山水格局可用当地八景中四景："东有白岩挂榜，西有龙洞堡山，南有猫儿镇潭，北有青龙飚滩"来形容（图6-1-3）。

古镇地处酉阳龙麻坝经济区中心地带，优势的地理

图6-1-1　龙潭古镇地理区位示意图

---

① 王波. 酉阳县龙潭古镇街巷空间形态剖析［J］. 南方农业，2011.

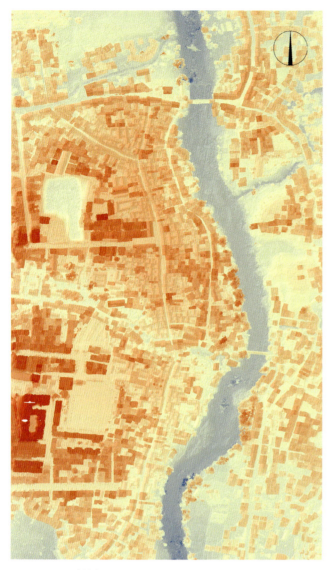

图6-1-2 龙潭古镇高程分析

位置促成如今"酉阳米粮仓"的地位,为城镇发展奠定良好的基础。①

龙潭古镇镇源初始于龙潭河西侧,伴随城市建设用地紧张,农田多集中于东面的山麓洪积扇处、槽谷平坝和西南侧洪积扇平坦滩涂地,该处具备良好的土壤、水文条件,利于农业生产。龙潭古镇生产要素流通依托于便捷的水路交通路径,与重庆东南酉阳、后溪、洪

① 赵万民. 龙潭古镇[M]. 南京:东南大学出版社,2007.

安、清泉等地实施物资交换与运输,搭建物资运输网络,形成物资交易的平面网络。

3. 历史文化与聚落空间布局

龙潭古镇因场镇东西两侧有两颗龙眼而得名,古称"梅树龙潭"。清雍正十三年(1735年),一场大火将场镇烧毁,后迁至龙潭河(古城湄苏河)旁新建,古镇沿河为抗洪所需,选址多为高地筑台。

商贸运输业一直是龙潭经济的主导,龙潭商业的兴盛,得益于丰富的物质资源和便捷的交通条件。龙潭是湖南、贵州入渝的前站,凭借龙潭河、西水河之便,伴随水运,兴建码头,吸引了大量移民和少数民族聚居,逐渐发展成因水运而兴的交通型场镇代表,成为云集江浙、湖广、重庆等地客商的重要商业集镇。有着"货龙潭"的美誉,旧时常用"龙潭货、龚滩钱"来概括其商业上的重要地位。

抗日战争时期,伴随着抗战需求,国民政府于1937年移驻重庆,并于1940年将重庆定为陪都。大批沦陷区的民众逃往边陲小镇龙潭,国民政府也将重要工商业搬迁至四周环山、易守难攻的龙潭。龙潭镇因此更加繁荣,被誉为"小南京",完成了传统农业市场化的转型(图6-1-4)。

(二)聚落分区与空间结构

1. 街巷与空间结构

1)街巷系统

整体空间结构呈平行带状鱼骨状,主次分明,衔接自然。古镇布局沿水系演化的空间序列可归纳为:"沿江(河)岸线—沿水系街道(或街市)—普通街道—商业街—巷道"的方式。平面布局中水系和主街作为主导

图6-1-3　龙潭古镇正射影像图

图6-1-4 龙潭古镇结构图1

图6-1-5 龙潭古镇结构图2

古镇演进的基本因素，决定了主街的走向与河流平行，由南向北顺河呈线性分布，西北向呈内凹弧形，东南角呈外凸弧形，小巷道受到主街和四条东西向水系的共同影响，其走向基本上垂直于江河溪道的空间布局。其中，滨水街区作为古镇早期演进的因素，形态演绎较为自由；后期发展至一定规模，整体城镇规划更具宏观性与可持续性，便由主街推动演进，形成古镇内部街区较为规整的街区形态（图6-1-5）。

古镇共有8条街道，南北向主街3条，东西向主街2条，贯穿交叉形成古镇街道基本骨架，呈平行双鱼骨状街巷结构。道路用材以青石板为主，总长2.1公里，贯穿南北，与国道319平行。东西向的街道满足阡陌之间交通穿行，龙泉路穿镇中心而过，沿着九桥溪而行，通向大众桥。平行龙潭河的街道分别为永胜上街、永胜下街、顺河街，形成前街后河的建筑布局；东西向的垂直巷道，与河岸码头衔接，纵横两线，汇于各个码头，逐渐形成局部相对完整的街巷系统。这种典型的街巷结构中，以水为脉络，以河道为依据，码头直接与街面垂直相连，街巷依附于水运和陆运的格局，形成层级清晰的路网，把古镇划分为细小块面，让线性空间与块面空间更紧密的结合。巷道和街道纵向延伸，形成山—水—城共生的平行带状空间结构与聚落格局（图6-1-6）。

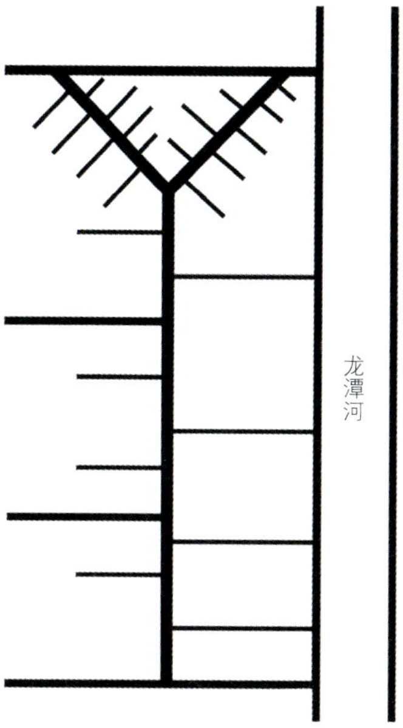

2）地标节点

在商贸与移民文化的并行作用下，得益于近码头的优势地理位置和一定的农业基础，龙潭古镇成为物资交换中心和商业贸易重地，并进一步成为辐射周边的经济文化中心。场镇内宅院、寺观、会馆都较为完善，古镇店铺林立，巷道阡陌交通，封火墙鳞次栉比，形成"七宫八庙"和地方"八景"等众多人类智慧、人文理想与自然结合的地方性名胜景观，成为古镇形态中的关键构成要素。此类景观集中分布于靠近码头的交通便利处，以及场镇道路交叉节点处，沿街商业建筑融合巴渝、湘西、土家族、苗族等多民族建筑元素，充分展现其移民文化与商贸文化的独特魅力（图6-1-7）。

3）典型节点

巴渝古镇的节点空间并不像现代城市那样分明、正式和显性，而是含蓄、非正式和隐性的。它们通常由其他空间演化而来，并与之紧密联系构成城镇的空间体系。节点空间一般以步行作为主要交通方式，模糊边界，与生态景观相联系，集中了城镇的特色，是城镇的公共活动空间，也是组织古镇建筑群的结构核心及中心

图6-1-6 龙潭古镇街巷结构简图

图6-1-7 龙潭古镇典型地标节点

人流的集散地。①

由于街道的转折，地形的抬起，建筑的进退，特别是功能的转变，在龙潭古镇石板街上形成了许多造型朴素、空间开放、平面自由的节点空间，如古井、古码头、古道、绿化广场、水面等。万寿宫、禹王宫、天后宫、菜市场等重要节点门前都有这样的聚合空间。

---

① 戴彦. 巴蜀古镇历史文化遗产适应性保护研究 [D]. 重庆：重庆大学，2008.

这些空间意义不同，但都具有开放性高、灵活性强、适应面广的特点。大型宫庙建筑前的集散空间兼具人流负荷需求，以及外部空间气氛营造，体现古镇傍山聚居的人居概念。而天后宫、菜市场前面的小型简易节点空间，则是出于中心街集市商业经营的需要，在建筑的进退中形成局部空白空间，作为贸易往来的功能性空间（图6-1-8）。

除大型公共文化服务建筑外节点空间，其他伴随水码头相生的文化节点，如各大滩涂区码头，场镇内生活区节点如洗衣槽、古井，以及通行节点如桥头、入口等，也作为精致小巧的典型放大空间，在镇域内散点分布（图6-1-9）。古镇南侧标志性入口是梭子桥，其造型独特，上盖有屋顶，有"桥上屋"的美誉，两侧有美人靠，形似西南少数民族地区的风雨桥。另一侧北侧入口为老大桥，修建于清光绪年间。龙潭镇内现有古码头10处、古井11口、古桥12座，其空间尺度宜人，服务居民，分布数量按人口辐射范围布置，是居民聚集最频繁的公共活动场所，至今仍保持原有风貌。这些典型节点空间聚集文化的人性要求，塑造整体的古镇形象，成为龙潭古镇生活文化的聚集地。

4）码头空间

码头作为镇内外的主要口岸和对外信息交流的重要窗口，与街巷的关系为多码头形成的水平串联。码头与主街联系生成支巷，主街与支巷相交处形成簇群组团，大量历史遗迹集中在此，成为场镇历史文脉汇聚区。龙潭古镇在历史上有仁和码头、中码头、大码头、万寿宫（江西潭）码头、猫儿岩码头、中油房码头、甘家河码头、猪行坝码头、赵家河码头等九大码头，场镇繁盛时，码头空间人群往来，络绎不绝。

2. 分区与肌理

古镇内房屋总建筑面积86473平方米，保留50多座造型优雅的土家族吊脚楼。地块划分集约化显著，150余堵封火墙将古镇隔离成200余个四合院，沿主街横向排列。镇域典型天井建筑多为合院式民居，垂直主街进行纵向重复。寺观庙宇建筑体现了严格秩序关系的中轴对称，均分布在南北轴线上，最后形成了近似面状的致密街区（图6-1-10）。

龙潭古镇的线性空间、节点空间、街区空间和边沿空间由不同属性的肌理结构构成，各肌理类型，如会馆肌理、大院肌理及商业肌理呈显著差别（图6-1-11）。古镇布局呈南北向按带状分布并逐渐向东西侧延展，成为网格带状为核心向四周块面发展的肌理结构。具体肌理结构组成不同尺度的空间单元类型，形成单元区域内可识别的肌理类型，可大致分为以下几种类型：

1）向心聚合型肌理结构

场镇中段重要的公共建筑，如万寿宫、禹王宫、吴

图6-1-8　龙潭古镇街景节点

图6-1-9　古井洗衣槽节点

图6-1-10 龙潭古镇肌理图

家院子等承担了场镇中同乡凝聚、场镇公共事务管理及商贸协调等功能，文化辐射力最强，以宫庙和院子为中心的节点空间相应而生，配合周边开敞空间成为组团的中心。四周的建筑遥相呼应，布局呈现出一种内聚的关系。这类宫庙式的建筑群尺度较大，常为中轴对称，肌理规整，场地开阔，视线较好。

2）带状行列型肌理结构

因为历史上水巷与商业主街间往来频繁，龙潭河决定了古镇街道与河道平行的空间布局，也控制了古镇沿河一带建筑组团的形态。房屋朝向蕴含土家族信仰观念，因与庙宇观念冲突，选择坐南朝北而非正南正北。同时，建筑的进深受地形限制较大，所以呈现线状特征，包括半边街式的布局，如永胜上街居民区、顺河街带状居民区。

3）团状合院型肌理结构

如王家巷片区，建筑群体中巷道丰富、呈枝状与老街相交。建筑沿坡等高线分布，随石梯转折而上，在空间分布上占地较广、分布均匀。①

3. 影响聚落分区的文化格局

古镇作为一个有机的整体，各个部分相互关联，通过区域构成关系反映出来。传统场镇空间按建筑密

图6-1-11 三类肌理图

---

① 李卉. 巴渝古镇人居环境研究——建筑形态论[D]. 重庆：重庆大学，2003.

度和人口活动密度可分为中心区、填充区与边缘区。其中，古镇主要的商业和公共活动区域为中心区；位于古镇中心区和边缘区之间占地最大，这类以生活性街坊为主的区域为填充区。中心区较为宽泛模糊，其内还存在一个更为明确的中心，即核心区。它是文化、商业、交通、旅游等社会活动最密集的区域。受整体布局影响，龙潭古镇聚落空间文化结构的主要形式为多核串接式结构，原因在于沿江商贸发达，水码头向内逐点发散，与内部核心区共同作用，形成规模逐渐扩大的传统场镇。

龙潭古镇为多核串接式结构，繁荣"水码头"文化，使龙潭古镇成为物资交流的商贸中心、民间风俗的文化中心、地方管辖的政治中心，体现出较强的文化控制力（图6-1-12）。社会组织与移民文化产生核心区域的空间组团，形成具有辐射性的文化控制力。传统七宫八庙、祠庙会馆是精神文化的空间载体，成为古镇形态的构成关键，从沿江码头区向内发散。沿街横向布置的江南合院式天井聚落民居，垂直主街进行纵向重复，文化控制力向内扩充，是传统风水与宗法家族观念在建筑形式上的体现，形成第二层级的文化控制力。

伴随街道的转折、地形的变化、建筑的进退以及功能的要求，形成更次级的放大节点空间作为非正式的隐性文化控制力要素。这类节点空间包括村头节点、街道转角、建筑外坝、古码头、古树、古井等小巧空间，与生态景观相结合，模糊场镇边界，集中古镇特色，成为主要的公共活动区域及中心人流的聚集地。

（三）建筑组团与文化要素

1. 主要文化单元

龙潭古镇商贸交通的特质，造成其宗族文化、移民文化、宗教信仰文化内涵丰富。在古镇动态发展的过程中，社会组织是核心区域可辨识空间组团构成的主要文

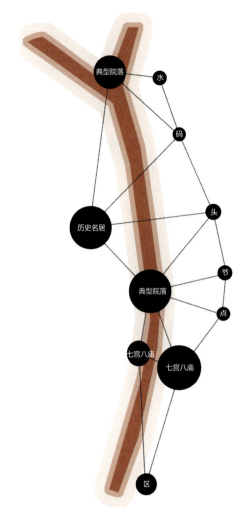

图6-1-12 多核串接式空间结构图

化内涵（图6-1-13）。

社会组织的空间投射中，有血缘组织的宗祠、地缘组织的移民会馆、业缘组织的行会等，选址常邻近于码头这类场镇发源地，航运便捷、人群络绎不绝，区位优势明显，随古镇发展逐渐成为其核心区重要空间组团，如万寿宫、禹王宫等。

历史文物建筑是社会组织的空间载体，如七宫八庙、重点民居等。龙潭古镇的七宫指万寿宫、禹王宫、轩辕宫、天后宫、巧圣宫、文昌宫、水神宫，八庙为龙王庙、五谷庙、杨四庙、老大桥庙、火神庙、文庙、武庙及伏龙庙。重点民居如王家大院、吴家院子。这类历

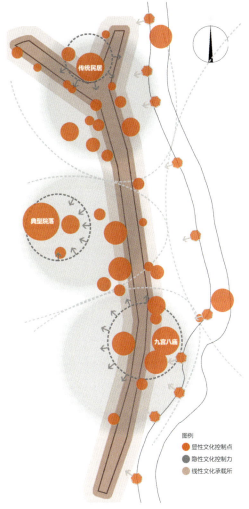

图6-1-13 龙潭古镇文化要素图谱

史文物建筑与石板老街、古井、古桥、古码头一起构成龙潭镇可辨识的空间组团与城镇主体。

2. 重点建筑类型

1）吴家院子

作为社会的基本机构单位，家庭之间的关系因袭着传统聚族而居的习俗。吴家院子作为龙潭镇典型平原缓坡型院落，是由吴家先人由江西迁至此处，建筑风格具移民特色，现已被列为龙潭镇市县级重点文物保护单位（图6-1-14）。

吴家院子位于龙潭镇区中部，两个院子与周围的九桥溪、八卦井、居民建筑一起组成吴家院子片区，共同构成凝聚古镇民居建筑特色与居民生活图景的区域。片区东西长约500米，南北长约250米，总面积约7.23公顷。区内自然地形以平地为主，西部略有起伏，高差西高东低逐渐向龙潭河递减。

吴家院子为大进深合院形制，建筑的八字朝门配合院外围合的封火山墙，具有强烈的赣派建筑美学特征（图6-1-15）。下层建筑顺河布局，沿河举折；上层外挑木檐廊则因形出挑，保留原有轴线关系，上下之间，形成叠垒交错的丰富界面。同时，江南天井合院建筑与

图6-1-14 吴家院子入口

图6-1-15 吴家院子外封火墙

图6-1-16 院落内部空间

图6-1-17 吴家院子细部装饰

巴蜀吊脚楼的巧妙结合展现出一种极为独特的艺术形式构思。整体建筑布局疏密得当、虚实相生，吴家院子的外立面简洁朴实，但在构图上高低错落、变换雅致，在屋顶天际线上用密实的屋顶和青色封火墙构成疏密对比的关系。同时，在景观序列上追求中国传统赣商民居含蓄的美感，呈现水墨画式的敦厚美学修养与赣商的精神风貌。

吴家院子的内部环境淡雅朴实、内外通透。利用封火墙使院内成为一个相对封闭隔绝的空间，成为繁华街区中闹中取静的一隅（图6-1-16）。在装饰艺术方面，其整体风格明艳而不低俗，艺术效果十分典雅，既有雕刻精美的梁架，又有花色繁复的栏杆装饰，远看和谐不张扬，近看细腻多细节（图6-1-17）。

2）万寿宫

万寿宫是江西同乡用于祭祀、联谊的重要场所，强烈的精神载体将家乡信仰与本土信仰融合，体现其乡情凝聚力。万寿宫始建于17世纪初，因故址火灾迁建于清乾隆三年（1738年），重建于清道光六年（1826年）。作为龙潭传统庙宇的集大成者，万寿宫建筑面积2400平方米，是极具地方特色和空间造诣的大型宫庙建筑。其曾先后在不同的历史时期被命名为万寿宫、豫章公所、江西同乡会馆（图6-1-18）。

万寿宫前临石板街，背倚龙潭河，属前街后河的布局形式。对岸是大坟堡山头，隔江与宫山相对。整个视觉空间上，万寿宫在转折变幻中构成由上厅、中厅、下厅围合的复合型空间形态。万寿宫建筑式样整体体量满足官式建筑阶级性与恢宏性的特点，高大而舒展，选材上质量规格与施工技艺皆高于传统民居，但仍就地取材，采用白色砖墙、黑色木柱、金色梁枋、青色屋瓦饰面，形成万寿宫主体色调，将官式建筑艺术和民间世俗建筑艺术融会；渝派建筑风格与赣派建筑风格融合，既有官式建筑的恢宏气势，又兼具世俗建筑的礼制布局；既包含巴渝建筑的灵巧空透，又不失江西建筑的古朴敦厚。

（四）交通功能是龙潭古镇生成发展的主导控制影响要素

龙潭古镇地处龙潭盆地、酉水沿线，是彰显商贸聚

图6-1-18 万寿宫区位图

集与文化融合的交通型古镇,水路运输的交通优势带来龙潭古镇商贸的发展与繁荣,主导了聚落的生成与演变,并造就了龙潭古镇以水为脉络、与水平行,具有强烈的纵向轴线空间趋势的聚落格局。古镇历经清朝康乾以来几个时期的发展,以古镇东南角龙潭河畔作为策源地,逐渐形成现在南北石板街为轴线的平行鱼骨带状主线性空间。两侧百余商号有序分布,以民居王家院子、赵家院子、吴家院子、甘家院子为代表的居民建筑群穿插其间。后受陆路交通冲击,航运没落、码头废弃,伴随1936年川湘公路修建,形成东西两条交通性质的道路,与传统南北向三条道路共同构成"井"字形道路网格,古镇沿公路建设,呈纵向渐进发展的团带状形态。

龙潭古镇景观呈现强烈的移民性、地域性与民族性。镇域文化类型丰富,包含宗教文化、移民文化与民间信仰等。

二、西沱古镇

(一)聚落空间的生成

1. 地形地貌与聚落空间布局

西沱镇位于石柱县北部,地处渝东褶皱地带、川东地区的平行岭谷区,属巫山大娄山中山区域。与重庆东部万州、忠县、石柱县三区(县)交界,因地临长江南岸回水沱而得名,是石柱县唯一的长江口岸,北与"长江明珠"——石宝寨隔江相望,古有"一脚踏三县"的

图6-1-19 西沱古镇地理区位示意图

美誉,历史上是石柱县下赴万州,上至重庆的重要交通枢纽站(图6-1-19)。

西沱镇所处的石柱县,过境河流主要有乌江、双江、汤溪、梅溪、大台河。县境为多级夷平面与侵蚀沟谷组合的山区地貌,七曜山、方斗山在境内平行分布。西沱镇位于方斗山的背斜区,构成两个屏障,两山之间夹着一槽。从地势上来看,东南部区域较高,而西北部区域较低,山区地貌显著。海拔在110~500米左右,镇域内最高海拔1934米,最低海拔119米,为西沱镇陶家坝,现因三峡水库蓄水被淹没(图6-1-20)。

2. 生态格局与聚落空间布局

西沱镇地处石柱县西北端长江南岸丘陵区,受长江切割,形成东南高,西北低的两级台地,农业种植主要集中在地势较高的二级台地,生产要素受地形限制供给有限,主要通过便捷的交通与邻近梁平、开江等农作物主要生产区域的平原区获得传输与补给。古镇地斜坡地形、邻长江南岸回水沱,坡度较陡,等高线呈多级阶梯状,密度较大。古镇整体布局区别于传统沿江布局的场镇,而是垂直等高线生长布局,形成特色云梯天街。作为长江沿岸巴盐古道的起点,是典型的因航运码头而兴

图6-1-20 西沱古镇高程分析

的交通贸易型场镇(图6-1-21)。

西沱山水一体,自然和谐。当地人常用麟龙形容西沱镇,游蟹比拟对岸石宝寨,金猪象征武陵镇,西沱夹于其间,两侧各有两处冲沟,江边禹王宫作为龙头,左右龙眼桥作为眼睛,形象地概括了全镇的生态格局与聚落空间布局。

图6-1-21 西沱古镇正射影像图

3. 历史文化与聚落空间布局

1)历史沿革

西沱镇相传始于汉代,迄今已有1900多年历史。因在此设有深水码头便于货运辗转,出于船夫方便搭建一些临江棚户建筑作为简易住房,而逐渐形成场镇。后于清初毁于战火,复而重建,直到清乾隆时期基本完成。据清乾隆《石柱厅志》记:"北抵江岸,忠万交邻为西沱界,水路贸易烟火繁盛,俨然一都邑也,置塘汛,且设巡检驻之。"由此可见,早在明清时期,西沱便是商贸繁荣、店铺林立、人口众多的商贸场镇。西沱船运为主要交通方式,主要生计构成包含盐业转运、药材开采、山货运输与木材加工等多种形式。

太平天国和抗日战争时期的两次"川盐济楚"促进了场镇的进一步发展。古镇建设时间与空间布局基本反映场镇发展沿革与空间发展脉络,下段和中段受水码头商埠与盐业带动,多在明清时期建设,上段多为民国时期扩建,旧时国民政府也曾驻军于此。

2)云梯天街

为衔接西沱码头与翻山延伸的巴盐古道,古镇居住者从江边到山顶的青石板两旁垂直向上修筑房屋,形成长2.4公里,共1800级石梯、113个梯段,宽约5米的红砂岩石梯道(三峡蓄水前数据),直达独门嘴的云梯街。其主街平均坡度16.6%,最大坡度为43%,形成了长江唯一的交通型、垂直梯步式场镇空间典范。场镇空间形式表现为自由式、立体化、多层次的特点,2003年,入选国家级历史文化名镇。

三峡工程水位线提至175米,云梯街直线450米范围被淹,占古镇总面积的20%,包括南北龙眼桥、禹王宫、下盐店、永成商号等历史建筑、老码头和居民区。部分历史建筑与文物采用异地迁建的方式进行保护。现存云梯街1.35公里,落脚平台八十余阶,石梯约七百级左右。伴随重点历史建筑的异地迁建,古镇原有的功能布局发生颠覆性变化,为适应宜居性逐渐向新区转移,中段人群往来,仍保持部分商贸功能,下段区域闲置住宅较多,显得没落萧条,而上段与公路连接紧密,以住宅、茶馆和客栈为主(图6-1-22)。

图6-1-23 西沱古镇与对岸石宝场隔江相望

3）盐业文化

西沱因盐而兴，是"川盐销楚"盐运大道上长江沿岸重要的商贸驿站，位于"川鄂盐道"水运转陆运运输的交汇点（图6-1-23）。"川鄂盐道"主要由"四横一纵"的五条古盐道组成。其中，四条横向通道以水路运输为主，水路主要是长江、清江、酉水、汉水；一条纵向通道则连接了各个码头和陆地，是维系川渝鄂的陆路巴盐古道。其线路走向大致为：西沱—鱼池—黄水—枫木—汪营，抵达湖北利川、咸丰、恩施。西沱地处巴盐古道起点，作为巴渝地区沿长江发展起来的场镇，是交通商贸型古镇的代表。

古时万州上水行船和重庆、涪陵下万州，西沱都是必经之地。由于川东地区山岭较多，古代的陆运交通相较于水路交通便捷性较差，靠肩挑马驮的力夫日行不超过三十里至六十里路，因此延续三十里一小场，六十里一大场的场镇布局。西沱与周边相邻场镇如黎场、沿溪、坡口、万朝等形成陆路交通网络，也与周边场镇：对岸石宝场、下游武陵场等形成紧密联系。至今，西沱及周边村民仍保持二、五、八赶三日集的习俗。

图6-1-22 西沱古镇核心区

由此可见，西沱商贸经济联系广泛，不仅与周边场镇通过陆路交通网络联系，还通过长江直接与大中城镇联系，作为石柱、万州、忠县、利川等地区提供陆路聚集的物质交易市场，其辐射范围远超普通城镇，应是地域性主要交通水路枢纽。

（二）聚落分区与空间结构

1. 街巷与空间结构

1）空间结构

古镇布局面向上游水口，垂直于等高线向上伸展，采用主街背巷"一"字形鱼骨状模式布局。整体格局具有轴线明确，主次分明的特点。"窄面宽，大进深，高密度"的特质也可满足商业属性。1.9公里的云梯街作为主轴线与石宝寨玉印山互为对景，组织建筑布局。街旁纵向小溪，与连接各个陡坡梯坎和众多山墙间组成的巷道形成次轴。云梯街两侧建筑紧密相连，布局紧凑，背侧建筑倚靠各种次轴错落相连，采用吊脚、筑台、梭坡等构筑手法，形成灵活曲折的看面（图6-1-24）。

2）空间沿革

20世纪90年代以后，由于新镇扩容和市政基础设施建设需要，云梯街中段修建了两条车行盘山公路干道（衙门路、月台路）横贯期间，将云梯街斩分为三段，主要的商业贸易活动逐渐由老街转移到新建公路两侧，业态布局的转移式云梯街仅主街两侧的空房率就达到了30%以上，传统古镇的空间格局遭到一定程度的破坏。近年来，随着古镇旅游开发的热潮与历史建筑的保护与利用，在西沱新区大力建设的同时，城镇规划已经更加注重历史文化遗产的传承和保护，云梯街也相应得到一定程度的保护与发展，西沱镇开发规划转向垂直和水平两个方向并行。

3）街巷分段

西沱古镇街区线性结构变化丰富，一条主线云梯街被月台路和衙门路拦腰分为三段（图6-1-25）。继原本码头和独门嘴入口后，新增两个岔路口作为街巷入口，主巷的连通功能被疏散削弱，街巷级别削弱。街巷整体分为三段：下段街道长度最

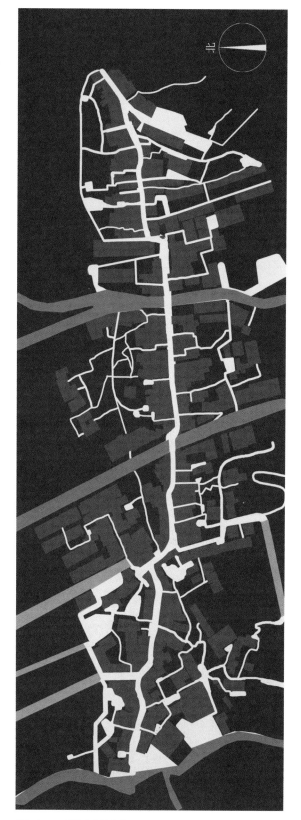

图6-1-24 西沱古镇结构图

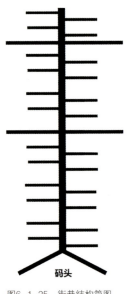
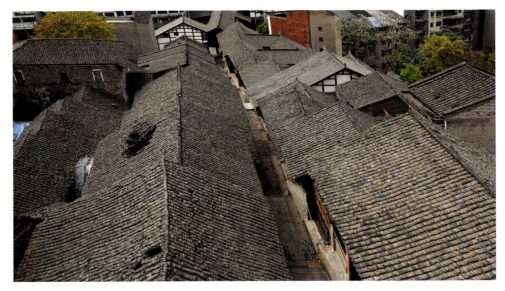

图6-1-25 街巷结构简图　　图6-1-26 西沱古镇街巷航拍图

长,商贸触媒点最密集,支巷繁多,坡度不大,道路曲折,转折相间,连接码头入口组团与张爷庙组团;中段街道短小笔直,较为陡峭。单一直线型强调了高耸入云的"天街"气势,组织两侧商业建筑群形成中段商业街组团;上段街道节奏又回归曲折变换,串联流线转折的关帝庙组团、视野开阔的二圣宫组团、地形明显的独门嘴组团,在停顿与行进之间转换。①

4)地标节点

西沱街巷空间节点类型丰富,包括集中体现古镇民风民俗的"九宫八庙"、乡绅大户的民居大院、古泉井、石拱古桥、古树等,这些空间构成人群公共活动、集散的空间节点(图6-1-26)。

西沱镇历史文化节点众多,包括禹王宫、张爷庙、关帝庙、万寿宫、南城寺、紫云宫、庆中庵、下盐殿、土地庙、永成商号、泰和号古钱庄、同济盐店、熊家大药房、土家吊脚楼、倒流水、民国大律师熊福田故居、绸缎庄、德胜祥、明清古建筑群、八角田庙、千脚泉、二圣宫、望夫井、古石头盐柜台、一树遮三县、古树化石群等。

独门嘴位于西沱古镇东制高点上,栈房集中,是重要场镇入口之一。参天古树与建筑、堡坎的相互渗透,形成人群聚集的典型景观。独门嘴有一棵数百年的古黄桷树,作为旧时石柱、忠县、万州三地的交界处地标,形成"一树遮三县"的独特景观,体现景观节点作为空间视觉中心对街巷空间产生的标识性和引导性(图6-1-27)。保存下来的生记客栈前坝开敞空间作为放大节点,成为人群聚集的场所,体现出西沱古镇的生活文化。

街道转角通过街道拓宽和转折,运用借景提供视线较好的驻留点。其中当属云梯街131—142号、张爷庙、吊脚楼前丁字路口以及和平街土地庙处三岔路口等节点最为典型(图6-1-28)。建筑后退与空间的转折,形成停留的开阔场所,"L"形的梯步,引导视线转折过渡,能远观山墙的层叠错落,又可见层层云梯直通天际,展示了垂直型山地场镇的生动图景(图6-1-29)。

古井是古镇居民重要的生活节点,大户人家多有自

---

① 周文婷. 西沱镇传统街区景观形态保护与发展研究[D]. 武汉:华中农业大学,2012.

图6-1-27 西沱古镇典型地标节点

家井,如熊福田故居。位于云梯街上端的"千脚泉"是一处著名的公共古井,曾是当地乡民、来往商户和力夫的饮用泉水,现随着市政基础设施的完善,此古泉水井已不具备饮用功能,而是用作洗衣淘菜,成为场镇居民日常生活的聚集活动空间。

古桥是古镇居民重要的通行节点,石拱结构是西沱镇主要的桥梁结构类型,有南、北龙眼桥(建于明末清初),老衙门口外的石平桥等。古镇原有三处"自生桥",为百年黄桷树根所搭建的桥,如今多处被毁,仅余一处。

2. 分区与肌理

1)功能分区

古镇未受三峡水库蓄水淹没前,空间组团分区明晰,可辨识度强。作为长江沿岸的重要货物集散地,商客络绎不绝,店铺星罗棋布,功能性与文化性影响区域空间组团分区。古镇整体分为上、中、下段,最早建设部分为下段新华街,后为中段和平街以及上段胜利街。独门嘴片区西面的制高点有乌龟石山顶节点,可纵观整个古镇风貌与对岸风光。

西沱古镇整体肌理是有机生长的模式,呈"点—

图6-1-28 西沱古镇特色石梯街巷空间

图6-1-29 西沱古镇典型民居

线—面"渐进生长的序列特征。场镇垂直等高线而上，依山就势，滨水而居，依托码头、市场、会馆、寺庙等多个重要的"商业触媒点"，延伸出带状空间肌理。建筑群紧致分布于两侧，多为合院式群落，内有小天井空间。因其商贸功能，沿街用地多为商铺客栈。受地形限制，体量较大的宫观寺庙等公共建筑多位于主街分巷，坐南朝北显示其地位的崇高。仅有少数会馆因功能需要以及体量较小，满足沿街用地形势，置于主街及码头较为平坦的滩涂处。同时，古镇中所有宫观寺庙均与街道朝向不一，云梯街与玉印山相对，有三个街段与石宝寨玉印山形成对景关系，而宫观寺庙则对上游水口。

2）肌理结构

在具体尺度大小的肌理结构上，具有移民性质的会馆肌理、以血缘家族为主的大院肌理，以及传统商业民居肌理，都有显著差异（图6-1-30）。其中，临近码头的行帮会馆建筑群讲究风水朝向，中轴对称，肌理规整，入口有开敞空间，内部有聚集空间；而大院肌理则呈现向内的聚合性，通常为天井式合院，布局有严格的划分；临街商业区居民聚居肌理，则沿云梯街主轴，顺应地形变化，面窄纵深长，形成密致的带状排列，并通过各级街巷次轴，向两侧延伸（图6-1-31）。

3）影响聚落分区的文化格局

西沱作为以码头为中心发展的商贸场镇，是一种特殊的场镇文化景观类别，是以交通商贸为主导要素，以

图6-1-30 西沱古镇肌理图

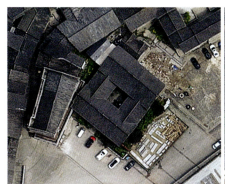  

图6-1-31 三类肌理图

多文化单元为补充的文化空间复合体。西沱古镇文化景观构成要素中，商贸文化是主导性文化，基于交通而产生的码头、街市、行帮空间是聚落格局的主要载体。在移民文化、宗族文化、宗教与民间信仰文化等单元的影响下，产生了三处典型文化组团，分别为张爷庙组团、关帝庙组团、二圣宫组团。

（三）建筑组团与文化要素（图6-1-32）

1. 主要文化单元

1）商贸文化

古镇商贸文化形成发展依托重要的"生长点"（码头、寺庙、市场），次级商铺和商号沿街巷两侧水平排列，线性发展形成树枝状的街巷空间布局，整体布局为"前街后市、前店后堂"的特殊模式（图6-1-33）。在局部地段街市通过放大、转折、交汇而形成节点空间，成为文娱交流、赶场置办的临时性露天交换场所。

重要商铺主要集中在下段码头，将码头作为优势据点，进行大量物流、客流、信息流的传递与交汇；整体区位优势向上递减，中段多是以商业街巷、露天市场为空间载体的商贸文化场所。古镇的特色商铺更是鳞次栉比，如下盐店、同济盐店、谭家老盐店、永城商号、泰和号等。其中，现存的有下盐店、同济盐店、永成商号等。作为盐业交通运输要冲，场镇应运而生的驿站文化要素也十分明显。其中，最出名的应是元代重庆出川的必经驿站——"梅沱小水站"驿站。因驿站功能，西沱古镇客栈的占比也较之其他古镇更为密集，独门嘴段就有万安客栈和生计客栈等，其中生计客栈保存至今。

2）宗族文化

商贸文化中的其他小型典型地标，包括商号、钱庄、驿道、票号等。这些文化要素又与宗族文化有不可分割的联系，其名称通常以宗族姓氏相称，如贩卖药材的熊家、具有袍哥性质的黄家、场镇的谭家大院等。

3）移民文化

清朝为恢复四川经济，进行第二次"湖广填四川"运动，大量外省移民扎根西沱，当时的西沱各种同乡会馆与行业会馆应运而生，兼具有地缘、业缘性质。如船帮会馆王爷庙、禹王宫（湖广会馆）、万寿宫（江西会馆）等。

4）宗教与民间信仰文化

宗教与民间信仰文化单元的空间布局受到多方面

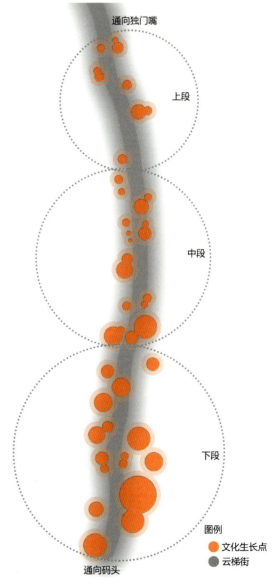

图6-1-32 西沱古镇文化要素图谱

图6-1-33 西沱古镇商铺为主的街景

因素的共同影响（图6-1-34）。古镇上段背山面水，通风良好，采光充足，视线上佳，成为宗教祭祀场所的集中区域，包括有关帝庙、二圣宫（图6-1-35）、张爷庙、南城寺、紫云宫、庆中庵、下盐店、土地庙等民俗信仰祭祀场所。

2. 重点建筑类型

1) 张爷庙

张爷庙又名桓侯宫，是以张飞的谥号"桓侯"来命名的，位于云梯街144号，地处古镇核心，是桓侯巷和衙门巷的相交之处，是屠宰行业和帮会建立的行业会馆，作为定期议事、祭祀活动的场所。据最早的史料记载，清末西沱屠沽行业组成的帮会称张爷会，现存张爷庙为民国3年（1914年）复建。祠庙会馆不仅仅有宗教祭祀功能，还具有公共活动和商业活动的特性。后期张爷庙逐渐发展成为西沱的慈善机构，又名同善事务所，主要处理地方民事纠纷、救济穷人，是当地百姓心中的庇护所和精神寄托（图6-1-36）。

张爷庙为民间公共建筑，依山而建，因地制宜，利用山地自然形成的两极平台进行建筑布局，采用天井台院式四合院的手法，中轴布局，规矩严整，中间围合成天井院落，建筑平面接近正方形。张爷庙面阔三间，面宽15米，长为17米，台高1.3米，院落空间随地势逐渐升高，以中轴线为核心，形成入口石阶、前殿、院落、主殿的形制。前殿供张飞像作为祭祀空间，各种功能和活动都聚集于此，体现了张飞作为屠宰行业祖师爷的地位。正殿位于台地之上，正对院落的正方形当心间为堂屋，是张爷庙的核心空间，整体抬高1.35米，前半部分对外，作为祭祀场所的开放空间，后半部分对内，是私密空间，具有一定的隐蔽性，显示出正殿的高大与独

图6-1-34 西沱古镇桓侯宫与二圣宫

图6-1-35 二圣宫内部细节

图6-1-36 张爷庙远景航拍图

立。两侧设踏步与前面空间连接；后殿向庭院开敞，作为议事空间。左右厢房做1米宽连廊，使各个空间在交通上联系贯通，方便行走。①

2）142号吊脚楼

此吊脚楼为县级文物保护建筑，修建于清代，位于云梯街下段上部，与张爷庙隔溪相对（图6-1-37）。吊脚楼为"口"字形穿斗式木构四合院落，坐北朝南偏西，是典型的前店后宅式建筑，沿街面阔三间，宽8米，进深13米，室内外高差近4米，天平地不平。其边偏房为单坡抹角的形式，二层设置悬挑阳台，临水处吊脚，下部斜撑立于水渠边的岩石上，巧妙地将商业空间最大化。院内有3米见方的天井，背街设挑廊、吊脚，建筑占地面积约109平方米，建筑面积约271平方米。

（四）盐业交通是西沱古镇生成发展的主导要素

西沱古镇因水而生、因盐而盛。场镇依托于长江沿岸优势地理位置，以及"川盐古道"上水路与陆路运输交叉的重要节点地位而形成，自唐宋时期便是"施州蛮以粟以盐"的口岸及"川盐销楚"的起点。临江码头与沿山脊的巴盐古道在西沱交接，塑造了西沱古镇整体垂直于等高线的"一"字形聚落空间格局，形成第五立面形态丰富、层檐错叠的聚落空间特色。

西沱古镇又因聚落服从于交通需要，选址于狭长形带状的山脊空间，主街集中布置"面窄、纵深长"的商业铺面，而公共建筑有别于传统布局形式，因地制宜，多分布在码头滩涂区及主轴云梯街支巷延伸区，形成长江沿岸独树一帜的聚落景观格局与景观现象。

---

① 莫唯书. 西沱张爷庙保护修复与复原设计研究[D]. 重庆：重庆大学，2018.

图6-1-37　142号吊脚楼

西沱古镇的交通商贸发达，也带来了文化的繁荣，相较于长江沿岸的其他滨水古镇，西沱古镇历史上的祠庙会馆数量多、建筑水准高。代表移民文化、民俗信仰文化的禹王宫、天上宫、万寿宫、王爷庙、张爷庙等空间组合成三个文化组团，对场镇空间生长发挥了积极作用。

三、东溪古镇

（一）空间布局

1. 地形地貌与聚落空间布局

东溪古镇位于重庆市綦江区，地处河流漕谷地带，整体地貌特征为地形起伏大、高差大，各类坡地、平地、阶地交错分布（图6-1-38）。镇域范围地势总体为周边高、中间低，等高线呈西高东低，北角有綦江河切割，并延伸至聚落中间，镇域内部地形起伏不大，南侧的山顶为最高点，东溪太平桥为最低点海拔219米，地形坡度小于10°。属丘陵地貌，靠近河流两岸的地形起伏相对较大，高差较大，总的来说地貌比较单一，地形较为复杂。

2. 生态格局与聚落空间布局

东溪古镇坐落于綦河流域范围的綦江下游沿岸，位于两山之间，河流横穿古镇，山水围绕。永久河与丁东河分别将聚落的北面和东面环绕，并于东北处汇入綦江。由于水系发达，东溪的生态带围绕水系密布，多分布于古镇四周的山坡上，近年由于保护不当，使得林地有所减少。农田主要分布在南部的高地，顺应山脊的曲线走势，由南向北发散。古镇的布局错落有致，依山靠水，以自然山水为基础，应地顺势，将自然山水与人工环境融合，呈现天地、场镇与建筑三位一体的画面（图6-1-39）。

3. 历史文化与聚落空间布局

1）渝黔历史通道的交通重镇

东溪古镇位于渝黔历史通道的重要交通节点。历史上从重庆和贵州通商的道路称为渝黔大道，因其在重庆

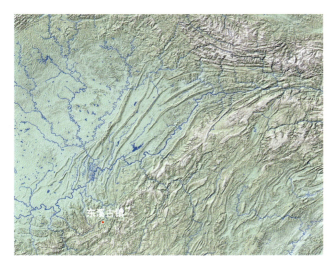

图6-1-38 东溪古镇地理区位示意图

图6-1-39 东溪古镇高程分析

向南行进方向，故又称"南大道"。明代以前，渝黔两地交往的重要通道为"僰溪道"，由主城出发，向南途经江津、綦江、桐梓、遵义后抵达贵阳；明代，政府对贵州驿站进行大力整修，为传递文书和军队提供方便，渝黔古道自此成为川黔重要的交通要道，成为沟通西南与中原的重要路线，也是西南出海的一条主通道，明代渝黔大道的路线为：朝天驿—百节驿—白渡水马驿—綦江县—扶欢驿—东溪驿—安隐驿—松坎驿—桐梓驿—播川驿—娄山关—永安驿—湘川驿—乌江驿—养龙坑驿—底寨驿—扎佐驿—贵州驿[①]；清代，驿站被政府裁撤，改为铺递，重庆地区共有铺塘21处，遵义地区共有铺塘27处。渝黔大道由重庆出发，其中途经重庆朝天驿—百节驿—白渡水马驿—綦江县驿—扶欢驿—东溪驿—安隐驿7个驿站，东溪驿位于扶欢驿西南方，在綦江县的东南60里的位置，距离县城约一日路程（图6-1-40）。

2）历史沿革

东溪古镇又叫万寿场，相传为唐代开始修建，綦江从镇中穿越，向北汇入长江，向南延伸至贵州境内，水陆交通发达，城镇作为交通枢纽和商品集散地，人口逐渐密集，形成一个繁华的商贸码头，同时经济和文化也得到发展。

川黔古道在西汉时期就已开通，途经东溪的太平桥和成平滩。唐高祖武德二年（公元619年）置丹溪县，贞观十七年（公元643年），因镇内綦河东流，改名为东溪，宋、元、明、清时期，场镇一直繁华热闹。清朝建立后，东溪设立安里治所，提升行政地位，曾将县署、东溪驿设在此处。东溪陆路北连扶欢驿，南接遵义，水路又通江津，通过綦江与长江交汇，成为黔、滇、桂、湘等省入渝的第一大站。因此，东溪古镇是大型货物集散码头，在綦江河上游具有重要的地位。古镇货船不断、马帮来往，将盐、麻、茶叶、白酒、大米、棕制品、百货销售到两广、云南、贵州、四川等地，每日来往人口上千人，巅峰时期常住人口有几万人，古镇商贸繁荣，是綦江县境内规模最大的场镇。

中华人民共和国成立以后，伴随綦江河航运衰落以及川黔铁路建成，东溪古镇逐渐没落，主要依托川黔公路，保持部分商贸交通功能。

---

① 徐蕴. 近代长江上游港口与腹地经济关系的比较研究——以宜昌、重庆、万县为中心（1877—1936）[J]. 中华文化论坛，2018.

图6-1-40　东溪古镇核心区

3)重要商贸文化组织

1862年,陈洪义在东溪镇成立了"麻乡约民信局",作为总局管理,麻乡约大帮信轿行重庆片区的总部驻扎东溪,在东溪古镇的聚落空间布局中占据着重要位置(图6-1-41)。

清中期以后,重庆民间陆续兴起一些驿运组织,其中规模最大的就是麻乡约大帮信轿行。该组织于1852年由陈洪义创立,原指原籍湖北麻城县填川移民,委托人员返乡祭祖、送信、托运土特产等,称为"麻乡约"。其后转变为专门的商贸运输行会组织,主揽长途客货运输生意,是当时业务最广、存在历史最长的民间运输组织。在重庆连接周边地区的主要道路沿途,麻乡约均设立了很多分行和分铺,如东溪、走马、永川、荣昌、隆昌、内江、资中、简阳、茶店、龙泉驿等,作为本组织来往人员、货物休息补给的站点。麻乡约业务十分广泛,包括人货接站、转站打兑、货物承运、代雇驮马以及代荐其他行帮运送等,客运由"轿行"经营,货运以"货运行"方式经营,信函和汇兑往来由"民信局"负责,极大地满足了商贸交通的各类需求。

麻乡约大帮信轿行延续了近百年,开创了快慢站制度,是近代物流行业中比较完善的科学运营系统,它的百年经营在重庆传统聚落中留下了许多驿道文化遗迹,见证了川渝驿道的兴衰。

(二)聚落分区与空间结构

1. 街巷与空间结构

1)街巷的连通与特点

东溪场镇的建筑和街巷都适应地形与环境,布局极具灵活性,整体十分协调但不失变化,街巷有一些"袋

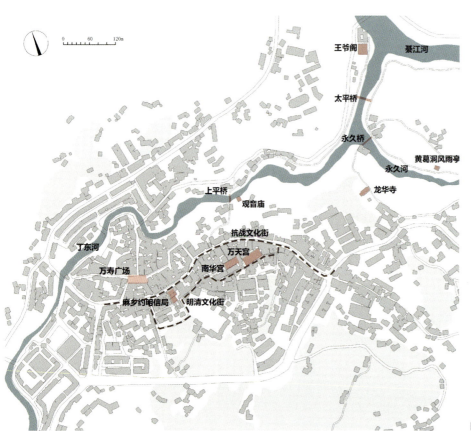

图6-1-41 东溪古镇核心区

形"空间供居民歇息、交流，位于一些街巷连接处、转折处，这些街巷的景观节点在路线上起引导人们的作用（图6-1-42）。

东溪古镇建筑融合在山地环境之中，地形高差往往使用坡道和梯道两种方式来解决。在顺应等高线的小坡度区域，使用坡道来解决高差，形成上坡路，一般倾斜角较小。一些无法与等高线平行的、倾斜角较大的道路则利用梯道来连接，呈现纵向的梯步道路。太平古渡口至岩上场镇的古道就是典型的梯道解决高差，大量梯步拾级而上，而坡道在古镇中随处可见。

由于区域内多变的地形起伏，街巷布局也就需要顺地形产生变化，建筑的修建也需要根据场地条件灵活的转折弯曲，最后呈现不规则网状分布。最大可能地满足居住的需求。自发性是街巷形成的一大特征，会受各种因素影响，其中地理条件因素占极大比重，东溪的街道系统也是受地理条件影响，最大限度地适应环境，结合地形的灵活布局，与周边地理环境相融合，会呈现出一个三维的、连续的、清晰的空间特征（图6-1-43）。

由于街巷的自发性和自然地理条件影响的随机性，古镇街区被赋予了极其丰富的空间形态，可以概括为重叠、转折、起伏、开合四种。

（1）重叠：叠加的部分，使整个街道充满了紧凑感，空间尺度上充满了亲切感，与街道开敞的地方形成对比，空间节奏开合有序。

（2）转折：随着等高线的转折起伏，街巷空间随地形形成多个拐点与交叉口，建筑立面因街道的坡度变化也会呈现高低错落的特点，视觉效果趣味性十足。

（3）起伏：地形的坡度不同而起伏，造成各类的坡道、梯道，使得街巷在三维空间上产生更为丰富的立体层次。

（4）开合：街巷转折处、开始或结束处的节点空间较大，节点空间穿插在街巷中，使得街巷有宽窄变化，同时建筑也会有前后的进退变化，使得街巷尺度呈现开合交替的变化。

2）街巷立面与风貌

东溪古镇的地面由不同规格的石板拼铺而成，结合现场，横竖搭配地拼装。材料主要采用当地的石料，石头的材质风貌和环境和谐统一。街巷基面会顺应地形的高低起伏而产生坡道变化。从街道的侧界面可以观察到东溪的建筑十分有序，建筑的整体布局观念强烈。东溪

图6-1-42　东溪古镇结构图

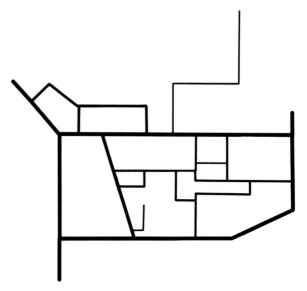

图6-1-43　东溪古镇街巷结构简图

现存的传统木构建筑，原为木石结合的墙面质感，青瓦的屋面，虽然或衰败破旧，或改建破坏，但仍然可以看出传统建筑组群的界面是整体有序的。

东溪古镇建筑的修建都是采用砂石、竹木等本地材料，适地性强，与周围环境协调，相得益彰，呈现朴实自然、简约干净的风格。屋顶最常使用小青瓦，墙壁主要采用编竹夹泥的土墙，也有部分石墙、砖墙。建筑中间的板壁多为木装板。

2. 分区与肌理

东溪古镇由于山地地理条件的影响，无法像平原地区呈网状自由分布，只能顺应地形地貌。古镇的整体平面布局呈"Y"形，分为岩上和岩下两个区域。岩上与岩下地形高差大，运用梯道相互连接，两个区域虽间隔山水但相互依托。岩下太平桥一带是交通的转折点，负责古镇的水陆交通、客货运输，大量供挑夫休息的幺店子也在此集中，建筑背山靠水，环境优越。岩上场镇一带地形相对平坦，具备空间繁衍扩张的条件，形成大面积的场镇主体。

东溪古镇建筑组群的布局模式受地理条件差异的影响，可分为线状、团状两种类型，分别对应岩上场镇区域和岩下太平桥区域。岩上场镇区域地势相对较平，用地较广，建筑组团布局呈团状。岩下太平桥区域沿古道呈线状布局，线性的空间秩序明显，成段分布客栈建筑群，所有的建筑都位于石板路的两旁，是典型的线状组团布局方式。岩上与岩下布局肌理对比鲜明（图6-1-44）。

一般山地城镇用地紧凑，自然用地紧缺，土地和空间资源比较珍贵。东溪受用地及经济条件限制，建筑的建造规模较小，少见较大的合院建筑组群，建筑布局紧凑简约，形式简单朴素。岩下的建筑空间有极强的秩序关系，沿中轴组织布局，多采用线状群组布局。一般屋前种植有黄桷树遮阴，房屋多前后两进，围一小天井，后院正中为堂屋，作为会客、吃饭、家族祭祀的主要空间，左右两侧常为寝室。

东溪岩上场镇区域的传统建筑大都为传统合院式，同时兼具南方院落天井和北方四合院的特点。外围封闭，内部有天井，较为开敞。以天井作为核心，建筑呈中轴对称分布，秩序感强。岩下太平桥区域的"幺店子"多为山地建筑，运用了大量山地建筑手法，例如挑、吊、台、退、坡为主的建构方式。其中，吊脚楼建筑"天平地不平"，靠悬崖建筑"占天不占地"，建筑风貌独特多样。

3. 影响聚落分区的文化格局

东溪古镇岩下太平桥区域，服务于商贸、交通功能的建筑相对集中，沿道路、码头呈带状分布，反映了商贸文化对于该区域功能与形态的影响。东溪古镇的移民文化空间、宗族文化空间主要分布于岩上场镇区域，布局较为集中，产生聚落的中心文化组团，呈现"中心辐射式"结构，向外辐射影响整个聚落。另有宗教信仰文化单元的庙观、祭祀点，散步及古道沿线与沿河区域（图6-1-45）。

图6-1-44　东溪古镇街巷结构简图

（三）建筑组团与文化要素

1. 主要文化单元

1）移民文化单元

东溪古镇贸易发达，有大量外来移民，因此修建了大量移民会馆，是古镇重要的公共活动空间。万天宫、禹王庙、南华宫被称为"三宫"，现只有万天宫（江西会馆）和南华宫（广东会馆）保存完好。因外来移民群体与本地人的生活习惯、习俗语言等不同，外来移民往往需要一种具有内聚力的群体组织，以乡缘认同与相互帮助，因此会馆的分布较为集中。万天宫和南华宫都位于岩上场镇的中间位置，起着空间控制的中心作用，显示出移民文化单元在古镇的影响及地位。

2）宗教信仰文化单元

东溪古镇"六庙"是本土民间信仰的空间载体，也是古镇的主要公共活动空间，举办宗教祭祀、公共聚会等活动。目前保存较为完好的有观音庙、王爷庙、龙华庙和大雄殿庙等。与会馆不同，庙观建筑主要呈散点状分布在岩下太平桥区域，多位于河流两侧，建筑选址着重朝向，并与周围山水环境相融合，使得自然景色融入建筑景观（图6-1-46）。

2. 重点建筑类型

1）万天宫

万天宫是移民文化的典型建筑，是江西籍移民的会馆，最开始修建的时间为清康熙二年（1663年）。砖木结构建筑，院落只有一重，整个建筑沿中轴左右对称，占地面积1000多平方米。正门上方有"万天宫"字样，有三个石柱支撑的门，中间正门较大，石柱上刻有对联，两侧门较小，墙面为白石灰粉面墙，风格朴素简约。入口是一个架空的戏台底部，戏楼为歇山顶建筑，穿过戏台底部进入院落，戏楼正对正殿，十分宽大，戏台上方是八角形的藻井，戏台栏板刻有木雕，将一个个历史典故用镂空浮雕的形式展示，同时展示了古时技艺的精巧。戏楼的左右两侧连接厢房，厢房的尽头与正殿相连，用走马台作为连廊，同时也是观戏的看台。厢房门窗多对称构图，但在立面上有不同的圆形装饰门窗。正殿进深大，面阔小，柱网规整排列，建筑整体秩序感强

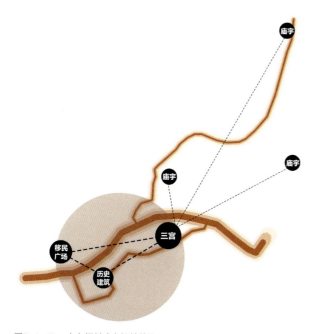

图6-1-45 中心辐射式空间结构图

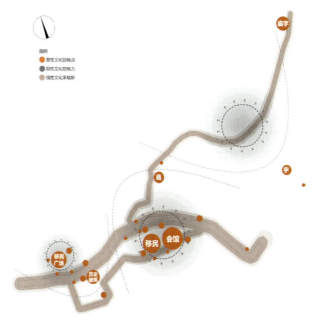

图6-1-46 东溪古镇文化要素图谱

烈，屋脊有龙凤雕饰，另有大量精致的木雕装饰着整个建筑。万天宫从正门到戏楼，院落到正殿，前后关系明确，封火墙由马头墙和圆弧组合形成，屋顶错落有致。

2）王爷庙

王爷庙是宗教文化类的建筑，在本地又称镇江神庙，最开始修建于1741年，位置选址独特，位于綦江、丁东河的两河交汇处，面对河流。为了祈求水运能够平安，沿河一带的人集资修建了王爷庙。此地等高线密集，受地形限制，该建筑迎合地形修建，布局十分紧凑，是典型的山地台院式建筑，建筑采用木结构，体量较大，与周围的黄桷古树相互映衬，静谧古朴。

3）空间节点

东溪古镇依靠周围的山水环境，与自然环境有机结合，成就了东溪的自身空间结构，将山水文化之美体现得淋漓尽致。同时也展现了多种形式美的特征，如动与静、变化与统一、人工与自然等。

（1）古桥

东溪至今保存完好的古桥梁有太平桥和上平桥。其中太平桥就是东溪场镇的发源地，建于清康熙年间，与场镇距离1公里，位于三河的交汇处，原为最大的货物集散码头，途经该桥就是川黔古道。采用青石板铺面，桥两头各有石狮一对，桥中间的桥墩外侧是兽头像延伸出来作为装饰，两边都有雕花的石栏花墩，整座桥看起来既古朴又别致新颖，具有独特的风格。桥下的中央相传悬挂斩龙宝剑一柄，沉重的宝剑会随风转动并发出声响，是太平桥独有的奇特景观。

（2）古树

这一带约有3000多棵黄桷古树，东溪古树的树种较为单一，大多是巴渝的标志性树种——黄桷树，而且大多年份久远，树冠茂密，枝叶郁郁葱葱，在古镇外围形成天然屏障。太平桥和上平桥均环绕于黄桷树林之中，古树与古桥相互交融，印于山水之中。

（3）瀑布

东溪的自然景观还包含三处瀑布，分别是大金银洞瀑布、小金银洞瀑布和黄桷树瀑布，从黄桷树瀑布边探头观赏，飞珠溅玉、气势磅礴，构成古镇独特的自然景观。

（四）水陆交通因素是影响东溪古镇生成发展的主导要素

綦河航运与南大道陆路交通是东溪古镇形成与发展的决定性因素。东溪古镇选址于綦河航线与南大道的交汇处，具备水陆交通枢纽的地理区位优势，因而促进场镇的产生和发展。

东溪场镇产生以后，一方面继承了传统水路交通的码头功能，另一方面逐渐成为南大道的重要陆路驿站，在渝黔交通系统中占有重要的枢纽位置。交通便利带来商贸发展的机会，进而对东溪古镇的功能定位、规模发展以及聚落分区发挥了主导性控制作用。这些直接体现在聚落中心的转移与扩张，服务于交通功能的岩下太平桥区域是古镇的发源地，随着东溪古镇的繁荣兴盛，聚落向更多、更广的陆地扩张，形成现在面积庞大的岩上场镇区域，形成新的聚落中心。

伴随着綦河航运与南大道陆路交通的衰落，东溪古镇的发展也相应进入停滞时期，代表了交通依赖型聚落兴衰的典型历程。

四、走马古镇[①]

（一）空间布局

1. 地形地貌与聚落空间布局
1）地理位置
走马古镇位于重庆市九龙坡区西侧边缘，地理位置

---

① 赵万民. 走马古镇[M]. 南京：东南大学出版社，2010.

接近于重庆主城，处于重庆主城两江四岸区域的西部，镇域西侧为缙云山，东侧为中梁山，地跨璧山县、江津区（图6-1-47）。

2）地形地貌

该区域属于川东平行岭谷地貌区，多浅丘地形，整体地势呈西南—东北方向倾斜。场镇主体沿山脊分布，坡度起伏大，地形十分复杂。走马古镇山景雄奇、林景丰茂、水景优美，古镇有千亩桃林，与农舍田园、湖泊溪流形成秀丽的美景。自然景观丰富，与古镇本身的人文历史风貌相结合，具有极大的生态环境价值。

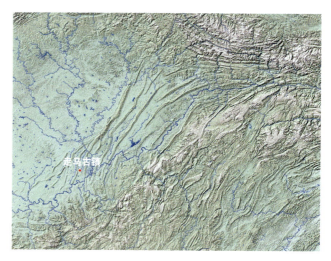

图6-1-47 走马古镇地理区位示意图

2. 生态格局与聚落空间布局

走马古镇依高低山脊而建，古镇老街随山脊线起伏，呈东西走向，街道顺应坡度拾级而上，场镇东面、西面、南面各有一处出入口，是古镇重要的自然景观观赏位置。聚落的西北部及南部被外围生态林环绕，林带顺应等高线大致呈西北—东南方向走势。聚落的东部较为平坦，为农业用地，农田主要分布于东侧两条生态植物林中间，被两条新修的交通带隔断，大致呈东北—西南方向走势的块状分布，两侧的植物带对农地起到涵养和隔离防护的作用（图6-1-48）。场镇拥有独特的景观体系，呈现聚落、农田、山林、河流交相辉映的土地利用格局。

3. 历史文化与聚落空间布局

1）成渝东大路重要驿站

成渝古道是明清时期成都和重庆之间的交通干道，因重庆位于成都的东边，故又名"东大路"，古道全长有1080里（540公里），可以说是最早的"成渝高速"（图6-1-49）。

早在唐宋时期，随着经济发展，为方便成渝两地的贸易，已经建立了稳定的交通路径。明朝时期，官府极力发展官道，新增了大量的驿站，交通得到迅速发

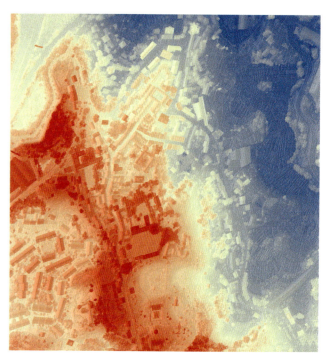

图6-1-48 走马古镇高程分析

展，此前有成渝南道与成渝北道，明朝以后官道逐渐南移；清代以后，成渝南道成为官方驿路，全路有200多处驿站，规模较大的称为"驿"，较小的称为"铺""场"等。

明清时期"东大路"的路线为：重庆通远门—佛图关—大坪七牌坊—石桥铺—二郎关—白市驿—走马

图6-1-49 走马古镇核心区航拍图

铺—来凤驿—永川—邮亭铺—荣昌—隆桥驿—安仁驿—内江—珠江驿—资中—简阳—龙泉驿—成都迎晖门[1]。其中，走马古镇便是东大路在旧巴县境内的最后一站。

2）历史沿革

走马古镇作为"东大路"重要的交通节点，前为白市驿站，后为璧山县来凤驿站，它并非官方驿站，而是一个中继站（俗称幺店子），称为走马铺。走马古镇在东大路交通系统中的地理位置较为突出。古驿站交通时代，重庆市区向西日行80公里可到走马古镇，走马古镇再往向西须翻越缙云山才能抵达璧山县来凤驿。从行程时间和山林野路安全因素考虑，过往行商大都会选择在走马古镇歇息留宿，第二天天明再结队翻山。

古镇位于交通要道，跨江津、綦江，直通贵州，南来北往，商贾汇集，走马古镇因而繁华。相传在东汉时期已有居民生活于此，宋代属巴县白市驿管辖，明朝属巴县七十二里之一的白市里，清末属巴县白市镇。1927年属巴县走马镇，1940年撤镇设乡[2]。

（二）聚落分区与空间结构

1. 街巷与空间结构

1）街巷

古镇的主街为街巷的主要骨架，由主街向支巷延伸，连接其他次级，路网符合古镇结构走势，交通网络呈"Y"形，由古街向两侧发散，自然连接，主次分明（图6-1-50）。

走马古镇拥有保存相对完整的传统场镇街区，街道依等高线而建，因其山体的走势、高低及形态，聚落空间也随山体演化，呈由北向南生长、线性空间为主的一条直线街道。街巷空间也呈树根分散状，由点到线再到面依次演化，线性空间与面状空间相互连接，相互交织，是古镇居民长久以来适应环境与改造地形的结果。现存比较完整的主街巷820米，次级街巷313米。道路两侧的建筑一般为1层或者2层，出檐较多，给路人提供雨天避雨和阳天遮阴的空间，临街的建筑一般为商铺，前店后院的模式。街巷连通院落，主街的院落一般较大，以大尺度建筑为主，例如一些具有公共功能

图6-1-50　走马古镇结构图

---

[1] 成渝古道. 百度百科.
[2] 赵万民. 走马古镇[M]. 南京：东南大学出版社，2010.

的商铺、宫庙等；次巷多为小尺度民居，建筑体量较小（图6-1-51）。

（1）"鱼骨状"线性街巷空间

空间的形态会受各个因素影响，比如山体的走势、高度、形态等，其中线性空间是地形影响最为明显的。古镇建筑随等高线起伏，在地形较陡的地方，受地形束缚，建筑顺等高线呈线状排列，形成街道，由主巷向两边延伸，街巷空间形似"鱼骨"，空间流动性强（图6-1-52）。

走马正街就是典型的以石板街为轴的线状空间，两侧的建筑体量较小，沿街道呈线性排列，作为驿道必经的站点，该线性街道为往来行旅提供茶馆、餐饮、娱乐等公共空间，建筑功能多为商铺，前店后院的空间形式。该区域主要为小体量建筑排列的线性空间。

（2）"T"形线性街巷空间

中心为标志性的建筑物，由主街向外分散，呈相对丰富的街巷空间。末端为大体量的宗祠建筑，同时位于走马古街的尽头，由此主街结束，是一个比较重要的空间节点，也是古镇核心区的入口广场的位置，分出支巷支撑交通主街连接，形成一个"T"形线性组团（图6-1-53）。

2）立面与风貌

古镇因西高东低的地势，线性的街道利用缓坡解决高差，因此造就了丰富的室外台院，台与台之间再以梯步连接。沿街的建筑呈现穿斗式木结构风貌，木质门窗，建筑立面多用青砖砌，或是石墙。较宽的街道有6~8米，较低的建筑1~2层高，街巷维度在2:1和1:1之间，尺度宜人（图6-1-54）。

3）空间节点

空间节点在走马古镇中起到了联系贯通的作用，特色景观区和开敞空间都是人群聚集、停留驻足的地方，人在其中穿行，也会受其引导，从而转折起伏，开敞封闭，富有节奏感。如走马古镇东面场口的广场节点、月

图6-1-51 走马古镇核心区平面图

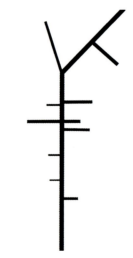

图6-1-52 街巷结构简图

图6-1-53 走马古镇肌理图

图6-1-54 石板路街巷

图6-1-55 走马古镇主街

沼池节点、大学堂节点、歇马厅节点等，是古镇中的标志空间（图6-1-55）。

古驿道

最古老的驿道目前仅存1000米，这段驿道遗址位于走马古镇境内，始建于宋代，在明清最兴盛时，石板路有2.5米宽，可以容纳两辆马车，沿途又有许多崖刻、古碑，极具历史意义，后被列为九龙坡文物保护单位。

2. 分区与肌理

走马古镇空间组团的布局模式，在地域、地理、自然环境诸多要素的影响下形成了整体为"带状"聚落空间，细分大致可以分为以下几种空间组团与形态。

1）宫庙集中的建筑组团

该组团位于走马古镇东部场口，地形相对平坦，为建筑组团的聚集提供了有利的场地条件。宫庙、会馆、宗祠等体量较大的建筑集中坐落于此，如关武庙、万寿宫、戏楼等标志性建筑物，这类建筑一般为面积较大的围合院落，为公共活动提供场所空间。附近也有一部分民居建筑，四周建筑再向外发散，形成内聚关系（图6-1-56）。

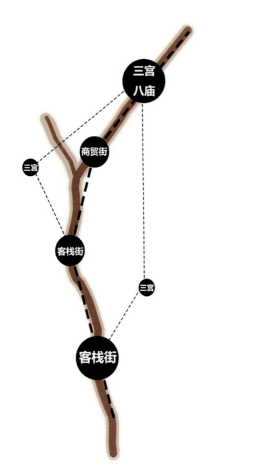

图6-1-56　带状散点分布式结构图

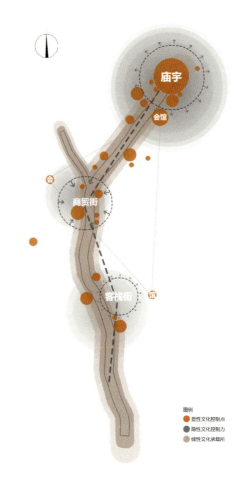

图6-1-57　走马古镇文化要素图谱

2）商贸影响下的建筑组团

该组团沿主街带状分布，在古镇的南部场口截止，由数量众多、体量较小的商铺建筑构成。为满足驿道商贸的需求，住户多采用"前店后院"的模式，建筑排列紧密、拥挤，临街面开间窄小，建筑无法横向扩展，只能向进深生长，所以该组团的建筑多为细长形，且密布于道路两旁。

3. 影响聚落分区的文化格局

走马古镇的文化单元总体呈现"散点分布式"结构，因古镇的带状空间，沿街道分散布局。商贸文化单元占据主街两侧最有利经营的临街空间，随街巷格局呈单一带状结构。移民文化与民俗信仰文化单元退出主街，分布于支巷，以次级道路与主街相连。从现状观察，在走马古镇东部场口区域特殊文化空间相对集中，包括关武庙、万寿宫、戏楼、广场等公共建筑，可视为一处文化中心空间（图6-1-57）。

（三）建筑组团与文化要素

1. 主要文化单元

1）商贸文化单元

走马古镇因其在东大路陆路运输系统的重要节点地位，成为成渝两地间的重要驿站，主要承担商贸物资集散功能。

走马古镇历史上货运马帮、坐贾行商络绎不绝，川南的百货、盐、白糖、布匹等都经过这里输送，因此镇内修建有大量的商贸建筑以满足需求，多为店铺、旅馆及茶馆。古镇街巷之间联系也较密切，私密空间相对较少，更多的是可供商贸交流的公共空间，产生了大量的空间节点，屋前屋后、街角、路边都是可以停留、交易的商贸空间。路网多层次密布，大小的道路连接，也有利于往来贸易。

2）移民文化单元与宗教文化单元

走马古镇素有"三宫五庙"之说，庙观、会馆作为典型建筑常见于古镇，这些宫庙不仅具有聚合人们观念的作用，也是古镇中的公共活动场所，如沿正街分布的万寿宫、魁星楼、禹王庙、关武庙等。万寿宫原为江西同乡的移民会馆，为场镇原有五座会馆建筑之一，后来曾被沿用为行会议事、公共祭祀、公共娱乐的场所。慈云寺是走马古镇规模最大的宗教建筑，始建于北朝，兴旺时期香火不断，毁于"文化大革命"时期。随着社会变迁，此类建筑已经失去原有功能，有的破败闲置，有的被拆除改建。

3）其他文化单元

在走马古镇的传统文化中，存在民间艺术、风俗习惯等非物质文化遗产。走马是重庆民间故事之乡，口传文学"走马故事"相传为马帮行旅在旅途中，为打发闲暇时光口头创作的故事，通过口口相传，这些故事在民间流传开来，故事种类丰富、内容多样，且数量巨大，传述者众多。走马古镇的茶馆成为"走马故事"传承与传播的主要场所。山歌作为走马一种特殊的记事形式而广为流传，当地采录的民间歌谣多达3000多首。走马古镇流行川剧坐唱，俗称"围鼓戏"，多为业余娱乐活动，富贵人家有婚丧等事时就请"围鼓戏"前往坐唱。每逢节庆，古镇街头多有舞狮表演，俗称"舞狮子"，走马的"舞火龙"也是庙会的重要组成部分，由铁匠铺表演，场面宏大，特色鲜明。

2. 重点建筑类型

1）关武庙

关武庙是宗教信仰文化类建筑，关武庙戏楼布局合理，构思巧妙，且雕工精美。戏楼两侧的建筑为楼厢，为进出走马场的行旅商人们提供了舒适的娱乐场所。关武庙戏楼为保存较好的传统木结构建筑，原有精美的镂空木刻雕饰，悬挂在戏台之上，具有较高的历史价值与艺术价值，为研究巴渝传统建筑艺术风格提供了重要参考。走马古镇的地方文化轮番在关武庙戏楼上演，定期有各地的戏班在戏楼演出，走马川剧坐唱等传统表演具有较大的影响力，闻名于周边区域（图6-1-58）。

关武庙坐北朝南，背山临街，处于古街东场口位置，是古镇的文化中心。旧时场镇为抵御匪患，地处场口位置的关武庙四面都高砌封火墙，建有石头门，为典型的巴渝宫庙建筑。建筑有2层，木构架、木窗，南侧为戏楼，中心院落则是公共活动区域，建筑沿轴线对称分布，西侧为厢房，底部架空，形成极为特别的走马过街楼。

2）万寿宫

万寿宫是移民文化类建筑，原为江西会馆，走马古镇五大会馆建筑之一，区级文物保护建筑。为江西籍填川移民开展同乡互助、举行办会祭祀使用。占地面积408平方米，建筑总面积453平方米，四合院的布局模式，是土木结构与传统穿斗木结构结合的大型建筑，高2层，二层原为戏楼，高7.6米，建筑主体保存较好，其

图6-1-58 关武庙

余部分因年代久远，老化严重。

3）国光茶馆

国光茶馆坐北朝南，是典型的临街式前店后院建筑，前店是"国光茶馆"经营区，空间较大，后院是两进的住宅空间。古镇茶馆原为商贸文化衍生的服务场所，是走马古镇居民与往来商贾、力夫喝茶休憩、听书畅聊的休闲娱乐场所，也是公共社交与信息平台，来往路人在此讲述路途中的所见所闻，在此将各类民间故事口口相传。茶馆见证了走马古镇的商贸历史。

（四）成渝东大路是走马古镇生成和发展的主导要素

走马古镇位于成渝东大路沿线，它的产生是成渝东大路交通系统的需要。走马古镇的选址是由东大路交通系统的行程节点所决定的，场镇的兴盛繁荣也是由于特定的驿站功能拉动商贸发展带来的。

从重庆主城出发，在传统人力畜力为主的运输条件下，沿成渝东大路西行，一日之内行进距离的极限在走马古镇附近。若再继续西行，则正式离开了巴县县境，且必须翻越缙云山系后，方可抵达下一驿站来凤驿。这段翻山行程因自然条件和匪患隐忧，基本无法在夜间完成，于是商旅客货自然选择在走马落脚休息一晚。走马遂成为一处驿站，为交通商贸提供相应的配套服务，长期以来形成了成渝东大路主干道上重要的物资集散地，从而推动了走马场镇的规模发展。

成渝东大路从走马段开始进入山区，道路因山体的走势而延伸，走马古镇的聚落形态主要由这条沿山脊而上的东大路干道所决定，依附于道路，形成高低转折的带状格局。

明清以来，走马古镇曾经是重庆地区的重要场镇，这一时期也正是成渝东大路交通功能最为重要的时期。近代以来，随着交通运输技术的变革，以人力畜力运输为主的成渝东大路逐渐被新的成渝公路取代，依赖于交通功能的走马古镇也迅速走向衰落，成为重庆郊区的一个普通场镇。

五、丰盛古镇

（一）空间布局

1. 聚落空间的生成

地形地貌与聚落空间布局

丰盛古镇位于重庆市巴南区东部，是巴南区东部的边沿镇之一，也是通往南川、涪陵的重要节点（图6-1-59）。地貌特征以丘陵、低山地貌为主，丘陵分布在西部以及槽谷中山地区，低山则在镇政府所在槽谷东西山岭一带。地势东高西低，南北高，中部低，东部背斜形成了"一山二槽三岭"的地貌："一山"即东泉山山脉，"二槽"即山脉内的东槽和西槽，"三岭"由东、西两山岭加上槽谷内的"中山"构成。槽谷内的碳酸盐分布区为喀斯特地貌，全镇平均海拔高度520米，最高点在一碗水寨，海拔高838.5米，最低点在与木洞交界处，海拔约200米，相对高差200～300米。（图6-1-60）整个古镇的天际轮廓线呈现四周高中心低、东北高西南低的态势。

图6-1-59 丰盛古镇地理区位示意图

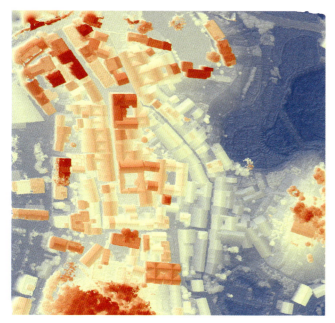

图6-1-60 丰盛古镇高程分析

2. 生态格局与聚落空间布局

古镇位于南北两条带状丘陵群所夹的槽谷地带，其间从南到北有九座小山丘，山地突起于平地之上，最大高差约37米，呈椭圆形，形似乌龟，大小不一，其中一个尺度较大，犹如一只母龟，故民间有"九龟寻母"的生动描述。东西丘陵群所夹的槽谷地带除了九座山丘以外，还有大片的农田，古镇东侧有一条水量充沛的水渠穿过，形成了丰盛古镇农田特有的地理条件，丰盛古镇是山丘中的古镇，同样也是田园中的古镇（图6-1-61）。

古镇建设之初便充分体现了"天人合一"的哲学思想，清源楼山丘作为"九龟寻母"中的一龟，是丰盛古镇重要的背景依托，清源楼山丘的北侧平地自然构成了古镇布置的基底，而山体位于分别由三宫——万天宫、万寿宫和禹王宫形成的古镇中心轴线的端点，巧妙地将自然山体环境引入人工环境，山体本身的高度提升了丰盛古镇的场镇地位和场镇精神，是古代中国"师法自然"设计手法的巧妙运用。同时，古镇利用清源楼山丘和文庙山丘、杨家祠堂山丘将南川场口和涪陵场口分隔，形成各场口节点空间各有不同的景观特色。

3. 历史文化与聚落空间布局

1）渝黔陆路交通的重要节点

丰盛古镇始建于宋代，明末清初因其特殊的地理位置而商贸发达，为古代巴县旱码头之首，素有"长江第一旱码头"之称，作为所在区域以及通往贵州的重要节点，分别连接南川、洛碛、涪陵和木洞等地，辐射周边较大范围，并与渝黔交通体系接通（图6-1-62）。

2）历史沿革

丰盛镇具有悠久的历史，据《巴县志选注》记载，宋代称封门，明末清初正式建场镇。从宋到明，巴县管辖八坊、二厢、七十二里，封门属七十二里中的丰盛里。清末巴县辖制七镇、十四乡，封门属丰盛乡。

古场镇历史悠久，建于明末清初，称为"丰盛场"，而后由于原在江西街左侧有一个洞口，修建场镇时将洞口封闭，口耳相传，俗称"封门"。湖广填四川时，落脚封门的外地人被本地人称为"江门籍人"。

古封门是一个兵家必争之地，张献忠入川、太平天国起义及解放战争，都留下战场遗迹。古镇为防御外敌，设有四个入口，分别朝向南川、涪陵、木洞和洛碛四个方向，旧时被称为木洞场口、洛碛场口、南川场口、涪陵场口，现四个场口的栅子门已经损毁，但遗迹尚在，人们仍习惯称呼其旧时的俗名。[①]

（二）聚落分区与空间结构

1. 街巷与空间结构

1）街巷系统

丰盛镇在建镇初期先后建有江西街、半边街、十

---

① 赵万民. 丰盛古镇[M]. 南京：东南大学出版社，2009.

图6-1-61　丰盛古镇航拍图

图6-1-62 丰盛古镇核心区

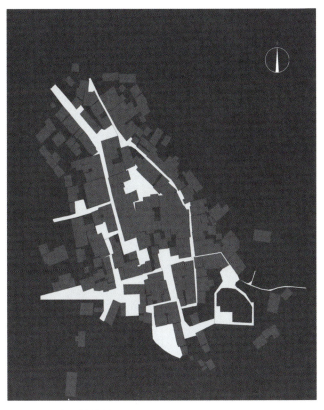

图6-1-63 丰盛古镇结构图

字街、长宁街、公正街、书院街等呈"回"字形的街道骨架，长约1000米，整体呈不规则的五边形平面。街道两侧则是连续不断的各类建筑，形成封闭式的街道空间，古镇呈同心圆式向外圈层式发展（图6-1-63）。

丰盛古镇与外部的联系是通过东西南北四个方向的场口，相当于丰盛古镇的四个城门，均设有栅子口，在每个场口处均有一小型平坝，也是进入古镇的过渡空间，是丰盛古镇的重要组成部分，能够满足人流集散、商品交易等需求。在古镇的核心区，有一条南北向轴线。轴线南端一直到清源楼山丘，由南向北依次排列有万寿宫、禹王宫、万天宫，山丘与三宫共同构成了南北轴线的节点。

"回"字街街道两侧建筑多为商铺，建筑形式大体分为两种：前店后宅或下店上宅的复合空间形式，此种形式能够满足生产、生活，集市等多种功能，而街道本身可以分为两个层级，第一个层级是街道本身的通行空间，第二个层级是建筑屋檐出挑下的檐下空间，是人们售卖、休憩的复合空间，这种形式带来了多样的空间行为。古镇核心为人们居住，四周为公共服务设施空间，古镇为混合使用型街道空间。"回"字形街道与"三宫"形成的中轴线以及丰盛古镇所特有的四个场口共同构成了丰盛古镇主体部分的内部空间特色。而"回"字街所特有的形式，形成了一个连续不断、转折有致的特色空间，人的视点在起伏的建筑、远处的山体、转折的街巷之间不断转换，给予人们一种步移景异的空间体验。

2）典型节点

丰盛古镇因其特殊的地理位置，自建镇之初便商贸繁荣、商贾云集、店铺林立，是古代巴县旱码头之首，地势平坦且物产丰富，钱庄就有4个之多，交易频繁。古镇聚集了"刘""杜""杨"等富有的大户人家，为防御匪患和保障商贸繁荣，富有的大户人家在各自

图6-1-64 丰盛古镇碉楼呼应关系

的深宅大院中修建具有防御和避难功能的碉楼，现存碉楼6处，分别位于一品殿（2座）、上垭口、下垭口、二十二步坎和南川场口处（图6-1-64）。同时，在南川、涪陵、木洞、洛碛4个场口修建大门，在清源楼山顶上修建瞭望台和民间兵丁驻地，构建了严密的防御设施体系。

古镇碉楼多建造于清代，一般高度为3~4层，最高为6层。条石为基，夯土版筑，砖石结构，方形平面，逐层向上收缩，屋顶为青瓦歇山顶。四面开小窗用于瞭望和射击，碉楼内部靠楼梯联系各层，楼内可储备粮食，最多能坚守1~2个月，与民居建筑有机结合（图6-1-65）。

2. 分区与肌理

丰盛古镇"回"字肌理呈现新旧交杂的形态，西面有部分现代建筑，古镇核心区部分集中分布着居住建筑，核心区的外界主要由包含商业、市场、卫生院等功能的公共建筑构成。核心区以福寿街为界限，街的内侧为古镇核心区，核心区界限北面至仁寿茶馆、南面界限至镇政府、西侧界限至禹王宫、东侧界限至曾义堂，围绕"回"字形街巷呈同心圆状分布（图6-1-66）。

丰盛镇是邻近区域陆路交通的重要节点，也是通往贵州陆路交通的中转站。古镇四周建有四个场口：北侧洛碛场口、南侧南川场口、东侧涪陵场口、西侧木洞场口，四个场口相连的十字交叉线形成了丰盛古镇的核心（图6-1-67）。

古镇核心内部分布着三宫，分别为万天宫、万寿宫和禹王宫，万天宫与万寿宫已经损毁，建造年代和建造面貌无从考证。另有十全堂、一品殿等，是由地主宅邸作为袍哥堂口的仁寿茶馆，以及为防御功能而建的碉楼。古镇整体围绕"回"字形街道骨架呈同心圆式向外发展，形成了不规则式的聚落布局。"回"字街的街道形式较为独特，当地人称"转转街"，人在其中行走既无终点也无起点，循环往复，心理上扩大了商业街的规模，符合"旱码头"对城市空间商业氛围的要求。

（三）建筑组团与文化要素

1. 主要文化单元

1）商贸与交通文化单元

丰盛镇因其"一脚踏三县"的特殊地理位置，以及不通水路，同时也是老巴县最大的旱码头，素有"长江第一旱码头"之称。多方面的因素，自然促进了古镇商贸的繁荣，便产生了商贾云集、街巷繁华的景象。整个古镇留下了许多的历史遗迹，商铺、钱庄、茶楼、酒肆、戏楼、庙宇等更是散布全镇，充分体现了丰盛古镇的经济地位。

图6-1-65 丰盛古镇碉楼

图6-1-66 丰盛古镇肌理图

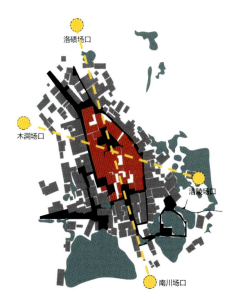

图6-1-67 丰盛古镇核心形成图

2）袍哥（茶馆）文化单元

丰盛镇曾设有三个袍哥堂口，分别为：仁、义、礼三堂。"义"号堂主为冉姓；"仁"号堂主为刘姓、杨姓；"礼"号堂主为丁姓、张姓。三个堂口的堂主皆为当地有田产的富人。袍哥在丰盛开设的堂口设立于茶馆，分别有"义"号堂的义全居（位置已无考）；"仁"号堂的仁寿茶馆（今尚存）；"礼"号堂在现信用社的位置开有茶馆，但无名号。袍哥组织利用茶馆开展各种活动，在中元节、团圆会、关帝会举行庆祝活动。此外，每三天召集成员开会议事，提供免费茶水，参加者踊跃，此活动称为"茶哨"。袍哥组织还有四个钱庄，其中两个钱庄名号为"信孚钱庄"和"垦兴村"，其中"垦兴村"是陈果夫所题，其余两个钱庄名号已无从考证（图6-1-68）。

3）军事防御文化单元

场镇内部人为修建的主要有栅子门、碉楼等防御设施，而丰盛镇地理地势也形成了天然的防御环境，丰盛镇东西两侧的山体犹如一个天然的屏障，古人利用天然的地理优势，在山上居高临下处修建了大小16个古寨，以防匪患攻袭和兵荒马乱，这就形成了进可攻、退可守的丰盛防御性古镇。

2. 重点建筑类型

1）仁寿茶馆

仁寿茶馆位于古镇核心区北侧，福寿街22号，清代建造，过去是袍哥"仁"字堂的堂口。涪陵、南川等地的袍哥成员逢赶集之日多聚会于此，该茶馆是袍哥组织商议事务、交流信息、解决纠纷、集会的场所。

仁寿茶馆建筑群采用四合院落格局，二层为连廊围绕中央院落，在二层设置私密性良好的雅间，是清代茶馆典型建筑布局方式，由于受用地范围限制，建筑群呈小面宽、大进深格局。建筑结构为穿斗式木结构，建筑风格为巴蜀传统民居，建筑层数为2层（图6-1-69）。

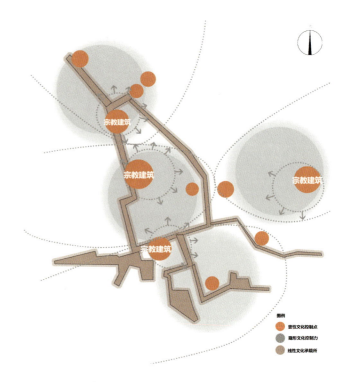

图6-1-68 丰盛古镇文化要素图谱

图6-1-69 仁寿茶馆内部空间

2）一品殿

一品殿位于十字街12号，清代建造，最早为刘氏家族为抵御土匪而建的宅邸，建筑面积达200多平方米，建筑组群为两进院落，中轴对称布局，空间多变，民居整体结构为穿斗式木结构，一品殿内建有丰盛古镇规模最大的碉楼，碉楼采用砖石结构，一品殿是传统民居和碉楼的有机结合。建筑内部厅堂有镂空木雕，雕刻主题包含龙凤、牡丹、葡萄等图案，彰显大富大贵，隐喻多子多福（图6-1-70）。

3）曾义堂

曾义堂位于十字街92号，清代建造，原为高姓地主宅第，宅院占地面积419.2平方米，建筑面积为510.2平方米，为四合院布局，中轴对称，建有一楼一底一天井，大小房屋30间。房屋整体为穿斗式结构，八柱七穿，单檐悬山式屋顶，铺设小青瓦，地面铺设青石板、石阶梯踏步。四合院内撑弓、枋、厅堂额等木构件，木构件上均刻有精美的浅浮雕，内容丰富，雕刻主题包含动植物以及当时的建筑、交通工具、社会生活、家用器具等，雕刻手法细致，造型精巧，既是结构构件，又是装饰构件，将装饰的美观与结构的实用紧密结合。雕花象征子孙众多、多子多福（图6-1-71）。

4）十全堂

十全堂地处丰盛古镇核心，位于禹王宫东侧，建于民国时期，十全堂曾在20世纪80年代被大火烧毁，仅存部分院墙和建筑，建筑群的整体风格和布局已经无从考证，但从残留建筑结构看，建筑为穿斗式木结构，院墙白色粉饰，高4.2米，厚0.6米，墙上开石刻雕花窗（图6-1-72）。

5）禹王宫

禹王宫位于古镇中心，为丰盛古镇的三宫之一，距

图6-1-70　一品殿内部空间

图6-1-71　曾仪堂内部空间

图6-1-72　十全堂入口空间

图6-1-73 禹王宫航拍图

今已有百年历史,丰盛古镇修建的禹王宫源于场镇湖广移民的迁出地民间信仰,整体坐北朝南,占地十余亩,由大殿、戏台和两侧连廊构成,曾是全镇节庆、集会的公共场所(图6-1-73)。

(四)陆路交通功能是丰盛古镇生长发展的主导影响要素

丰盛古镇作为所在区域以及通往贵州的重要节点,其聚落选址的交通区位优势明显,商贸交通繁荣。丰盛古镇聚落在交通结构上呈现陆路交通式结构,丰盛古镇四周形成四个场口,向外分别连接南川、洛碛、涪陵和木洞等地,辐射周边较大范围,并与渝黔交通体系接通。四个场口在场镇内部形成的十字交叉线,圈定了丰盛古镇地核心区域,对丰盛古镇的边界、分区、地标、路径等方面起到了主导控制作用,同时古镇文化类型丰富,包含了移民、宗教、宗族、军事防御等文化单元,其中军事防御文化对丰盛古镇发展具有一定的影响。

六、罗田古镇

(一)空间布局

1. 地形地貌与聚落空间布局

罗田古镇位于重庆市东南部边陲,隶属于万州

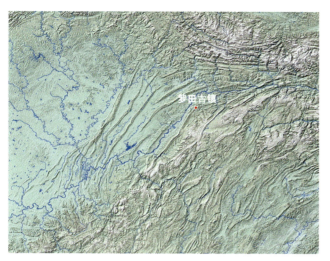

图6-1-74 罗田古镇地理区位示意图

图6-1-75 罗田古镇高程分析

区，与湖北省利川市接壤，坐落在风景秀丽的齐岳山脚下，是渝鄂两地的通行的必经之地（图6-1-74）。古镇整体顺应地形，因势就形，古镇沿着龙潭河平行布置，通过与石板老街呈垂直关系的巷子与河道的码头相连。整体布局反映了"因天时，就地利，城郭不必中规矩，道路不必中准绳"的思想，城镇布局因地制宜。古镇外部道路从古镇外围穿过，内部主要巷道顺应地形和等高线，多采用踏步梯道（图6-1-75）。

2. 生态格局与聚落空间布局

古镇聚落选址体现了古人尊崇自然的生态意识。罗田古镇中的建筑依附于主体街道两侧，形成聚落。聚落坐落在靠近龙潭河水域的平缓地带，以农田为主的生计景观分布在聚落西旁有道路联通的缓坡上。植被受生计系统的影响，退而求其次的分布于地形起伏较大的山坡。"之"字形街道空间与周边良好的山景、水景相结合，巧妙利用街道视线走廊，将古镇与周围环境融为一体，罗田古镇优美的自然景观与人文景观的融合是古镇人民的智慧结晶（图6-1-76）。

3. 历史文化与聚落空间布局

1）历史沿革

罗田古镇始建于明朝后期，清代开始形成规模，占地18000平方米，总长度391米，距今约有400多年历史。相传明末此处有一大土包，其形圆如罗盘，四周良田环绕，俗称罗针田，简称罗田。当地村民开始在此修房聚居，清乾隆十七年（1752年）增筑建场，并逐渐形成规模，距今已有200多年[①]。

2）渝鄂交界的交通重镇

罗田镇是重庆市边贸重镇之一，当时老街周边25公里无场镇，商贸异常活跃，有布庄、当铺、作坊等40余家，现存有武圣宫、玉成苑等完整古民居四合院。罗田古镇与湖北省利川市谋道、建南两镇紧紧相邻，辐射半径30公里，是渝鄂两地的边贸经济中心，古镇整体因地形及交通等原因，呈向北发展趋势（图6-1-77）。

3）文化空间

古镇核心区主要由移民文化单元与宗族文化单元构成。商贸文化单元，例如商铺、客栈以及袍哥茶馆等分

---

① 赵万民. 罗田古镇 [M]. 南京：东南大学出版社，2009.

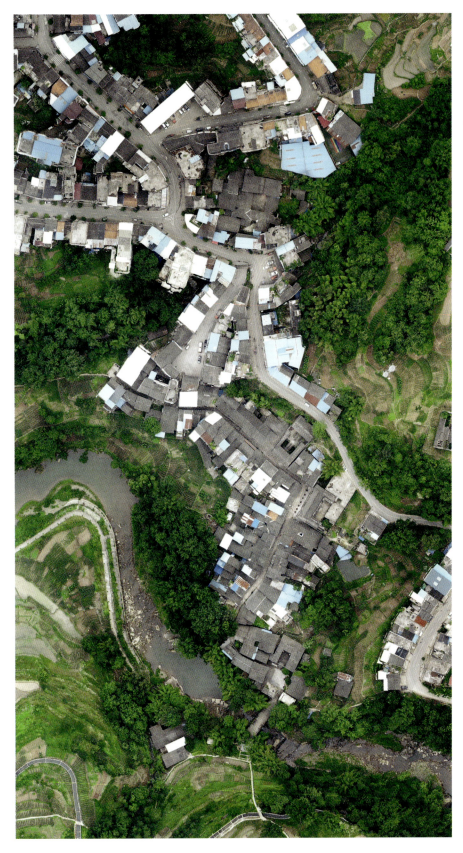

图6-1-76 罗田古镇航拍图

图6-1-77 罗田古镇历史影像

布在核心区周围，串联整个古镇街巷。明清时期，两次"湖广填四川"移民运动带来大量移民落业罗田古镇，罗田古镇建有禹王宫（湖广会馆）和武圣宫（陕西会馆）。会馆建筑因其功能决定了罗田古镇中的选址，会馆建筑具备独特的行会和精神功能，所以会馆选址在古镇"之"字形街巷拐角处，会馆之间相距十几米，交通便利且商贸行会集中（图6-1-78）。

（二）聚落分区与空间结构

1. 街巷与空间结构

罗田古镇主街自北向东布局，至中段时拐向南面至普济桥方向，故此构成"之"字形街道骨架。古镇的次巷沿主街向纵深发展，呈鱼骨状，主次分明，衔接自然。罗田古镇的建筑沿"之"字形街道分布，整体呈片状或块状，共同构成了古镇的整体形态。

罗田古镇的街巷空间由宫庙、宗祠和会馆以及传统民居构成。这些建筑普遍占地面积较大，多有采光通风的天井和内院，给住户提供了一个围合的空间，其空间具有良好的虚实相生关系。以古镇的结构形态为基础的古镇道路网络形成了各个方向的线性空间。两侧分布着住宅、商铺等百余家，形成了生活线性空间，街道线性空间因势就形，流动性较强（图6-1-79）。

图6-1-78 罗田古镇核心区

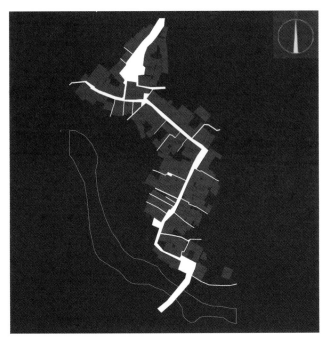

图6-1-79 罗田古镇结构图

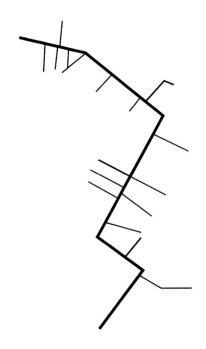

图6-1-80 街巷结构简图

2. 分区与肌理

1）功能分区

罗田古镇沿河平行布置，发展形成了古镇的初始布局，整体肌理呈现了有机生长的模式，以"点、线、面"为基底，向北侧渐进生长。古镇整体规模较小，街巷呈"之"字形构架，街巷转角处的宗祠与会馆建筑构成了古镇核心区域，古镇南端的茶馆和客栈构成了滨河单元组团，是罗田商贸活动的重要组成部分。

石板老街是古镇社会经济活动的主要场所，也是居民日常生活的休闲空间。历史上该街巷空间既是古镇对外的窗口，又是古镇经济活动的集中区域。公路运输使古镇向北发展。

2）肌理结构

罗田古镇具有移民性质的会馆肌理、家族宗祠的大院肌理以及商业民居为主的民居肌理，各样肌理沿"之"字形街巷排列分布，肌理规整。会馆内部开敞，满足聚集、节庆等需求；宗祠肌理相对内向聚合，带有天井合院；民居肌理顺应地势，前街后院，纵深较长，建筑两侧通常是街巷次级道路，通向农田及河边（图6-1-80）。

古镇的民居肌理具备一种空间的层次性，因为古镇建筑空间在剖面结构关系上呈现出分层而上、层层递进的空间关系，同时在建筑空间中，也有一种由公共空间到半公共空间再到私密空间的递进层次，呈现出一种逐渐深入式的递进关系（图6-1-81）。

3. 影响聚落分区的交通区位及文化结构

1）交通格局

罗田古镇属于交通型聚落，是陆路交通的典型代表，与周边龙驹镇、建南镇、谋道镇相邻，位于各镇域分布的中间位置，成为邻近镇域交通路网中的中心节点，连接周边场镇形成单一线型交通格局。

2）文化格局

由于古镇整体规模较小，古镇核心主要围绕会馆建筑与宗族建筑展开，呈单一中心辐射式结构，茶馆、商铺、客栈等公共建筑围绕古镇核心分布，罗田古镇所体现的是不同文化功能的空间要素聚集而成的较为单一的中心区域。

（三）建筑组团与文化要素

1. 主要文化单元

罗田古镇是重庆陆路交通的重要节点，商贸发达，文化交融，内涵丰富，在社会组织中，有代表宗族文化的宗祠、代表移民文化的会馆、有代表商贸文化的行会。随着古镇的发展，渐渐产生古镇的核心空间组团，如禹王宫、武圣宫、玉成苑组团。商贸文化单元构成罗田场镇空间的文化结构基础，主要由商铺、栈房、食肆、码头、桥梁等文化空间组成。罗田古镇南部场口外的普济桥，便是区域内重要的交通设施（图6-1-82、图6-1-83）。

2. 重点建筑类型

在周边区域分布有其他大型庄园河典型建筑，体现了交

图6-1-81 罗田古镇肌理图

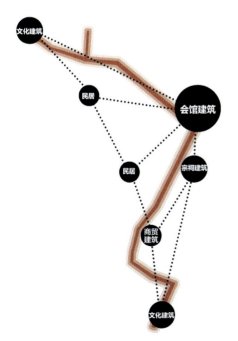

图6-1-82 罗田中心辐射式结构

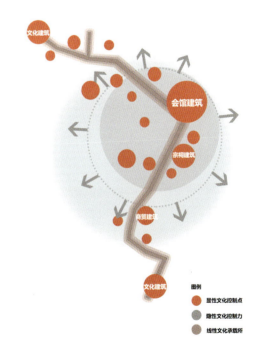

图6-1-83 罗田古镇文化要素图谱

通型聚落的典型建筑面貌。

1）普济桥

普济桥位于罗田古镇南端，建造于清道光十七年（1837年），距今有180多年历史。由开明地主出面募资修建，东西走向，取名普济桥，寓意普度、普惠。该桥是区内迄今为止最古老的单孔石拱桥，桥长24.7米，宽6.6米，拱高12.9米，跨度达18.4米，横跨百丈沟上，桥顶呈弧形，两侧建有碑廊，仿木重檐硬山式建筑，四柱三间，面阔6米，厚0.95米，高3.6米。普济桥为"西南之要道，川湖之通衢也"。桥身两侧建有亭廊，一边刻有"普济桥序"和"功德碑"，一边供有观音菩萨像等（图6-1-84）。拱桥正中有石雕巨龙，龙首朝东，龙尾向西，口中含珠，龙首长2.1米，龙尾长2.4米。两旁石栏上有石狮、石象8尊。该桥现已被评为市级文物重点保护单位（图6-1-85）。

2）金黄甲大院

金黄甲大院位于罗田古镇西侧2.9公里，海拔一千多米的大山深处，始建于民国26年（1937年），为当年大地主向忠士、向朝士两兄弟所建，坐南朝北，合院布局，四周建筑遥相呼应，呈现一种内聚的关系，金黄甲大院由三个院落构成，三院横向合一，总占地面积2310平方米，建筑面积3500平方米，建筑一楼一底，砖木结构，抬梁式与穿斗式梁架混合结构，建筑风格融合了中西方建筑特色，建筑十分奇特。

建筑青瓦以硬山屋面，五开间，木梁架脊檩、梁托架等施以彩绘、雕刻，工艺精美，青石板天井180平方米，下房三院相通，楼上正中设木构戏台，一些门窗为欧式风格。西房穿斗式架构，三开间，青石板天井80平方米，石水池一口；东房穿斗式架构，三开间，青石板天井101平方米。大门楼上美人椅独具匠心，大门观察眼，16个枪眼的设置以及院内木质建筑风格令人叹为观止。该建筑规模宏大，工艺精湛，保存完好，融合了中西方建筑风格，实属少见（图6-1-86）。

3）武圣宫

武圣宫是罗田古镇修建较早的宫庙建筑，位于古镇中心位置，四周建筑遥相呼应，布局呈现出一种内聚关系。武圣宫坐北朝南，其选址极其讲究，是罗田镇公共聚集的节点之一，原为当地老百姓祭拜关羽所建，宫内有结义楼、正殿和偏殿，正殿供奉着关羽的座像，是居民祭祀、停灵和聚会的主要场所。随着古镇的兴盛和发展，外来移民逐步增多，武圣宫成为陕西移民会馆，其后又作为商业行会场所使用。会馆内建有万利苑

图6-1-84　普济桥桥下景观

图6-1-85　普济桥

戏楼，途经的戏班子长年驻扎于此。每逢大年三十、初一或者元宵佳节及重大活动更是人头攒动，热闹非凡。

武圣宫内部以大空间为主，分为两层，中间大厅为一层，层高较高，对称布置，在建筑靠山的地方留出空地，形成内向型院落空间。因其年久失修，内部已经破损，功能闲置，内部原有的石厕所依稀可见。建筑外墙保存较为完整，屋顶百余年滴水不漏。武圣宫建筑风格鲜明，体现了罗田镇宫庙建筑的风格，空间丰富，装饰细腻（图6-1-87）。

图6-1-86　金黄甲大院

图6-1-87　武圣宫内部空间

4）玉成苑

玉成苑建于清朝末年，坐西向东，建筑面积230平方米。四合院布局，土木结构，硬山式屋顶，青瓦屋面，一楼一底，面阔11.5米，进深12米，通高约8米。院内天井长3.9米、宽2.5米。天井中开一个边长0.8米的四方形水景，井壁石头砌成，与地面齐平，深约1.5米。该建筑现已被列为区级文物保护单位。

玉成苑进深很深，垂直于街道，空间特征明显，顺应地形，并巧妙地利用天井采光，内部空间通透明亮。玉成苑原为古镇中的茶馆所在地，曾经作为家族宗祠和袍哥茶馆使用（图6-1-88）。

图6-1-88　玉成苑外立面

5）字库塔

字库塔是罗田人惜字、崇文的见证，共有五座，现仅存一座，建于明嘉靖十年（1531年），清光绪五年（1879年）进行过一次维修，系古代"惜字塔"建筑。塔高7.5米，塔顶呈宝瓶形，为仿木重檐阁式石塔。字库塔是文人焚烧字纸的专用场所，罗田人相信，每个人写的字凝聚着精气神，不能随便处理，必须要到塔里焚烧，对文化的重视可见一斑（图6-1-89）。

（四）交通影响是罗田古镇生成发展的主导控制要素

罗田古镇位于重庆和湖北的重要通道沿线，地处渝鄂交界区，是交通路径上的重要节点。同时，罗田古镇处于相邻各镇域的中心位置，决定了罗田古镇呈现陆路交通式结构，直接主导了罗田古镇的生成和发展繁荣。商贸交通的繁华带来的人员聚集与文化交融，影响了古镇的宗祠、会馆和周边庄园的形成，聚集为古镇的中心区域，以中心辐射式的文化结构对场镇空间的文化产生影响。

图6-1-89　字库塔

七、松溉古镇

（一）空间布局

1. 地形地貌与聚落空间布局

松溉古镇是长江上游的一个古老的城镇，位于重庆市永川区南部，东临重庆江津区朱扬镇，南靠长江，西临朱沱镇，北接何埂镇。与重庆市江津区石蟆镇隔江相望，北纬29°08′，东经105°33′（图6-1-90）。因古镇附近有松子山、溉水而得名。全镇面积34.5平方公里，全镇总人口两万余人。

松溉南临长江，地处丘陵地区，山体较多。沿长江及三条河溪地区地势较平、较低，海拔在220米左右，镇域东西两边地势较高，海拔在300米左右（图6-1-91）。松溉古镇场镇外分布着大青紫山与小青紫山两座山体，场镇内也分布着一些小山头，这些零散的小山头也影响着古镇内街巷的布局和起伏。据记载："松子溉，邑之雄镇也，商旅云集。"可知当时的松溉古镇商旅云集，这跟松溉优越的地理交通条件相关。古镇位于长江南岸，东西各有上溪沟和后溪沟两条河流由北向南流入长江，形成了天然的河域网，古镇内设有上、中、下三个水码头，沿江而上可达泸州、宜宾等地，顺江而下可达重庆市区，并至武汉、上海。陆路的交通方式主要是马帮，可通达渝西和川东地区。因优越的地理位置和长江航道的影响，松溉古镇成为长江沿岸重要的物资集散地和水陆交通枢纽。

2. 生态格局与聚落空间布局

松溉古镇主要分布于平行岭谷区域，地质构造隶属新华夏系第三沉降带，川东褶皱带永川寻状褶皱束，向斜较宽，背斜较窄，地势西北高，东南低。植被带属亚热带常绿阔叶林亚带。境内河流除长江外，另有

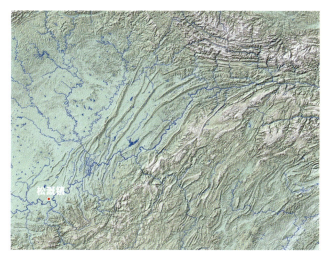

图6-1-90 松溉古镇地理区位示意图

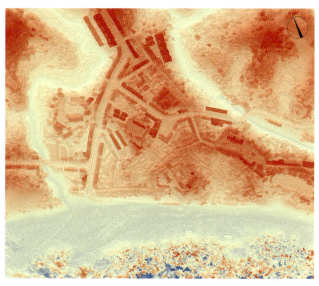

图6-1-91 松溉古镇高程分析

小安溪、永川河等6条长年流水性河流，控制总面积为1880.88平方公里，支流约250条，构成树枝状的水面。（图6-1-92）

松溉古镇地势较为平坦，坡坝地形，古镇布局呈团块状，位于长江边的缓丘之上，山丘坡脚一直延伸于长江之中。松溉镇以农业为主，农田由上游水库右干渠灌溉。双季稻种植面积占80%左右，产量占全镇水稻总产

量的90%，温中坝和江边主要种植萝卜、南瓜、茄子等蔬菜。

3. 历史文化与聚落空间布局[①]

松溉建镇历史悠久，据清嘉庆《四川通志》载，南宋时，陈鹏飞因被秦桧陷害而被贬，与妻子在此设馆任教，由此可知，当时松溉已存在场镇。松溉古镇玉皇观内明朝万历年间知县徐先登德政碑文记载，永川县治曾移至此地。清光绪《永川县志》载，清顺治十八年（1661年），知县赵国显也设县治于此，招抚流亡，清康熙四年（1665年）县治迁回原县城，清光绪十八年（1892年）曾在此设把总。

（二）聚落分区与空间结构

1. 街巷与空间结构

松溉的街巷空间受境内水系和山体的地理环境影响（图6-1-93），其中正街、马路街、松子山街、大阳沟街、核桃街、水街巷子等沿长江纵向分布。上码头街、诸家巷子等沿长江横向分布。

因中码头附近有座小山体，街巷也沿山体围绕分布，全镇街道总长宽3~5米，由青石板铺就。古镇街巷随地形的变化而起伏，增加了空间结构的层次。水运码头是松溉古镇发展的主轴，以码头为中心，形成街巷向四周发散的空间结构（图6-1-94、图6-1-95）。

2. 分区与肌理

松溉古镇的庙宇建筑大多数是中轴对称的结构，沿着中轴线，形成多个空间结构层次，平面布局以多进院落式，开间进深较大，形成秩序感。传统官式寺庙建筑则多注重中轴线空间层次的秩序性，强调多空间的严

图6-1-93　松溉古镇街巷图1

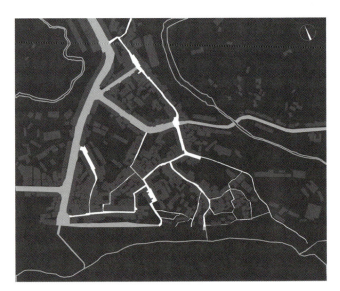

图6-1-94　松溉古镇街巷图2

[①] 赵万民. 松溉古镇[M]. 南京：东南大学出版社，2009：6-7.

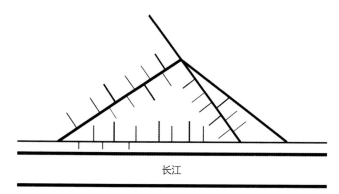

图6-1-95　松溉古镇街巷图3

图6-1-96　松溉古镇分区肌理图1

谨。民间寺庙建筑多依山而建，因此建筑根据山体的坡度而变化，利用了地形的高差变化和建造的山地环境，营造出与官式寺庙建筑不同的空间特点。（图6-1-96）

3. 影响聚落分区的文化格局

松溉古镇是长江上游重要的水码头，境内分布上、中、下三个码头，以中码头为核心区带动整个古镇的发展，因码头附近小山体的影响，镇域内建筑和街巷多分布在山体两侧，镇内有江西会馆、湖广会馆、福建会馆、广东会馆。广东会馆原为南华宫，1933年改为松溉商会，后为松溉纺织试验区。江西会馆原为万寿宫，后作为松溉中药材店的仓库，松溉境内的会馆早期为移民会馆，后期转变为行业组织，由同乡组织转换为行业组织空间载体。核心区内还有目前保存较好的罗家祠堂、樊家祠堂、陈家祠堂等，寺观建筑有杜康庙、城隍庙、水神庙、紫云宫等，码头核心区周围散点式布局了一些庙宇建筑，如东岳庙、关圣庙等。（图6-1-97）

（三）建筑组团与文化要素

1. 主要文化单元（图6-1-98、图6-1-99）

1）宗族文化单元

宗祠是宗族为祭祀供奉祖先而修建的场所，人们常常清明和冬至来祭拜祖先。各宗祠都设有族长、族谱，族长负责管理祭祖和宗祠的财产，族人纠纷或族内事务的处置，都在族长的率领下解决。松溉古镇曾有始建于明清时期的宗祠12座，分别是罗家祠堂、陈家祠堂、游家祠堂、樊家祠堂、曾家祠堂、张家祠堂、刘家祠堂、李家祠堂、周家祠堂、皱家祠堂、杨家祠堂和孔家祠堂。罗家祠堂和樊家祠堂是现目前保存较好的两处祠堂。

2）移民文化单元

移民会馆主要供同乡聚会或提供支持服务，后期主要成为商业行会用于联络协调的场所。松溉古镇的会馆大多数建于清代，如旧为江西籍人会馆的万寿宫，旧为湖广籍人会馆的禹王庙，原系福建籍人会馆的天后宫，西大街的南华宫旧为广东籍人的会馆。

3）宗教与民间信仰文化单元

松溉古镇的寺观建筑非常多，主要有寿尊寺、关圣宫、清源寺、观音庙、玉皇观、妙元寺、彭音阁、灶王庙、八景宫、王爷庙、川主庙、紫云宫、水神庙、杜康庙、清洁寺、土地庙等20余座。

4）商贸与交通文化单元

商会：南华宫原为广东会馆，1933年改为松溉商会，后为松溉纺织试验区。万寿宫原为江西会馆，后作为松溉中药材店的仓库。

图6-1-97 松溉古镇分区肌理图2

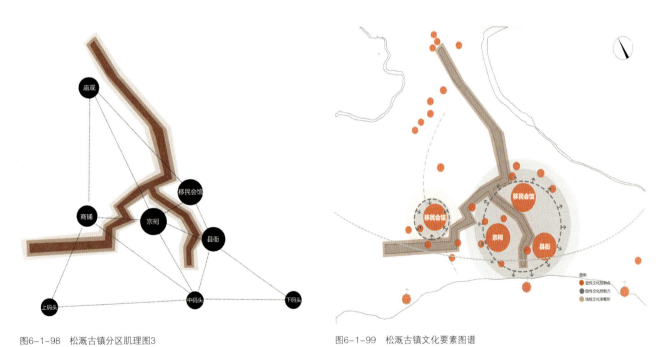

图6-1-98 松溉古镇分区肌理图3

图6-1-99 松溉古镇文化要素图谱

水乡约：松溉在清末民初设立了"水乡约"，实则是处理河上的一切事宜，并管理船只，还设有巡河，看管码头巡逻。

船帮：船帮设甲长一人，一船一户，每户需缴纳保甲捐。

马帮：松溉作为旧时商业重镇，马帮是主要的陆路运输工具，马帮多的有三四十匹，少的有十多匹。

马房：是为马帮提供住宿服务的行业，马帮队伍需要运走客商的回头物资。

5）署衙文化单元

松溉境内有老县衙、文庙、城隍庙、东岳庙等代表官方权力的文化空间。

6）军事防御文化单元

栅子门：在社会动荡时期，居民为了自保而自发组织修建的防御设施，分为有楼和无楼两种。松溉镇域内原共有六处，最大的栅子位于半边街的北栅子门，后来大多数已损坏，现仅存新街子村一个规模较小的栅子门。

碉楼：与栅子同属场镇军事防御设施，据统计，松溉镇域内范围曾有7座碉楼，现存只有1处。

7）袍哥文化单元

松溉古镇原有"仁"字堂袍哥茶馆、"义"字堂袍哥茶馆各一处。袍哥组织起源于明末清初，组成人员涵盖社会各个阶层。松溉古镇是永川县的重要商贸区，陆运通道和水码头也都在松溉。近代时期，袍哥组织在松溉正式开山设立堂口，以"五伦八德"的传统作为组织的号召，参与人数众多。

2. 重点建筑类型

1）宗祠建筑——罗家祠堂

罗家祠堂是松溉古镇保存较好的祠堂建筑之一，始建于明初，清乾隆四十三年（1778年）由罗氏后代石阡知府罗文思倡导重建。祠堂位于松子山街边，大门朝向为西面方向，合院布局，戏楼为歇山建筑，倒台形式。主殿为用地面积1060平方米，建筑面积1880平方米，祠堂内横梁木框架保存较好，正殿设有八根大柱、柱脚雕刻有人物、花草、鸟兽。正殿房顶翘起四个角，每个角雕塑有一条龙，正殿两侧是古砖所砌的封火墙，两侧封火墙外边正中各有一个皇帝特批建祠的标志的大白圆圈。正殿前方原有一座戏台，后边的殿堂供奉着祖宗牌位。（图6-1-100～图6-1-102）

2）署衙建筑——老县衙

老县衙原为李公将军庙，建于凤凰山坡上，在明清时期设为县衙，据《永川县志》载："明朝万历二十一年徐先登任永川知县，将县衙迁松溉"。清代初期，清政府委任的永川知县赵同显到任，因战乱，县城被毁，居民无几，县衙仍驻松溉。老县衙建筑属明清风格，穿斗式结构。从入口到后院依次为山门、观音殿、老县衙、杜康庙。大厅内有一处天井，向内是衙门的正堂。正堂梁上刻有康熙年间修建的记录文字。（图6-1-103）

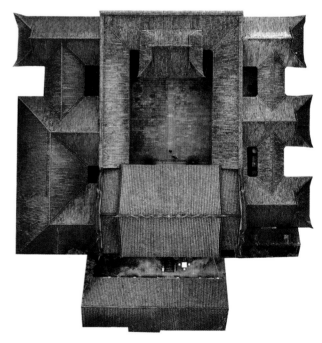

图6-1-100　罗家祠堂平面图

图6-1-101 罗家祠堂戏台

图6-1-103 老县衙

老县衙建筑与地形相契合，形成了"入口山门—前殿—天井—正厅—后殿"的空间序列，在空间转换上形成了"开敞—封闭—半开敞—封闭—开敞"的变化，整个布局沿中轴线展开，形成强烈的秩序感。

3）宅院建筑——陈家大院

陈家大院始建于清朝同治年间，重修于清朝晚期，位于松溉古镇解放街旁，原有四个独立院落，房间数十余间，各院落之间互相连通。房屋建筑风格是典型的川东民居，青瓦穿斗木构结构。陈家大院西侧原为两处陈家经营的商号，分别为源顺庆号和怡庆长号，源顺庆号经营棉纱、烟叶，怡庆长号则生产经营酒、油。现今陈家大院大部损毁，西南大院毁于1962年，西北大院于1989年拆除，现存两进院落一处。（图6-1-104）

（四）交通要素对松溉古镇发挥主导影响

松溉古镇因航运便利而生成，因水陆交通和商业贸易的发展而兴盛。松溉古镇位于长江上游南岸，古镇的发展与水运紧密相连，古镇附近有大陆溪、上溪沟、后溪河三条河流，水资源丰富。在历史时期，水运便利条件是影响古代城镇生成发展的重要因素。松溉

图6-1-102 罗家祠堂入口

图6-1-104　陈家大院内部

古镇存有上中下三处码头，每处码头各具不同的功能（图6-1-105）。上码头主要转运粮食、药材、酒、盐等需要长途运输的大宗货物，中码头主要运输丝绸、日用百货等航程较短的轻小型货物，下码头主要用于本地果蔬等农产品转运。商业、手工业、农业等都从临河区域往内陆延伸发展，使得松溉古镇的街巷空间沿三个码头不断地丰富增加。其中，沿上、下码头发展的街道是松溉古镇最初的聚落发源地，随后中码头的繁荣产生古镇新的核心区域，并与上、下码头共同主导整个城镇形态。

交通要素对松溉古镇的行政地位产生了重要影响。明清时期，水陆交通的便利促成永川县治两度迁至松溉镇，松溉镇不仅是长江沿岸重要的交通枢纽和物资集散地，还成为当时永川县域的政治中心。在松溉古镇中的码头附近，至今仍保存有明清县治城邑才可设置的县衙、文庙、城隍庙、东岳庙等官方建筑。（图6-1-106）

交通因素带来松溉古镇的繁荣与规模发展。水运的发展带动了松溉的经济发展，由水运产生的各行各业在松溉古镇的场镇空间中留下了自己的印记，如松溉古镇的造船厂、纺织厂，以及船帮、马帮等码头文化，都反映出交通因素带给松溉古镇聚落规模的不断扩大。

图6-1-105　上、中、下码头

图6-1-106 松溉古镇鸟瞰图

第二节 农业依赖型聚落

自然生态格局与土地利用方式是该类型的主导系统要素。以水系为线索，在聚落的周围分布着农田斑块。人类的聚居，由于生计需要，将流域范围的林地开荒成农田，从而形成了农田景观。不同区域生态斑点的密度差异造就了不同的生计景观，体现了不同的生计智慧。

重庆由于丘陵山地的地形影响，不同的耕地环境造就了不同的耕地景观，而梯田农业就是最常见的一种，特别是小型水利工程的大规模利用，加上种植技术的不断进步，促进了大量梯田的开垦，大大提高了"水田稻"等粮食作物的产量，创造了符合丘陵山地环境的梯田稻作和独特的梯田文化景观。同时，作为依附于农业生产和农产品贸易而存在的场镇，农田、水系、山林、农舍与农民居住地联系紧密，呈现出均质化、高密度的空间布局特征。梯土农业聚落一般在平原上。平原受河流的冲积，地势愈发开阔，河流带来的养分也有效地滋润了土壤，大大提升了土壤的生产能力，因此吸引了大量的人口居住。梯土农业聚落成员大都居住在自己耕作的田边，人们要进行物质交换，就需要场镇等人口密集的场所。而场镇大多有着强大的交通运输系统，包括水运和陆运，都在很大程度上促进了场镇周边地区农业经济的繁荣。从梯田农业聚落的地理位置来看，这些聚落大多坐落在川西平原灌溉区内，而且这些聚落多属于农舍村里、农田聚落或者山林聚落等，高密度和均质化是这类型聚落的显著特征。

图6-2-1 文庙村地理区位示意图

一、文庙村

（一）空间布局

1. 地形地貌与聚落空间布局

文庙村位于丰都县东部，地理坐标为东经107°96′，北纬29°83′，属于长江水系龙河流域（图6-2-1）。这一带是行岭谷区与峡江河谷之间的交接地带，同时又是川东褶皱地带的连接处，具有岭谷相间的区域地貌景观。村落核心聚落选址在方斗山山脉到七曜山山脉中间的槽坝阶地，海拔240～530米，相对高差约190米，平均坡度27°（图6-2-2）。村庄由4个自然村落组成，属于汉族乡土聚落，村民一直过着传统农业的生产和生活方式，植被覆盖率达到44.8%（图6-2-3）。

图6-2-2 文庙村高程分析

图6-2-3 文庙村正射影像图

2. 生态利用与聚落空间

文庙聚落组团包含多个团状组团,从高到低依次分布于龙河东南侧三个槽坝阶地上,总面积约207公顷,聚落高差约700米(图6-2-4)。文庙村位于第一级台地空间上,东南侧为褶皱断裂崖壁及杂树带,北面临龙河河谷。北、东、西三侧皆为林带围合边界(图6-2-5)。文庙村总面积约71公顷,其中聚落组团面积约为3.4公顷,林地的面积约为32公顷,农业用地面积约为24.2公顷,未使用其他用地面积约12公顷,面积占比约16.7%。在总体面积中,聚落空间仅仅4.7%;其余大部分为林地与农地,空间要素的比例为聚落:农田:林地=1:7:9,体现了聚落组团靠山面水倚林而居,三面临田,形成一片两带多组团的布局。

聚落选址的特点。由于周边山势陡峭,河谷深切,正处于龙河坡陡流急地形地段,容易引发山洪隐患,因此聚落选址与龙河河谷保持一定的高度与距离。由于后方的生态林地与平坝地形之间围合的天然平坝形态,所以利于保持水土,聚落选址兼顾前面开阔的农作区间。

水系利用的方式。龙河流域的水系结构属于典型的山地树枝状,文庙村位于龙河与暨龙河"Y"字形汇水处,两侧的天然地质断裂带地貌与河谷之间产生了较大高差。文庙村所处的槽坝阶地距河谷高差约100米,体现出独特的山麓河谷型聚落形态。大面积的农地灌溉一方面依靠天然降水,另一方面通过设置沿冲沟、农田、道路、建筑旁的水槽系统加以补充。文庙后方台地上具有更为充足的汇水体系与生态密林,从山上引水到山下农田灌溉,也是此类传统村落的主要引水方式。从现场踏勘来看,由于用水不便,传统高山引流采用了渡槽的

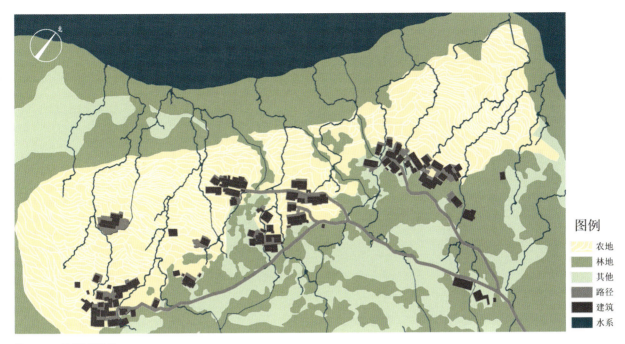

图6-2-4 景观格局分析

层层分流,引至田间(现有渡槽已经废弃)(图6-2-5)。通过渡槽的形式灌溉了水田,便捷地将上级台地的营养物质与水源运输至文庙聚落。其中,纵向水渠与水沟从森林区流(引)入村寨和梯田区,并与梯田区的平行水渠构成了复杂的灌溉分水系统(图6-2-6)。

现有两带杂林,在聚落周围呈半包围布局,一条沿文庙村与后方褶皱断裂崖壁之间呈带状分布;另一条沿崖壁形成带状分布,将文庙聚落与伴生农田夹带其中(图6-2-7)。自生林带既发挥生态涵养的作用,又起到了防风、保护农田的边界效应。后侧密集的生态含氧林,稳定的可耕地规模,提供了多级台阶的大面积耕作区域的水源与养分。既体现了靠天吃饭的自然选择,又彰显了文庙村人民在利用高差,提高农作效率,优化生产方式的特有智慧。基于山高谷深的地理位置与沟壑纵深的发达渡槽,形成文庙村人水共生、相互补给的村落形态与梯田景观(图6-2-8)。

空间层次上体现出林地—聚落—梯田—林地的特点,总体呈现出聚落、农田、林地相对成团,各组团并行的格局。文庙村地处七曜山余脉,背倚大山,前方开阔,四周山体既是一道具有良好防御作用的生态屏障,又是聚落居民赖以生存的经济来源之一。聚落形成四面围合、中间开阔的独立地理环境(图6-2-9)。

图6-2-5 文庙渡槽

图6-2-6　三阶槽谷聚落

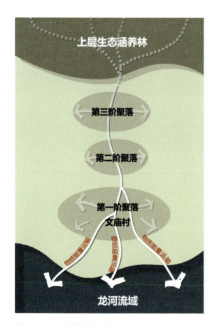

图6-2-7　生态过程示意图

（二）聚落分区与空间结构

1. 村落空间结构

文庙村沿山缘与农田的边界散点居住集中分布，沿村道自东向西延伸展开为三个较为明晰的次要组团，每个组团与核心土地紧密，呈现嵌入组合关系。各院落方向不一，沿等高线东西向分布，多为单排建筑，少数三合院，屋前有晒坝。院落山地相互融合，各组团与农田呈现出大聚居、小散居的稠密肌理（图6-2-10）。文庙聚落与龙河流域土家族院落不同的是，建筑多以排屋的组织形式发展，大小沿台地组合，形成了分户、散团肌理，缺少开阔的村落公共空间与院坝（图6-2-11）。聚落外部街巷单线贯穿三个组团，内部建筑紧密，街巷狭长，形成单线串联的街巷结构。街巷地面多为大青石板平铺，从聚落内部连通外围下方的田埂、晒坝（图6-2-12）。

(a)断层上的密林分布

(b)林地限制聚落边界

图6-2-8 文庙村密林景观

图6-2-9 文庙村生计景观

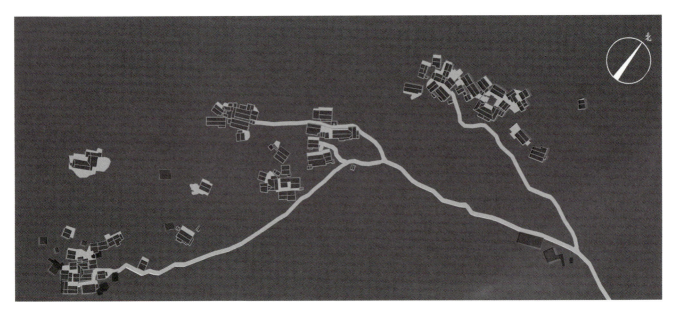

图6-2-10 文庙村街巷肌理图

图6-2-11 文庙村建筑肌理图

3. 历史文化与聚落空间

文庙位于属于长江二级支流与暨龙河的交汇处，龙河作为转运、移民通道，历史上是南宾县治地。唐武德二年（公元619年）置南宾县，治地在今丰都县龙河镇（旧名观音寺）。直到宋元时期，南宾县治仍在龙河镇（观音寺）。明清时设省南宾县。所以，历史上把今龙河上游到唐宋元时代的南宾县治地（今龙河镇），这一河段称之为南宾河，附近存留的寺庙、摩崖石刻和寨堡等众多明清遗迹，是南宾故城昔日繁华的历史见证（图6-2-13）。

文庙聚落属于南宾县内有一定规模与级别的聚落[①]。文庙也处于这条文化廊道上，在历史上称为"关口"，是龙河盐马古道上的古驿站，也是古代交通线，大山人托（背）盐（购物）通道。因此，现存有古驿道，石堡塔，关口名胜古迹群（观音摩崖石刻、名人题词、惜字宝塔）等历史文化资源（图6-2-14）。

（三）建筑形态与特色

1. 建筑风貌与营造特色

聚落典型建筑为单排外廊式石木穿斗双坡顶形式，石墙青瓦，顺势而建。该地区建筑多取材自喀斯特地貌下的熔岩石，质地坚硬，建造方便。建筑多有宽大的单排外廊式空间，石木穿斗的建筑形态既满足通风采光的使用需求，形成生活起居的干燥空间，又产生了这个地区特有的民居建造语言和石作技艺（图6-2-15）。其他生活空间如晒台、猪圈等，也大量采用了石砌石垒的做法，以长约2米的条石铺设院坝地面，条石垒砌为门字形结构，排列立柱，大石板叠铺顶面，作为猪圈、厕所使用，体现龙河流域代表型传统聚落的特色建筑语言（图6-2-16）。

图6-2-12 文庙村街巷

2. 影响聚落分区的文化格局

文庙聚落属于增殖分裂式文化结构，以家族居住空间的裂变增生作为结构特征。文庙聚落位于龙河场镇由西向发展带上，向梅子沟村、文庙村扩展，受道路引导，聚落发展模式由东向西，逐渐增值分裂为三个组团。以村落的"祖屋"或"老屋基"作为该聚居点的发源起点，现存有三合院的建筑，体量与其他单排建筑有别。文庙村以传统宗族制度为依托，后续家庭成员以"分家"的方式修建新的居所，以祖屋为起点，扩展居住空间，产生新的居住单元，进而形成规模聚落，现有多户单排式、小体量的建筑均为后人拓建、改建，形制上延续了该地区的石柱外廊式的单排屋形式。

---

① 王豫. 重庆丰都和石柱县崖棺葬调查与研究[J]. 华夏考古, 2004（04）: 63-76.

图6-2-13 文庙村历史遗迹分布图

(a) 惜字塔　　(b) 古道石狮　　(c) 龛内观音

(d) 关口摩崖　　(e) 王云曾石刻

图6-2-14 文庙遗址

图6-2-15 文庙村传统建筑

图6-2-16 文庙村建筑风貌

2. 地方典型建筑（图6-2-17）

（四）生态要素主导文庙传统聚落的生成发展

文庙因其地形地貌用地条件有限，决定了文庙聚落仅能在槽谷平坝选址与开展生产生活。聚落生长与发展极大程度上依赖了特有的地貌资源与自身对水系的利用，因此土地与聚落伴生关系紧密、依附力大，建筑组团与土地呈嵌入式的关系，显现出聚落伴田而生、多级梯田的聚落景观。聚落边界受到断裂崖壁限制，东南面靠山缘线呈带状分布，西北部断裂层限制耕地范围。聚落内部分为多个明显的聚落组团，通过外围纵向乡道连通，串联式散点分布聚落格局（图6-2-18）。

图6-2-17 龙河大院

图6-2-18 文庙传统聚落

二、何家岩村

（一）空间布局

1. 地形地貌与聚落空间布局

何家岩村位于酉阳土家族苗族自治县花田乡，地理坐标为东经108°68′，北纬28°94′，属于乌江流域径流小河坝河流域（图6-2-19），分布在武陵山区渝湘黔沉降褶皱带半山区，夹于大娄山与武陵山缘之间，具有岭谷相间的区域地貌景观。村落核心聚落选址菖蒲盖山脉与炭火盖山脉之间，海拔632~916米，相对高差约293米，平均坡度12°（图6-2-20）。特有的喀斯特地貌使周边地形倒置现象明显，地形多呈台状、桌状，山顶往

图6-2-19 何家岩村地理区位示意图

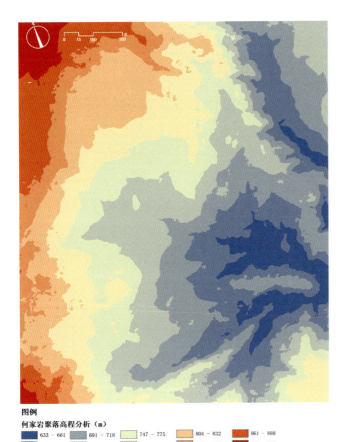

图例
何家岩聚落高程分析（m）
633 - 661　691 - 718　747 - 775　804 - 832　861 - 888
662 - 690　719 - 746　776 - 803　833 - 860　889 - 917

图6-2-20 何家岩村高程分析

往有较大面积的开阔区域，峰顶保持着一定平坦面。何家岩聚落位于地形平坦面菖蒲盖之下的山腰坡地。村庄由上中下三个自然村落组成，沿山腰由上到下分布（图6-2-21）。

2. 生态利用与聚落空间

何家岩聚落地处酉西南低山区，坐落于菖蒲盖分水岭山脉高处的山间谷地—山腰坡地处。离河谷距离较远，同时交通不便的情况下，生计方式主要依赖于传统农业，土家族村民保持着传统农业的生产和生活方式。何家岩村周边分布有其他传统聚落，整个聚落系统面积约299.3公顷，北高南低，逐渐递减，相对高差高达287米的显著高差压缩在小尺度中，四面地势陡峭，中部平坦，地形起伏度约287米，平均坡降达16%。何家岩聚落属于低山区，整体坡度较缓，其中部分用地地貌面为斜面，坡度、规模占比大。其次为垂直面，多为山林崖壁。平缓用地大部分为农田，少量规模。水土保水性较好，对坡地的整理以及良好的环境条件为农业生产提供了良好的基础（图6-2-22）。

何家岩聚落地处酉西南低山区，坐落于菖蒲盖分水岭山脉高处的山间谷地。何家岩村落组团面积约为9.4公顷，面积占比约为3.1%；林地面积约为91.5公顷，面积占比约为20.6%；农业用地面积约为156.6公顷，面积占比约为52%；未使用其他用地面积约40.3公顷，面积占比约13.5%；水系面积约为2公顷，面积占比约0.7%。其中，农地的面积最大，其次为林地。生态要素的比例约为聚落：农田：林地=1：17：8，体现出典型的农业型聚落格局（图6-2-23）。

乌江流域支流多沿背斜构造发育，为逆向发育成的格子状水系。小河坝河上游，发源于酉阳县花田乡炭火盖茨竹山，流经花田、铜鼓、小河3个乡镇后，汇入甘龙河。河流形态呈平行状水系，河流走向与山脉走向呈水平排列，全长54公里，夹于菖蒲盖与炭火盖之间，形成"两山夹一槽"的地理格局。何家岩聚落河流从菖蒲盖山脉汇集由西北向至东南向汇入小河坝河流域，形成"Y"字形汇水区（图6-2-24）。

何家岩聚落由西北向至东南向有上、中、下三条主要溪流纵贯农田，其中东西向两条，上水系长约1700米；中水系长约1000米；下水系长约1500米。三条水系在中部汇集成"Y"字形汇水区，途经规模巨大的整个农耕区域，形成灌溉扇面（图6-2-25）。水系的汇聚与密集的分布，促进作物生长。依靠上层菖蒲盖草原的生态含氧林，通过林地廊道与三条主水系供给下层的农田系统，生态涵养林在一定程度上对保持水土、供给农田提供了足够的生态支撑，使何家岩聚落发展规模逐渐稳定（图6-2-26）。

何家岩上中下村三面环林，植被以团状生态嵌套体

图6-2-21 何家岩村正射投影图

图6-2-22 何家岩村生计景观

图6-2-22 何家岩村生计景观（续）

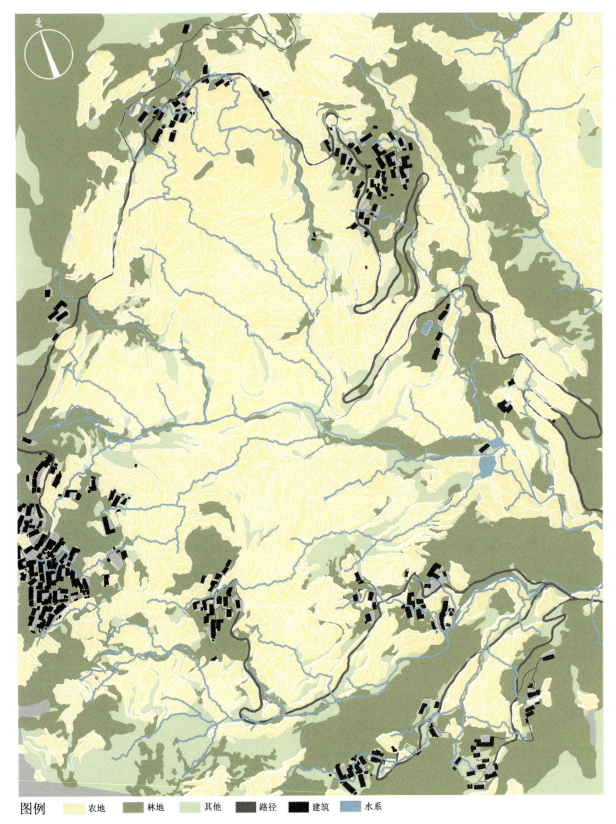

图例　　农地　　林地　　其他　　路径　　建筑　　水系

图6-2-23　何家岩村景观格局分析图

图6-2-24 水系层级分析图

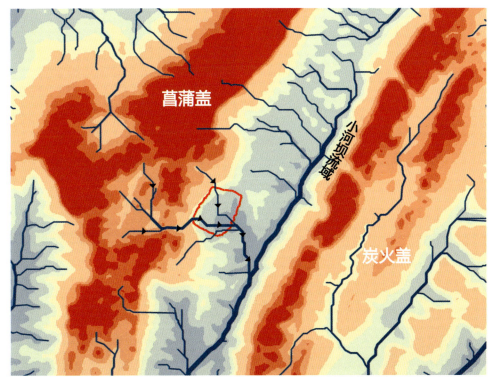

图6-2-25 地理水系关系图

分布于聚落周边，形成聚落组团与农田、外围山坡的隔离带，其规模为20～169米不等的分隔林，使聚落组团呈现出明显的夹带包围态势。一部分沿山麓西侧坡面向下分布，少量杂林沿水系下端溪沟地带两侧生长，形成了显著的生态廊道，聚落整体呈现出一片多团的生态格局。

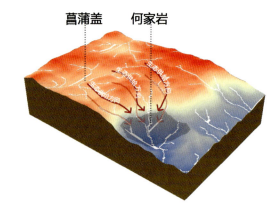

图6-2-26　菖蒲盖与何家岩村补给关系

（二）聚落结构与空间

1. 聚落空间结构

何家岩聚落选址于山的南向坡，依山势沿多个台地而建，背山面溪，坐北朝南。村子远离河谷，沿山等高线依次展开，布局自由，聚落体现为结团聚居、散点分布的结构，分为上、中、下寨。建筑多选址山凹处，离农耕劳作之地较近。其中，上寨是最为集中、规模最大的聚居组团。伴随人口增加，分户迁出另外的农户，逐渐形成中寨与下寨及另外的聚居组团，各组团镶嵌至农田之中。内部空间多以乡道、田坎地串联。由一条纵向步道与三条横向巷道串联各个院落，总体呈鱼骨状空间结构（图6-2-27）。

2. 聚落民居

在营造时应秉持因地制宜原则，建筑依地势呈阶梯状布局，民居多主要顺等高线向坡面扇面展开，民居布局体现出典型的山腰型聚落的场地特征。传统聚落绝大多数是自然形成、生长的，受自然条件、交通条件等因素的制约，在形态上表现出了极大的灵活性与自然性。多数房屋充分向阳，前后少有重叠遮挡，通过建筑出挑、转角楼加强了空间的采光通风，创造出错落有致的聚落层次。民居组合高低得宜、空间环境变化丰富、景观风貌特色明晰。民居建筑类型包括"一"形（"座子屋"），部分进行了后期改建，多沿道路分布。"L"形院落作为土家族聚落中最常见的住宅形式，加上晒坝围

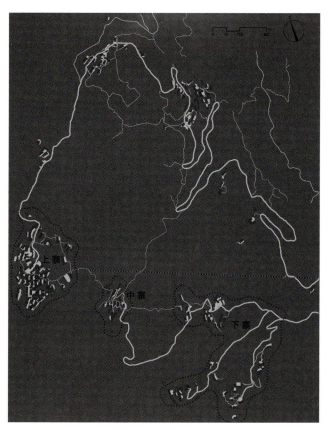

图6-2-27　何家岩村街巷肌理图

合成为一个居住主体；西侧常作卧室起居，下方吊脚用作家禽饲养，院落中间为晒坝；也伴有部分有"凵"形院落，俗称"硬三间""转角厢房""半边厢房"等不同形式的土家建筑（图6-2-28）。

(a) 上寨

图6-2-28 何家岩村建筑肌理图　　(b) 中寨　　(c) 下寨

图6-2-29 何家岩村风雨廊桥

3. 风雨廊桥

何家岩村现有廊桥一处，是进村的主要通道之一。建筑为穿斗重檐坡屋顶，三跨进深，主通道为四步架悬山顶，两则各有一步架出挑为廊，成为可坐可靠的临水空间，建造朴实，技术简约。以土家聚落当中的风雨桥为例，由于渝东北、渝东南山高谷深这一特殊的地形地貌所限制，传统聚落大多布局于山间河谷地段。传统聚落的产生与发展离不开耕地，通常河谷一侧布局聚落，另一侧为耕地。风雨桥作为一种交通资源，是连接聚落与耕地的必要路径。同时，风雨桥也为传统聚落联系河流两岸人员、物资等提供了必要途径，村落环境不可分割的组成部分，凸显村口的形象，其位置和作用更加受到重视，甚至成为村落的一种标志和主要景观（图6-2-29）。

（三）生态要素主导何家岩传统聚落的生成发展

何家岩聚落的农业生态支撑力强，与聚落关系紧密。聚落对土地的依附力大，聚落伴田而生。聚落位于菖蒲盖下的山坳坡地，拥有上层菖蒲盖丰富的生态涵养林地，为下方大规模的梯田生长提供了养分。多条纵贯南北的水系通过挂田分渠，输送物质能量供给上、中、下三个寨子。大面积的梯田与聚落伴生的关系，体现了浓郁的土家族聚落景观。在酉阳县分布的诸多传统聚落中，何家岩聚落景观格局突出，聚落生态体系清晰，梯田规模最大并集中，具有十分典型的土家传统聚落景观的意象与美感，是重庆梯田聚落的代表之一（图6-2-30）。

三、黄家寨子

（一）空间布局

1. 地形地貌与聚落空间布局

黄家寨子位于重庆市黔江区白土乡，地理坐标为东经108°57′，北纬29°41′，属于长江一级支流乌江流域。该区域为武陵山区，地势东南高，西北部较低，高程分布为324~1953米。聚落选址在八面山与大厂盖山

图6-2-30 何家岩传统村落

脉之间的高山岭谷区。该区域属于川东褶皱带,褶皱断裂明显,岩溶地貌发育强烈,地质构造复杂,是典型的喀斯特地貌。受地质拼迭的控制,山脉走向多与构造线方向一致,为北东—西南走向。从东至西,灰千梁子、五福岭、麒麟盖、八面山、山塘盖和贾角山等山脉近于平行,形成岭谷相间地貌,山峦起伏,溪河纵横。海拔最高1938米,最低320米,相对高差达1618米,平均为500~1000米,属中、低山地形。(图6-2-31)[①]

黄家寨子位于高山岭谷间的夷平面之上,该夷平面名为大厂盖,经地壳运动,地面抬升形成山顶平坝的地貌。夷平面之上以浅丘盆地地貌为主,黄家寨属于盆底里面形成的聚落,农田聚集在盆底低洼处(图6-2-32),沿四周山缘线分布呈中心发散式,与周围浅丘形成中间低四周高的格局(图6-2-33)。

2. 生态利用与聚落空间

黄家寨子位于夷平面之上丘陵区的低洼地带,四周以农田和杂树带围合形成边界(图6-2-34)。从南面水系修建水渠引入聚落内部。黄家寨子总面积约66公顷,其中聚落组团面积约为1.4公顷,林地面积约为25公顷,农业用地面积约为37.6公顷,未使用其他用地面积约2公顷。在总体面积中,聚落空间仅仅1%,其余大部分为林地与农地,空间要素的比例为聚落:林地:农田=1:6:8,体现了典型的农业型山地聚落空间格局。

---

① 胡馨. 农村民居利用评价与优化布局研究——以重庆市黔江区为例[D]. 成都:西南大学,2011.

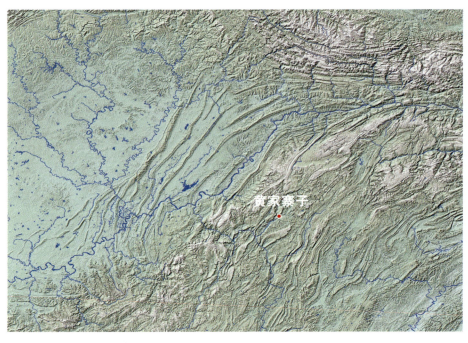

图6-2-31 黄家寨子地理区位示意图

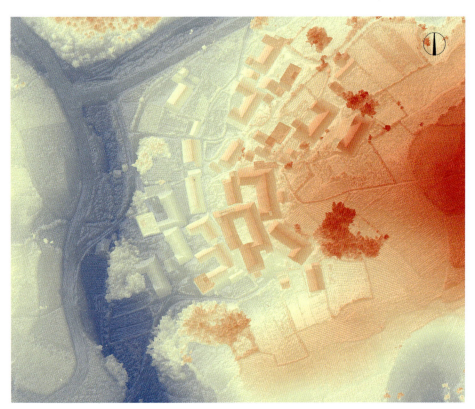

图6-2-33 黄家寨子高程图

图6-2-32 黄家寨子正射影像图

1) 聚落选址的特点

黄家寨子选址在大厂盖的东北部,聚落在丘陵之间的低洼处进行建制,以小聚居的方式形成团状格局,农田以聚落为中心向四周扩散式发展。整体地势较为平坦,水流运动平缓,水土流失微弱,聚落坡度为农业生产提供了良好的条件。坡向中南坡的面积最大,日照充足,适合进行农业生产。

2) 水系利用的方式

聚落离河谷较远,四周并无大型水系流经,大面积的农田灌溉除了依靠天然降水,更多是通过修筑引水渠加以补充。黄家寨子从南面引水至聚落内部进行农田灌溉,沿途修建渡槽,将河道的营养物质输送到农田之中。

3) 农田的分布特点

黄家寨子以农业种植为主,农作物主要为烟叶。从各生态要素的比例中可以看出,农田占比最多,约为56.4%,在聚落四周分布最为广泛,因此农业在空间区域中占主导地位,是该区域中最重要的景观元素,主导了聚落的生计形态。其特征是,农田环绕在聚落四周,与聚落紧密依附在一起,呈团状集聚状态,这表明聚落与农田的联系十分紧密,有强烈的依附关系(图6-2-35)。

4) 林地的分布特点

林地主要分布在聚落系统的外部,在聚落周围丘陵高地上围合农田,作为聚落的防风林与水源补给,林地的大小限定聚落的边界与规模,影响聚落的生成与发展。在聚落与农田的过渡地区也少量分布着几处规模不大的林地,与外围的林地共同组成黄家寨的生态涵养地。通过林地廊道传输营养物质,为黄家寨聚落的农田提供所需的生长养分,以及作为聚落与耕地之间的过渡缓冲区。

图6-2-34 黄家寨子传统聚落

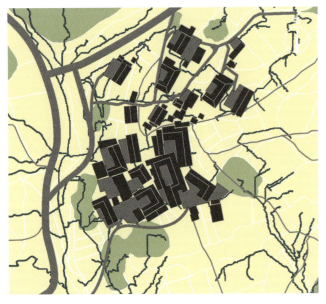
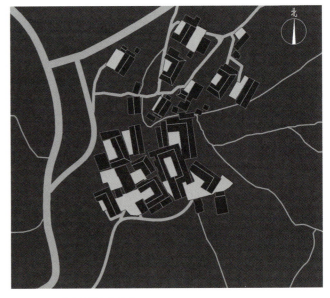

图6-2-35 景观格局分析图　　　　　　　　　　　　图6-2-36 黄家寨子街巷肌理图

3. 历史文化与聚落空间布局

黄家寨子为"黄"姓家族村落，全村现有46户，人口总计228人。聚落原名后河村，因为村内人们以"黄"姓为主，所以又称黄家寨子。据考证，黄家寨子内的先民原籍江西，流往到川东地区，曾三易村址，从最早老屋基到学堂湾再到如今的黄家寨子，搬迁原因是老屋基的环境欠佳，于是重新相地迁移到了现在的位置。

（二）聚落分区与空间结构

1. 街巷与空间结构

黄家寨子聚落呈现出农田围绕聚落的集中分布状态。聚落东面是起伏的山地，限制了建筑的走向，因此建筑避开东面山丘，自东向北、西、南三面延伸展开，平面呈"扇形"布局。院落大多朝西，沿等高线南北向分布，多为"一"字形、"L"形的排屋，少数"U"字形的三合院，屋前有晒坝。建筑多以排屋的组织形式发展，大小沿台地组合，形成了一个大组团的肌理。聚落内部建筑紧密，道路串联起各个院坝，从聚落内部连通外围的田埂，向四周呈放射型延伸发展（图6-2-36）。

2. 影响聚落分区的文化格局

黄家寨子聚落空间组团的布局模式，在地理、文化诸多要素的影响下形成了整体为"增殖分裂式"的聚落空间布局，即由村落的第一批居住家庭开始，作为聚落发源的起点，向四周扩散生长。黄家寨子为单姓聚落，最早的起点家庭在落户后，逐渐发展，当原有住房不能满足新生人口时，家族成年成员便以"分家"的方式在老宅的旁边另择一地修建新的居所。

黄家寨子的"分家"模式（图6-2-37）：曾祖辈作为最早期移民选择在地势较高的地方修建住房，也就是现在的祖屋，黄家寨最早的建筑。之后由于人口增加，在两个儿子成年后进行了分户，在邻近祖屋的左侧和右侧各修建了一处新宅，组建新的家庭，这是黄家寨子第一次分家。此后聚落的发展依据第一次分家的格局形成两个支系，由祖屋作为发端向左右两侧继续生长发展。通过调研发现黄家后辈黄尤泽是其中一个支系的后代，

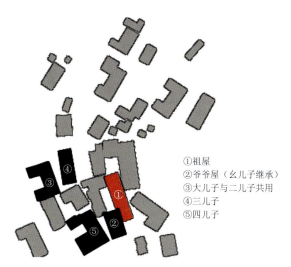
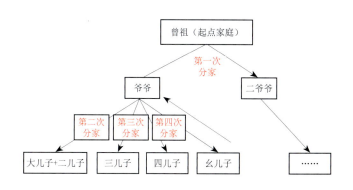

①祖屋
②爷爷屋（幺儿子继承）
③大儿子与二儿子共用
④三儿子
⑤四儿子

图6-2-37　黄家寨子分家示意图

黄尤泽的爷爷就是在第一次分家后成立了新的家庭，其房屋就位于祖屋左侧。黄家寨子发展至今经历了4次分家，每一次分家都是以父辈的老宅作为起点向外扩展形成新的居住单元，"分家"围绕"祖宅"展开，且"祖宅在上"后辈不可逾越，最终形成了"增殖分裂式"整体聚落格局。因此，黄家寨子中的建筑分布，除了受地形地貌影响，另一部分也受血缘亲疏、等级的制约，从高到低由中心向外发散式的布局，祖屋为中心起点。祖屋的建筑体量最大，作为宗族控制力的核心，牢牢制约着聚落中其他建筑的形制。

（三）建筑形态与特色

1. 主要文化单元

黄家寨为单姓家族村落，是典型的以宗族文化为代表的传统聚落，主要由宗祠、祖屋、宅院等空间要素组成，其中祖屋兼作宗祠的功能，是该文化单元的核心。在黄家寨中，单姓黄氏宗族是一个自治单位，在聚落中扮演着重要角色，不仅可以对接国家公权与宗族成员，实施自治管理，家族成员还可以在经济上进行互帮互助，发展人际关系，精神上寻找寄托，宗族文化对黄家寨子聚落空间有重要影响。

族人信奉佛教，附近有举行宗教活动的"观音堂"，已有200多年的历史。此外，族人也信奉堪舆学说，每逢建房、墓葬都会请专人勘察风水，过年曾组织舞狮子灯。

黄家寨子以农业为主，生活状况较差，有言"有女不嫁三塘盖，苞谷粉子泡酸菜"谚语形容当地的贫穷落后，因此黄家寨族人的婚亲对象多来自经济条件更差的邻近村落，如彭水龙溪。

2. 地方典型建筑

祖屋

黄龙泽家祖屋，位于黄家寨子的中心，祖屋是家族分裂发展的起点。该院落坐东朝西，为"U"形三合院，正面为5间，左右厢房各4间，有宽敞的晒坝，总面积约806平方米。建筑为双坡面石柱外廊形式，山墙面为木作穿斗结构。祖屋中堂屋内设有神龛，供奉各路神仙以及祖宗牌位；还保存着古老的火塘、鼎锅等传统生活用具。祖屋除了日常居住，还兼有宗祠的功能，中华人民共和国成立前，聚落内的黄氏家族有族长，成员由当地有名望的人员担任，宗族族会在祖屋举行，邻近的村落同宗也会来参加，祖屋是黄姓家族血缘认同的核心空间。每逢过年，族人会在各家堂屋祭拜祖先，烧猪头、吃团圆饭，出嫁的姐妹也会回门探亲。此外，祖屋也是族人举行红白喜事的重要场所。

祖屋建筑受地形影响，地势较高，原规模较大，正面为"长5间"，左右厢房各4间，与主房形成"凹"形的平面组合形式。

（四）生态要素主导黄家寨子传统聚落的生成发展

农业生计对聚落类型的影响：黄家寨子的农田主要分布在聚落四周，其原因有二：第一是受地形地貌的影响，黄家寨地处夷平面之上，聚落选址在浅丘低洼处，便于耕种；由于交通不便无法开展其他生计方式，所以农耕成为聚落主要的生计形态，因此聚落在平面上呈现出以聚落组团为中心形成内核，农田环状包围的布局形态；第二，黄家寨子为单姓聚落，宗族文化是作为聚落内部的核心控制力，对聚落有着重要影响，使聚落呈现出增殖分裂式的结构，家族成员以"分家"的方式，以祖屋为起点扩展居住空间，最终形成"增殖分裂式的"聚落格局。

四、石泉苗寨

（一）空间布局

1. 地形地貌与聚落空间布局

石泉苗寨位于酉阳土家族自治县苍岭镇，地理坐标为东经108°57'，北纬29°02'，位于武陵山区的川东褶皱带，属于长江流域二级支流阿蓬江流域（图6-2-38）。该区域地势中部高，东西两侧较低，高程分布约600~1000米，聚落处于毛坝盖、菖蒲盖、炭火盖等山脉的末端，区域内岩溶地貌发育强烈，是典型

图6-2-38　石泉苗寨地理区位示意图

的喀斯特地貌。石泉苗寨东侧是菖蒲盖、西侧是矿铅盖，聚落夹于两座山脉之间的凹槽地带，北侧相对平坦呈坡度倾斜并向阿蓬江边延伸。聚落由三面山脉围合而形成"撮箕"状的槽谷式聚落格局（图6-2-39）。

2. 生态利用与聚落空间

石泉苗寨地处酉西低山区，坐落于菖蒲盖、矿铅盖之间的凹槽地带。三面皆是陡峭的山地（图6-2-40），聚落顺延河谷分布，地势南高北低，总面积约为28.75公顷，最高海拔606米，最低海拔465米，上下高差约为141米。聚落坡度11.5°，整体坡度较缓，属于低山区域，水流运动较平缓，水土流失微弱，聚落土地坡度为农业生产提供了良好的条件。坡向中北坡的面积最大，光照较为充足，适合进行农业生产。聚落与周围农田、缓坡林地共同组成石泉苗寨聚落系统，是典型的农业型山地聚落。

1）农田的分布特点

石泉苗寨的农田与聚落总体呈现出分离式的空间关系。这是由于地形地貌的限制。聚落周围山地陡峭，可用于农业生产的耕地不多，村民只能另择其他利于耕种

图6-2-39 石泉苗寨高程分析图

图6-2-40 石泉苗寨正射影像图

的低缓区域进行农业劳作。因此，石泉苗寨的农田远离聚落，转而大量分布在聚落背后另一侧的谷地之间，以及少量分布于聚落前方分狭长的槽谷平地内。区域内农田沿等高线排列，竖向分布约455~606米，形成典型的梯田农业景观。（图6-2-41）

2）水系利用的方式

高山移民运用先进的农耕技术满足了在高山上垦地的条件。村民将聚落旁的大河溪，分流引入苗寨内进行水源补充，围筑成水塘，水流顺堰沟绕行中寨前面小山，从石家祠堂西侧引入寨中，再分水入田进行农业灌溉，溪流上层生态涵养林地的营养物质顺应廊道滋养了沿线分布的农田以及沿途的聚落，再次补给了山谷底部的农田。（图6-2-42）

（二）聚落分区与空间结构

1. 街巷与空间结构

石泉苗寨聚落边界由于山谷的地形地貌划分，限定了石泉苗寨聚落的竖向分布，同时受林地的影响，聚落被划分出更为明确的边界。核心聚落面积约为2.6公顷。石泉苗寨聚落呈现出沿山涧谷底组团式集中分布的状态，依据血缘关系分为上、中、下三寨。

聚落分布在两山之间的谷地凹槽，建筑沿凹槽从高向低分布，呈现团状布局的组织趋势，建筑模式多为"一"字形、"L"形排屋，以及少数"U"字形的院落。聚落背靠菖蒲盖，建筑集体朝向北方，沿等高线从高到低排列。

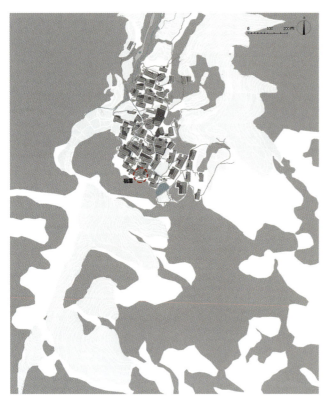

图6-2-41 石泉苗寨总平面图

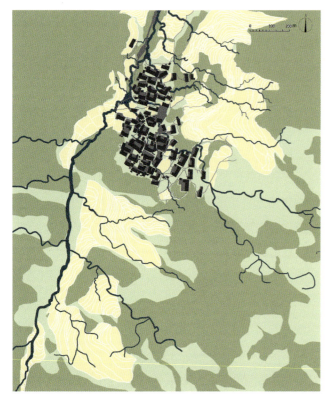

图6-2-42 石泉苗寨生态格局

石泉苗寨聚落空间组团的布局模式，在地理、文化诸多要素的影响下形成了整体为"增殖分裂式"的聚落空间布局，即由村落的第一批居住家庭开始，作为聚落发源的起点，向四周扩散生长。石泉苗寨为单姓聚落，最早的起点家庭在落户后，逐渐发展，当原有住房不能满足新生人口时，家族成年成员便以"分家"的方式在老宅的旁边另择一地修建新的居所。

石泉苗寨的"分家"模式是：五百多年前第一批家庭移民到石泉苗寨现址，祖屋建制在地势较高的山腰之上，随后聚落内人口逐渐增多，多余的人口从原有的祖屋分裂出去形成新的居住单元，建筑从地势较高的山腰向地势较低的山脚逐渐分布。山脚处地势较为平缓，利于农业耕种，因此石泉苗寨在最初分裂时，是向利于耕种的平缓山脚延伸。但是，由于可利用耕种的土地有限，为了不侵占过多的农业用地，石泉苗寨建筑转而向聚落右侧更高的山腰上建制。因此，由于土地承载量的限制，以及血缘关系的影响，石泉苗寨最终形成了"增殖分裂式"的整体聚落布局。

2. 影响聚落分区的文化格局

石泉苗寨为村落类传统聚落，属于增殖分裂式结构。以宗族居住空间的裂变增生作为结构特征。石泉苗寨受地形制约，聚落发展模式由南向北，因为单一宗族的向心力从而形成一个聚合的大组团，组团内随时间先后顺序逐渐增殖分裂为上、中、下三个聚落层级。增殖分裂的起点是石泉苗寨的第一批移民家庭，被称为"祖屋"，以它为该聚落的单一发源起点，在家族人员成年后再以"分家"的方式修建新的居所，产生新的居住单元，进而形成了石泉苗寨现在的规模。石泉苗寨聚落中共有人口524人，家庭增殖分裂作为聚落的内在文化结构，是历史上流传下来的"熟人社会"，有着牢固的系带关系，强大的凝聚力在聚落空间中反映出"大聚居"的组团模式。

3. 历史文化与聚落空间

石泉苗寨为清一色的石姓人家，据《石氏族谱》记载，石姓原籍豫章庐陵（今江西吉安），为姬姓周卫大夫石碏之后。历经千余年至汉末五代时，石氏先祖孟玺公自江西吉安流往贵州，娶先祖婆杨氏生龙、虎、象、獬、彪、豹、貐七个儿子。长子龙公之后俊祖又迁徙至西蜀酉阳让坪。到明朝崇祯末年因驱苗运动石姓的其中一个分支最终迁移到现今的石泉苗寨。石泉苗寨先人到这里定居之后，为了开发这个地方，就从外面放了一把火，把周边的山林烧了，所以这个地方也叫"火烧溪"，后改名为石泉苗寨。自七世祖俊由黔入蜀，其后裔定居至今，历经五百余年，传至三十代，子孙繁衍，除祖居老屋外，也有部分族人移至周边多处村庄，迁居至广西、湖北、四川、贵州等地。（图6-2-43）

（三）建筑形态与特色

地方典型建筑

1）祖屋

祖屋位于石泉苗寨的中寨，现属石氏第15代传人石邦平祖宅。为3间七柱木房，距今约400多年，是石泉苗寨石氏家族最初发源地，曾有长达15代石姓族人在此居住。祖屋是家族分裂式发展的起点，除了日常居住，还兼有宗祠的功能，是石姓家族血缘认同的核心空间。（图6-2-44）

祖屋建筑坐南朝北，南北长约15.5米，东西宽约25.6米，占地面积约397平方米，平面为"L"形的建筑布局。建筑现存三开间，其中坍塌两开间，废弃一间。建筑全部采用木制的穿斗结构，单檐悬山式屋顶，清一色以小青瓦铺陈，穿斗式梁架。厢房侧布于正房右边，与主房形成"L"形的组合。

2）宅院

石泉苗寨分为上中下三寨，共有70多栋材质相

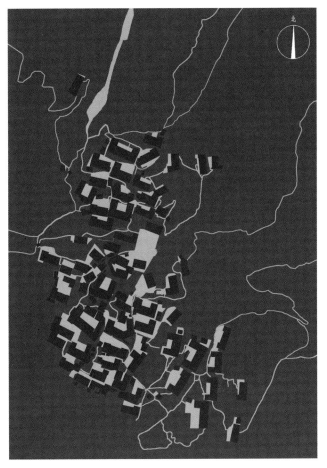

图6-2-43　石泉苗寨街巷肌理图

同、构造相似的木质古民居，其中100年以上的建筑共有10余栋，是重庆境内保存最原始、最完整的一座古苗寨。

这些民居宅院多为一层木质瓦房，一般分为3间正房，或者是5间正房，三房五间代表天长地久，并且有的民居在转角处配有厢房。正房有五柱、七柱、九柱之分，厢房一般为五柱或七柱。3间正房（或5间正房），最中间一间为堂屋，是家族安放祖先牌位和祭祀先祖之地，为神圣之处；堂屋两边的正房，一般是家中成家后子媳的卧室；转角为厨房、餐厅。寨里还保存着古老的火铺、三脚、鼎罐等传统炊具。堂屋后面为"官房"，将紧邻堂屋的房间用来接待客人，表示主人对客人的尊重。（图6-2-45、图6-2-46）

图6-2-44 祖屋现状图

图6-2-45 五柱民居

图6-2-46 堂屋

图6-2-47 火铺

有些民居在正方转角处还配有厢房。厢房多为吊脚楼，楼上是客房，楼下用来堆放生活用品，如石碓（舂米用具），石磨子（磨面、磨豆浆用具）等用具。有的人家把吊脚楼上安排为书房兼卧室，楼下作为牲畜的居所。（图6-2-47、图6-2-48）

石泉苗寨内几乎不曾修葺院墙，在当地人的传统价值和思想里，"院墙"这种物理存在形式阻碍了人与人之间的交流来往，不利于集体的团结，聚落内至今保留了历史上流传下来的"熟人社会"的生活方式，不设院墙有利于邻里之间的人际关系融洽和谐。

图6-2-48 传统炊具

3）墓地

石氏祖墓，位于酉阳城东钟岭，大杉树脚下。石氏第六代石孟容、第七代石才崇、第八代石汉成先后合葬于此。据古墓内碑文记载，大明万历十六年（1588年），石汉成腊月初六寿终，享年103岁。

（四）生态要素主导石泉苗寨传统聚落的生成发展

农业生计对聚落类型的影响：农业对于石泉苗寨聚落的生态支撑力强，与聚落关系紧密。石泉苗寨因其地形地貌用地条件有限，决定了聚落仅能在槽谷平坝选址以及开展生产生活。聚落生长与发展极大程度上依赖了特有的地貌资源与自身对水系的利用，依靠移民带来的先进农耕技术，将有限的水资源收集起来，再修筑引水渠，分散至聚落内部各处以满足人们的日常生活用水，并且将引水渠延伸至农田形成灌溉系统，溪流上层生态涵养林地的营养物质顺应廊道滋养了沿等高线分布的农田以及沿途的聚落，山、水、林、人、田相互给养，共同作用，构成了一个完整的生态共同体。

第三节 文化主导型聚落

文化主导型聚落的显性控制要素为历史与文化要素，这一类型的聚落在文化控制力的作用下决定聚落的选址、边界、中心等重要标志，并由历史与文化因素主导聚落的生成和发展。文化控制力通过制度、组织影响聚落空间格局与功能，并产生特色文化空间。历史与文化因素影响重庆传统聚落的层级与结构，塑造重庆传统聚落的特色面貌。

移民文化是重庆传统聚落的重要特色。重庆地域自古以来深受移民文化的影响，自秦汉时期就有各地移民借助中原与四川盆地间的交通孔道频繁迁移。特别是明清时期两次规模巨大的、换血式的"湖广填四川"移民运动，不同省份的不同文化、不同语言和生活方式在此进行重组与整合，在重庆传统聚落的空间格局中植入了全新的文化因子，重塑了重庆传统聚落的文化面貌。

商贸文化是重庆传统场镇聚落的文化空间基础。传统场镇是交通、商贸与技术的结合点，商贸文化是传统场镇物质文化的主要内容。工商业者、手工业者及雇佣人员在特定场所进行的商贸活动，商贸文化要素存量庞大、形态丰富，由此构成的商贸文化单元是重庆传统场镇聚落的空间主体，控制产生聚落文化格局的基本功能区域。

宗族文化是重庆传统村落的主导文化控制力。重庆传统村落主要为血缘村落，村落的文化控制是农业生产制度与宗族制度的互动控制。村落的主要制度与组织包括生产方面的租佃制度、农业生产协作组织，宗族方面的族规家训、族会组织等。主要文化角色有农业体系下的地主、佃农、自耕农，宗族体系下的族长、宗族家族成员等。村落空间的形成与发展受制于农业生产体系和宗族家族体系共同管控。农业生产体系决定了村落的土地资源利用格局，逐田而居的农业生产习惯，形成以散村为主的村落空间形态，而宗族制度中对于分家的规定，影响了村落内部生长的形式。

重庆传统聚落还广泛存在宗教与民俗信仰文化，除了作为大传统的儒释道体系，重庆传统聚落的精神文化中还存在形式多样、内容丰富的民俗信仰体系，这种小传统富含地域特色，对传统聚落居住者的生活方式以及社会活动产生深远的影响，并因此物化在重庆传统聚落的空间中。

军事防御文化是重庆传统聚落的一种特殊文化形态。为了应对特定时期的社会动荡，这类以军事防御为主要功能的聚落，从选址、空间规划到兴建方式都服从于军事防御功能的特殊需要，往往在社会动荡结束后丧失主要功能，并被弃用。

一、安居古镇

（一）空间布局

1. 地形地貌与聚落空间布局

安居古镇地处重庆市铜梁县县域北面，涪江与琼江交汇处，是合川、潼南、铜梁三县交界处，属于平行岭谷区域嘉陵江、涪江流域内的传统聚落。（图6-3-1）

安居古镇地势东高西低，海拔211～369米，制高点位于波仑寺所在的波仑山顶，古镇中部为浅丘宽谷带坝，是典型的丘陵地貌。安居古镇地形高低起伏，坡地集中在0°～15°，局部地区坡度达到了25°以上，可建设面积相对零散。涪江由西向东穿越镇域，沿河阶地分布于江岸，南部为深丘窄谷。（图6-3-2）

安居境内多低山，为巴岳山余脉，包括化龙山、飞凤山、波仑山、迎龙山、火盆山、火炉山、象山、鼓楼山以及清凉山等，分布在古镇的东、西、南三面，使古镇坐落于山地环绕之中。[①]聚落分布在各个山的山腰和山脚下，因山势就江形，道路盘环，呈自由式布局。

图6-3-1 安居古镇地理区位示意图

---

① 赵万民. 安居古镇[M]. 南京：东南大学出版社，2009.

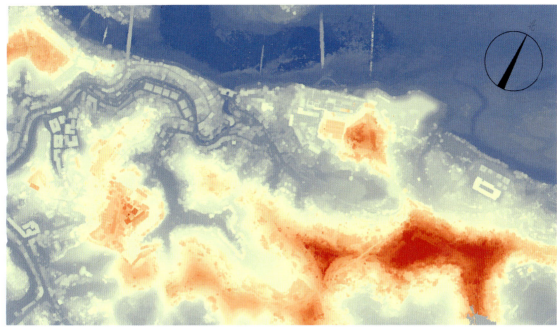

图6-3-2 安居古镇高程分析图

2. 生态格局与聚落空间布局

安居古镇位于嘉陵江、涪江流域范围的涪江、琼江交汇处,在华蓥山山脉到龙泉山山脉中间的丘陵谷地。安居境内河渠纵横,涪江、琼江、乌木溪、羊寿溪为主要河流,其中涪江、琼江、乌木溪汇合于古镇北部,唐人描述安居古镇有"危城三面水"之说。(图6-3-3)

安居古镇的农田与聚落被林地隔断,林地主要分布在飞凤山、化龙山、波仑山三山的山脚和两山形成的山谷处。农田多呈东西向分布,大多数位于山谷之间的冲积平坝上。(图6-3-4)

3. 历史文化与聚落沿革

安居古镇历史源远流长,相传早在两万多年前就有人类活动。春秋时为巴国属地,隋唐时期已有乡民聚居,场镇历史延绵1400多年。(图6-3-5)

明成化十七年(1481年),划铜梁、遂宁县部分地域置安居县,是为安居设县之始,治所在涪江、琼江交汇的今安居镇,辖有今天的安居、关溅、中和、高楼、维新、斑竹、平滩、双河、白羊、水口、凉水等十一个乡镇。

明末清初,四川持续战乱,人口锐减,清康熙元年(1662年)撤铜梁、安居二县入合州。

康熙六十年(1721年),以原铜梁、安居二县地复置铜梁县,属重庆府,其后安居一直属重庆府铜梁县。

雍正六年(1728年),安居分官而治,设巡检、把总,助县署主持地方公务。

乾隆四十一年(1776年),安居更名为乡。道光十三年(1833年),撤安居巡检。1728~1833年,安居作为铜梁县政权副中心,历时106年。

民国8年(1919年),安居改乡为镇。[①]

---

① 李华扬. 渝西地区历史地理研究[D]. 成都:西南大学,2013.

图6-3-3 安居古镇全貌

图6-3-4 安居古镇正射影像图

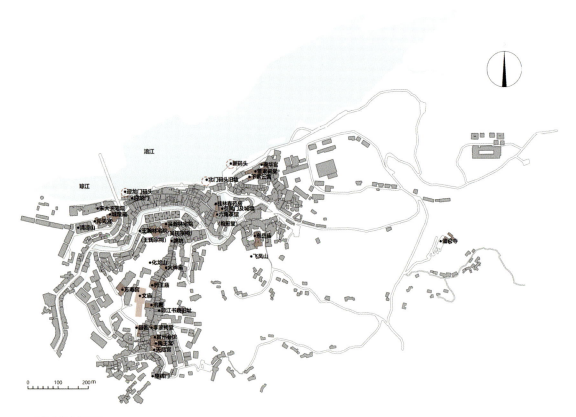

图6-3-5 安居古镇总平面图

（二）聚落分区与空间结构

1. 街巷与空间结构

安居古镇的主要街巷由沿江的"后河街—西街—十字街"，与沿化龙山山脊线南北走向的"会龙街—火神庙街—大南街"，共同构成主要骨架。安居古镇街巷布局平面空间沿江形伸展蜿蜒，竖向空间因山势盘旋而上，整体形态呈"T"字形爬山式。（图6-3-6）

由于古镇布局因山就水，街道网络形态自然产生了9处交叉转折点，称为九街，与九街垂直相交的有18条宽窄不一的巷子，故有"九街十八巷"之称。如大南街的南端，为了与新街相联系，街道以蛇形弯曲的形式来适应地形的改变。

2. 分区与肌理

安居古镇主要分为行政管控区和商贸集市区两个核心区，多个精神文化点和一条商贸链接带。（图6-3-7、图6-3-8）

1）行政管控核心区：位于场镇的西南部，紧邻星辉门，包括县衙、福建会馆、湖广会馆、黄州会馆、李家祠堂等。在这一区域内，是安居古镇的政治中心，也是重要公共事务、日常事务的管理中心。

2）商贸集市核心区：位于场镇的东北部，紧邻迎龙门、城隍庙、北门码头旧址等。在这一区域内，是安居古镇主要的经济活动中心，也是安居集市贸易、技术聚集的主要空间。

3）精神文化点：有规律地分布于场镇的清凉山、化龙山、飞凤山等几个主要山体的山头或者山脚处，元天宫、城隍庙、东岳庙、波仑寺等一系列精神礼仪点是安居古镇进行信仰祭祀、民俗庆典等精神文化活动的重要场所。

4）商贸链接带：位于场镇中部，是连接场镇管控核心区和商贸集市核心区的主要纽带，在这条链接带的沿街分布有众多的商铺，是古镇商贸活动区域的重要延伸。

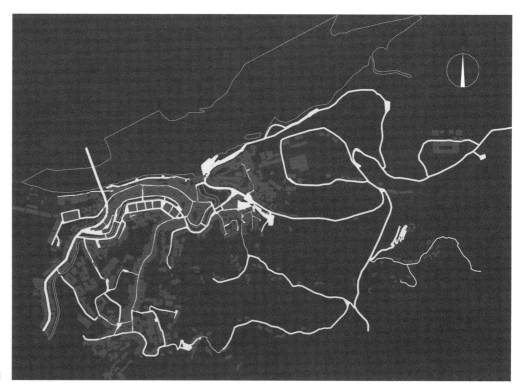

图6-3-6 安居古镇街巷空间图

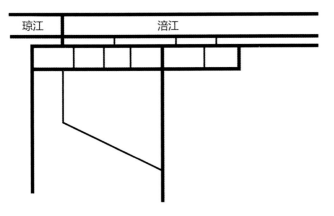

图6-3-7 安居古镇街巷结构简图

3. 影响聚落分区的文化格局

安居古镇的文化格局呈现"两核串接式"结构。安居古镇的场镇管控核心区是古镇行使县城职能时期形成的核心区域,因为安居行政地位的历史变迁,商贸集市核心区域的文化控制力逐渐增强,形成了除场镇管控中心的另一个核心区域。一条带状的商业街道由引凤门直到星辉门,将位于场镇东北的商贸集市核心区和位于场镇西南的场镇管控核心区进行串联,形成了安居古镇文化空间"两核一线多点"的特色结构。(图6-3-9)

(三)建筑组团与文化要素(图6-3-10)

1. 主要文化单元

1)衙署文化与移民文化单元

由于明清时期的战乱,安居被撤县,行政职能的控制力被削弱,但以衙署为象征的传统影响力依然存在,对后期的移民文化单元产生吸附影响。清代兴修的移民会馆主要集中于原行政中心附近,形成了衙署文化和移民文化共同构建的场镇管控核心区。衙署文化展现出强大的控制力,沿着化龙山山脊布局的县衙与文庙是安居

图6-3-8 安居古镇肌理图

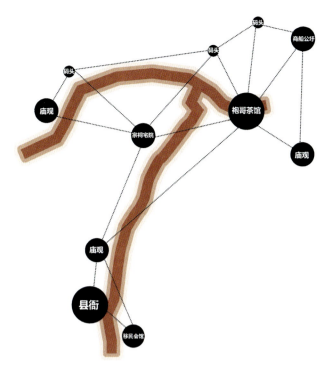

图6-3-9 安居古镇文化结构图　　　　　　　　　　图6-3-10 安居古镇文化地图

古镇的重要中轴线，深刻影响着聚落的整体格局。文庙、城隍庙、东岳庙都是代表国家公权的精神空间，此类建筑作为明代以来县城的标准配置，选址均有一定的高程。退休返乡的官绅群体的宅院、牌坊也分布于地势较高区域，在空间上产生了官、绅、民三种角色对应的三种不同空间投射。

2）商贸文化单元

沿江街道是古镇主要的商业街，以古镇北门十字街为商贸中心。在商贸文化单元中，近代以来主要存在两种社会组织发挥作用，袍哥组织和行会组织，行会组织对古镇空间影响较为明显，安居古镇之中曾有约18个行会。袍哥组织和行会组织常借用茶馆作为活动空间，安居古镇还存在占用道观作为行会活动空间，如设立于原下紫云宫的船帮组织。

3）宗教信仰文化单元

在安居古镇内部，以及清凉山、波仑山、飞凤山等山丘，坐落着宗教文化形成的空间，如元天宫、波仑寺、火神庙、药王庙等。这些文化点组成了宗教文化的空间系统，分布于场镇内部和各山头、山脚处。

4）宗族文化单元

安居古镇历史名人与望族众多，显赫宗族功成名就之后在古镇建造宗祠与宅院，如被称为吴翰林大院的吴氏宗祠、王翰林宅院的王氏宗祠等。宗族文化单元的宗祠、宅院主要分布于乌木溪畔和琼江南岸，靠山面水。

2. 重点建筑类型

1）衙署

衙署文化重点建筑大多数分布在化龙山山顶南侧。其一是老县衙，周围围绕琼江书院旧址，移民会馆等建筑。其二是汛署，背依化龙山，紧靠文庙和琼江书院。除了政府职能机关的建筑，还有一些在衙署文化主导下

建造的建筑，比如城隍庙、东岳庙等。安居古镇的文庙，既是孔子祭祀场所，也是官方组织科举考试的场所。（图6-3-11）

2）会馆

（1）万寿宫（江西会馆）

万寿宫由江西移民始建于清乾隆三年（1738年），中华人民共和国成立后征为粮仓和蚕茧站，目前较多构件风化，人为损毁严重。万寿宫主体为正殿和后殿，四周由连廊和厢房相连接，中间形成院落，并形成不完全对称的轴线。万寿宫的建筑特点是江西和巴渝传统建筑相互结合形成的风貌特征。

（2）禹王宫（湖广会馆）

禹王宫取名源于湖广习俗，湖北、湖南常有水患，乡民们长期以来一直有祭祀大禹的习俗，以修建禹王宫取镇水之意。禹王宫依次为前殿、正殿、后殿，左右为厢房，形成中轴对称的两进院落。禹王宫的建筑特点是湖广地区和巴渝地区两地传统建筑风貌的结合，整体建筑既朴素又庄重。（图6-3-12）

（3）天后宫（福建会馆）

天后宫（福建会馆）也称为妈祖庙，旁边为禹王宫，斜面为旧县衙。天后宫是按照徽派建筑建造的，建筑整体因地形地势呈分台布局，主要庙堂在靠山体最高的一级台地上，呈中轴对称布局。天后宫的建筑风貌呈徽派建筑风貌特征，建筑形态整体清爽素雅。（图6-3-13）

（4）南华宫（广东会馆）

南华宫是广东籍移民的同乡会馆，后成为当地粤籍工商行帮集合议事的场所。南华宫空间布局基本为中轴对称，建筑外侧的围墙为弧形，以院落为中心形成了半围合的空间布局。南华宫的建筑风貌是典型的传统巴渝建筑风貌。

3）商铺和作坊

安居古镇内商铺和作坊数量众多，琼江沿岸和大小南街、火神庙街密集分布。沿琼江的老街是古城主要的商贸街，沿江主要以前店后院式的商铺为主，原经营项目以丝绸、药材为大宗。古镇内茶馆有多处，其中六角茶馆曾作为安居近代袍哥组织的"仁"字堂堂口所在。（图6-3-14）

4）庙观

（1）城隍庙

城隍庙于明成化十七年（1481年）建成，后多次重建，由官方主导修建。城隍庙的空间布局呈中轴对称。城隍庙的正殿位于整个轴线的顶端，两边对称的厢

图6-3-11 汛署

图6-3-12 湖广会馆

图6-3-13 天后宫（福建会馆）

图6-3-14 临街商铺

图6-3-15 城隍庙

房以两个吊脚楼呈一定角度伸出。在主要轴线上为一个大梯道，梯道两侧为厢房建筑矗立，形成威严的空间感受。城隍庙建筑结合山地地形，屋顶为悬山顶、歇山顶结合。（图6-3-15）

（2）文庙

文庙于明成化十六年（1480年）始建于化龙山顶，东邻古街，西邻万寿宫，为孔子祭祀和科举考试的场所，1928年在文庙内开办琼江中学，其后多次在此地驻扎军队，抗战时期曾为黄埔军校内迁校址使用，现已恢复为中学。文庙为典型中轴对称的空间布局，文庙建筑群顺应地形，依台地而上，形成山地建筑特有的空间层次。（图6-3-16）

（3）火神庙

火神庙又名离明祠、离明宫，年代不详，现存建筑为清末所建，曾作镇政府驻地、街道印刷厂，现为居民住所。火神庙背靠化龙山，面向火神庙街，建筑呈不完全对称布局，沿中轴线形成四个空间层次，产生了火神庙特有的建筑秩序，整体建筑呈前殿后寝式布局。（图6-3-17）

（4）下紫云宫

下紫云宫原为道观，后船帮行会——商船公垾使用。下紫云宫为中轴对称布局，主体建筑位于高台之

图6-3-16 文庙

图6-3-17 火神庙

图6-3 18 商船公圩

上，由云梯连接到达。下紫云宫建筑结构为抬梁式结构，屋顶为歇山顶。

除此，还有东岳庙、药王庙、波仑寺、元天宫等建筑。（图6-3-18）

5）宗祠

（1）吴氏宗祠

吴氏宗祠位于安居古镇的中心地带，靠山而建，整体建筑为多重四合院布局。吴氏宗祠依山就势，为东西朝向的多重四合院，分为前后两个四合院院落。建筑内部流线组织将街道和建筑两个功能空间有效地连接在一起，彰显了传统山地建筑的建造智慧。（图6-3-19）

图6-3-19 吴氏宗祠

（2）李家祠堂

李家祠堂建于清朝中期，西面为大南街，建筑立面与普通民居无异，但祠堂内建有独特的家用戏楼，成为该宗祠的一大特色。李家祠堂临街面为商铺，建筑内部空间功能分区明显，层次丰富。（图6-3-20）

（四）文化要素主导安居古镇的生成发展

安居古镇在文化结构上呈现多核串接式结构。安居古镇主要存在衙署文化与移民文化单元、商贸文化单元、宗教文化单元、宗族文化单元等。安居古镇内部分布有会馆、衙署、商铺工坊、庙观、宗祠等典型文化空间。安居古镇从明成化年间设县开始，曾经两度作为县治所在，其聚落格局具有明代古城的典型架构，其中衙署文化因其政权控制力，对该聚落的选址、边界、分区、地标等方面起到了主导控制作用，衙署文化控制力是该聚落生成发展的主导要素。

安居古镇的文化空间具有明显的特点，代表权力的衙署机构系统，以及官绅阶层的生活居所占据了古镇地势的高点，而以商贸文化为主体的普通社会阶层的生产生活空间，则主要分布于地势低矮的沿江地区，这种高低差异现象既有交通运输的天然条件影响，也有防御布局的考虑，客观上形成了文化格局的秩序定位在聚落空间的投射。

安居作为县治存在的时期，其行政功能产生强有力的控制核心。但由于明清时期的战乱，造成人口减少，民生凋零，安居县治地位被撤销，行政中心的控制力逐渐弱化，而传统的商贸功能得以继续保存，商贸文化的控制力逐渐增强。正是由于各种文化控制力的变化、消长，导致安居古镇聚落核心区域的发生并存、更替等变化，直接对该聚落的生成发展带来重大影响。

二、涞滩古镇

（一）空间布局

1. 地形地貌与聚落空间布局

涞滩古镇位于渠江流域合川段上游的鹫峰山，坐标在东经106°29′，北纬30°10′的区间内，地处四川盆地渠江河谷区的浅丘地带，周围是绵延的浅丘地貌，地层为平缓的侏罗纪砂页岩，主要位于150～200米高程区间，以浅丘为主，坡度起伏较大，地势陡峭。涞滩古镇原分为上、下涞滩，下涞滩位于鹫峰山下的渠江河岸，上涞滩是为了抵御战乱，选址在三面临崖的山顶平坝上，呈三面临崖之势，由此形成了以上涞滩

图6-3-20 李家祠堂

为中心向外辐射、散点分布的聚落格局。[①]（图6-3-21、图6-3-22）

2. 生态格局与聚落空间布局

涞滩古镇位于嘉陵江、涪江流域范围的渠江支流，在华蓥山山脉到云门山山脉中间的浅丘地带。涞滩古镇由于北、东、南三面悬崖的阻隔，而西面地形平缓且生态资源丰富，因此一直向西面平原地带发展。（图6-3-23）

涞滩古镇的农田位于古镇西面，主要分布在涞滩古镇西面城墙外的平坝上，农田顺应山地地形，大多数呈东西向分布，形成较为完整的团状。

涞滩古镇的植物林带主要分布在古镇的东西北三面，涞滩古镇位于该区域的最高处，林带围绕古镇向山下分布，植物林带的分布对涞滩古镇起到天然屏障的防护作用。（图6-3-24）

3. 历史文化与聚落空间布局

下涞滩始建于北宋乾德三年（公元965年），距今已有1050多年的历史。相传场镇因邻近渠江中一处险滩而得名，原为"来滩"，寓意江中来了一个滩，后因

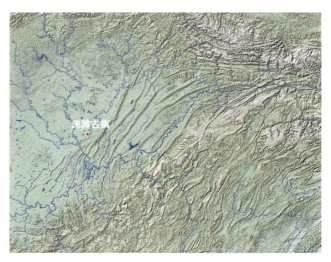

图6-3-21 涞滩古镇地理区位示意图

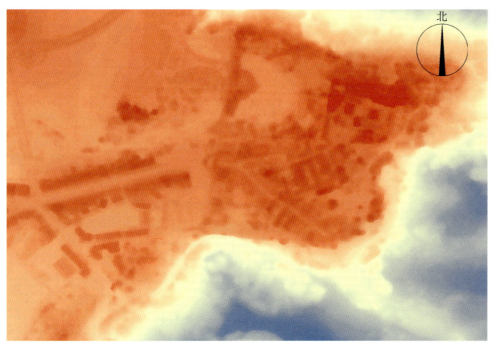

图6-3-22 涞滩古镇高程图

[①] 涞滩古镇建筑风貌协调性研究［Z］. 合川市江城旅游开发有限公司，2009.

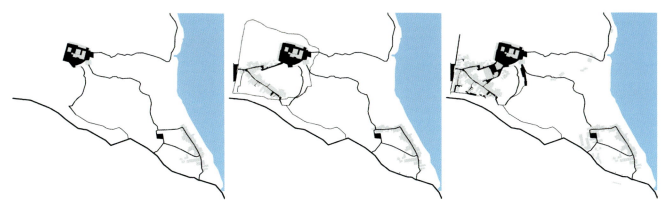

图6-3-23 涞滩古镇形态演变

图6-3-24 涞滩古镇全貌

场镇临江，人们在原"来"字前加了水旁，于是形成今天所称的"涞滩"。

下涞滩历史上是合川重要的物资集散地和水码头，是通往川东和川北的重要水陆交通要道，现因草街水利枢纽蓄水，大部沉没于江水下。

上涞滩（以下均以涞滩古镇代称）最初由乱石砌成，咸丰三年（1853年），曾接连三次遭劫。清嘉庆年间，在当地乡绅代氏兄弟倡导组织下，沿山崖边修筑城寨御敌，城寨全长1380米，西边为开阔地带，筑有城墙，其余三面依托天然的悬崖地形设防，十分险要。（图6-3-25）

（二）聚落分区与空间结构

1. 街巷与空间结构

在涞滩古镇的街巷格局中，主街顺城街由西向东顺势而建，从西门大寨门到东门小寨门总长300多米，连接着诸多小巷，是场镇街巷的主要骨架，展开了整个场镇的空间序列。主街东偏南向，小街垂直于主街，呈典型的鱼骨状分布。

顺城街和次街回龙街对角相交，形成街道空间的主街。顺城街从大宅门出发，东西贯通，即从瓮城以西延伸到东水门，是主要商贸街道。回龙街从小寨门开始，规模比顺城街略大，它与距离大寨门不远的顺城街相交，形成一个宽阔的转折空间——街心，是涞滩古镇重要的空间节点。（图6-3-26）

2. 分区与肌理（图6-3-27）

1）古寨防御体系

防御功能是涞滩古镇形成的核心要素，整个场镇是在寨墙寨门都修建好之后，再修建、改建的道路来连接重要的防御节点。进城有三道入口，东为东水门、东南为小寨门，进入这两处城门必须沿陡峭石梯而上，地势险要，易守难攻。城西主要入口为大寨门，为加强防

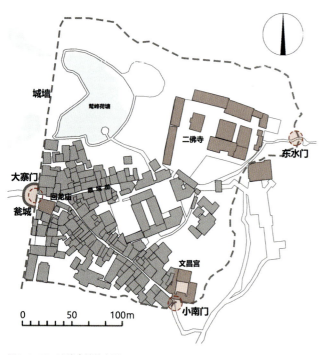

图6-3-25 涞滩古镇核心区

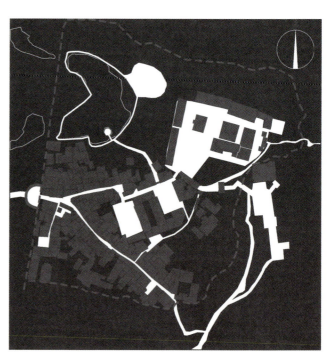

图6-3-26 涞滩古镇街巷结构图

图6-3-27 涞滩古镇肌理图

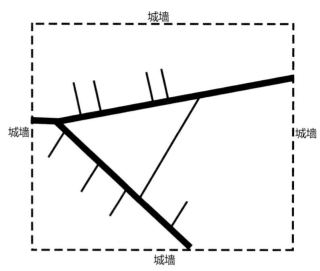

图6-3-28 涞滩古镇街巷简图

御，又连接大寨门外建瓮城，相传为仿照明代大将徐达在山海关所建成瓮城而修造，至今保存完整。

2）宗教文化核心区

在顺城街的东西两侧各有一个宗教核心文化区，即西面迥龙街尽头的迥龙庙建筑群（包括迥龙庙上下殿、桓侯宫），东面二佛巷一侧的二佛寺建筑群（包括二佛寺上下殿、文昌宫）。

3）商贸集市功能带

涞滩古镇内部因东、南、西三个寨门的连接道路而形成了商贸集市功能带，主要包括主街顺城街和次街回龙街。

3. 影响聚落分区的文化格局

涞滩古镇受限于地形地势，聚落内部无法形成较为明显的中心空间，除沿道路分布的带状商贸区外，其他文化单元主要呈散点式分布。（图6-3-28）

涞滩古镇的文化格局主要由军事防御文化所主导。古镇防御体系中，西面的大寨门、东面的东水门、南面的小寨门三个寨门是控制聚落格局的三个关键点，三个寨门以及连接寨门的寨墙框定了涞滩古镇的聚落边界，通过西面的大寨门和东水门、小寨门之间的连线道路形成古镇内部的主要商贸街道。（图6-3-29）

（三）建筑组团与文化要素

1. 主要文化单元（图6-3-30）

1）军事防御文化

涞滩盘踞在高出渠江江面80多米的鹫灵峰上，东、南、北面为悬崖峭壁，独西面连接平坝水田，为防御战乱、匪乱提供了良好的条件。现存的军事防御文化要素主要有城门、寨墙、瓮城以及聚落内部的太平池、练兵场（又称马道子）等，形成了极其完善的防御体系。

2）宗教文化

涞滩古镇的兴盛得益于二佛寺重要的宗教影响力二佛寺建筑群体，始建于唐，兴盛于宋，重建于清，历史

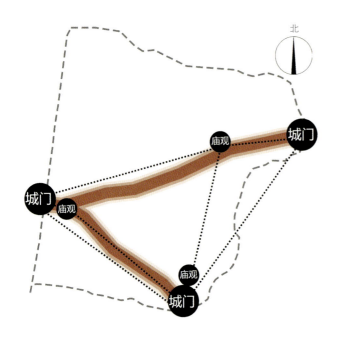

图6-3-29 涞滩古镇文化结构图

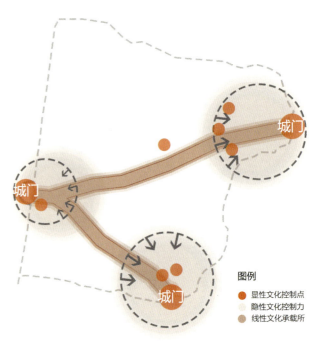

图6-3-30 涞滩古镇文化地图

悠久。涞滩古镇其后逐渐兴修了迴龙庙、桓侯宫、文昌宫等祠庙宫寺，宗教文化为涞滩古镇聚集了大量的人气，成为宗教信众的集中朝拜地。

3）商贸文化

从西门大寨门到东门小寨门总长300多米，连接着诸多小巷，是涞滩古镇的主要商贸空间，沿街分布有数量众多的商铺、作坊。商贸文化以此为空间载体，通过集市集期制度、行会制度等，开展集市贸易、商贸运输等活动。

2. 重点建筑类型

1）军事防御文化重点建筑

（1）瓮城

涞滩古镇最具特色的军事防御文化建筑是西门瓮

图6-3-31 瓮城

城。在整个山寨的防守态势中，东、南、北三面峭壁，占据地形的便利，防守并不困难，只有西门与平坝相连，是场镇的主要出入口，必须加强防御。清咸丰三年（1853年）之后，当地乡绅代氏兄弟主张集资兴修寨墙寨门，并在大寨门外修建了瓮城一座。瓮城共开八门，其中四个十字对称的大门是行人和车道，另外四个是半封闭的，主要用于驻军部队和军火库使用。瓮城正门高3.1米，宽3.8米，额上刻着"众志成城"的字样。（图6-3-31）

（2）城门

涞滩古镇现存主要有三个出入的城门，即西面大寨门、东面东水门、南面小寨门。（图6-3-32）

（3）城墙

涞滩古镇的寨门之间，建有高1～3.1米、宽约2.5米、总长1380多米的寨墙相连接。涞滩原寨墙为乱石堆砌，防御功能不强。清嘉庆年间，百姓深受战乱的威胁，于是筹集资金拆除了原寨墙，并用条石砌成的坚固寨墙替代。完工后的寨墙随地形而变化。比如西侧的平坝，寨墙高达3米，而三面悬崖，寨墙顺应地势降低，保持在1～2.5米之间。

2）宗教建筑

（1）二佛寺

上殿位于鹫峰山顶，呈四合院布局，总占地面积约6000平方米，为清代建筑。从大山门以上分为三个殿层，中轴线上依次为水月辉山门、天王殿、大雄宝殿、观音殿和地藏殿。左右分设厢房、禅房等建筑。水月交辉山门建于清道光十六年（1836年），石质仿木结构，重檐歇山顶，通高8.18米，面宽9.4米。（图6-3-33）

两佛寺下殿建于唐末，宋时达到顶峰，清雍正三年（1725年）重修，占地0.2公顷。下殿是一座悬崖建筑，结合了岩体和佛像，是二佛寺建筑群的核心组成部分。整个大殿依山而建，为两层一底三檐的双檐歇山楼，充

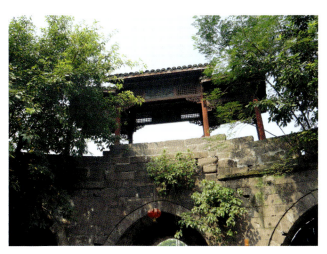

图6-3-32 大寨门

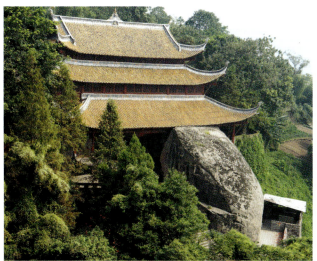

图6-3-33 二佛寺

分利用天然岩石和斜坡支撑屋顶。前檐靠两块分开的巨石组成了一个天然大门，大门对面是一块天然巨石，这样东南西北两边都是巨石布局，自然形成了主山、对面山和副山的对应关系，前面的巨石代表庙前的照壁。方形巨石代表四个方向，即前朱雀、后玄武、左青龙和右白虎。正殿的柱、枋、檩子等构件，根据天然岩石走向和岩体布局，在岩石上是完全不平整的。

二佛寺石刻造像，主佛像通高12.5米，另有1700尊以它为中心布局的佛像。涞滩二佛寺禅宗石刻造像，是历经30余年建造的大型石窟，内容根据"不立文字，教外别传，直指人心，见性成佛"的宗旨篆刻而成。（图6-3-34）

（2）迥龙庙

迥龙庙既是全镇各行各业的聚会之所，又是一个农贸大市场，因而选址建造于大寨门入口处。

（3）文昌宫

现存建筑为清代咸丰、同治年间重建，仅存正殿、戏楼和东西两廊，占地约2000平方米。文昌宫戏楼为一楼一底，歇山式建筑。戏楼的平台外檐，木雕三国题材的戏曲内容，庙门上有一门联，为"深入其门，预防失足；果能此道，自应出头"。该宫现为小学使用，面貌改变较大。（图6-3-35）

3）商贸建筑

顺城街两边的商铺大多采用前店后屋的方式。面向街道的是商铺空间，门面为木板，简单而朴素。穿过店铺后可以进入第一进或第二进院落，是安静舒适的居住空间。庭院天井是整个院落重点装饰的部分，周围的门窗和外露屋架都饰有各种精美的雕刻。有些店铺的天井里也盖着屋顶，利用屋顶的高低差来组织采光通风。这种空间，当地称为执堂，为住户提供了更为宽敞的使用空间，是一种活跃的家庭共享区域。住宅胡同是一个镇上的半公共空间，比如四唐巷、二佛巷。两侧房屋紧密相连，营造出良好的居住环境。（图6-3-36）

图6-3-34　二佛寺石刻佛像

图6-3-35　文昌宫戏楼

及军事防御文化的控制力是涞滩古镇生成发展的主导要素。

重庆传统聚落中的军事寨堡多为临时性聚落，一般建于险峻之处，战乱平息后，由于此类聚落较为不利的交通条件而被弃用。而涞滩古镇却替代了原址所在的下涞滩镇区，得以继续发展，一是上涞滩通过西向的陆路交通，加强了与邻近区域的经济联系；二是通过与下涞滩的密集路网，维持了与水路运输的联系。同时，得益于古镇内部具有强大号召力的宗教文化单元，通过宗教场所聚集周边人气，成为区域祭祀中心，为场镇商贸发展创造了有利条件。最终，由军事文化催生的涞滩古镇，在商贸文化和宗教文化的支持下获得了进一步的繁荣发展。

图6-3-36 沿街商铺

三、万灵古镇

（一）空间布局

1. 地形地貌与聚落空间布局

万灵古镇选址位于濑溪河河畔台地（图6-3-37），据坡度分析得出，该区坡度93%在10°以下，低缓丘陵多，高陡地形少，适宜于聚落的生成发育。海拔高程与坡度限制聚落的分布、聚落规模以及聚落发展，聚落的生计方式、聚落的景观系统同样影响着聚落的选址。古镇选址区域基本符合川东条形褶皱带地势特征：地势北高南低，东高西低，万灵古镇靠北靠东，居地势高点，受水位变化影响较小，一定程度上规避了水位变化带来的自然灾害。万灵古镇背山面水，依濑溪河而兴，土地肥沃，航运便利，空间结构布局以自然山水环境为基础，依山就势，街道与建筑物主要分布于濑溪河河畔的二级台地上，与河流、周边丘陵等自然环境有机结合，形成较为典型的山水空间格局。（图6-3-38）

万灵古镇所在区域范围内整体地形平坦，起伏平缓，东南部地势高，中部地势平坦，多为海拔350～450

图6-3-37 万灵古镇地理区位示意图

（四）军事防御文化主导涞滩古镇的生成发展

涞滩古镇是重庆传统聚落中保存最为完好的军事寨堡聚落，涞滩古镇的迁建放弃了下涞滩水运交通的便捷，选址至三面绝壁的上涞滩，实在出于当时社会动荡下的迫不得已。由当地乡绅主持修建的涞滩古镇是以军事防御功能为核心，经过事前详细规划设计的军事寨堡

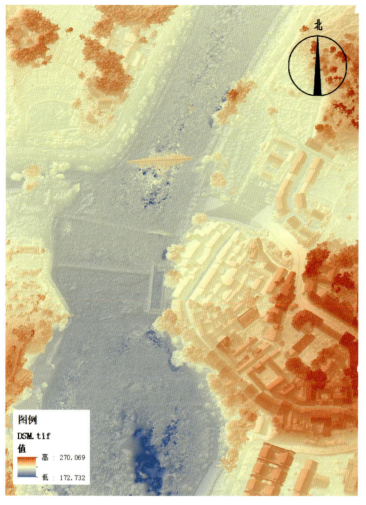

图6-3-38 万灵古镇高程图

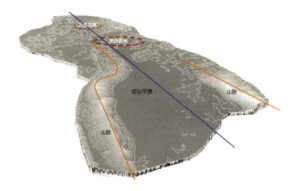

图6-3-39 流域空间格局分析图

图6-3-40 万灵古镇正射影像图

米之间丘陵。[①]山地间的谷地是汇水区,往往发育有溪流,形成了小规模的"山河相间"格局。在走向为北—东北的狭长背斜、宽缓向斜相间排列的梳状构造或隔档式构造基础上,发育成为背斜低山和向斜丘陵谷地相间有序的排列,从而构成独特的平行岭谷地貌类型组合景观。(图6-3-39)

2. 生态格局与聚落空间布局

万灵古镇是濑溪河流域的文化重镇,濑溪河斜穿古镇而过,过境段全长19公里,河面宽约50米,海拔在430～460米左右。古镇因航运兴盛,有利于商贸聚集流通和聚落发展。古镇西岸有海拔317米、相对平坦的大面积耕地分布,农田肌理主要分为坡地型和平地型,在肌理斑块上表现为方块形和带状,林地主要分布于场镇外的居民点周围,以利于最大限度地开垦耕地。(图6-3-40)

3. 历史文化与聚落空间布局

万灵古镇(原名路孔)位于荣昌境内濑溪河畔,相

---

① 孟凡锦. 技术介入下重庆聚落空间要素可视化分析研究[D]. 重庆:四川美术学院,2019.

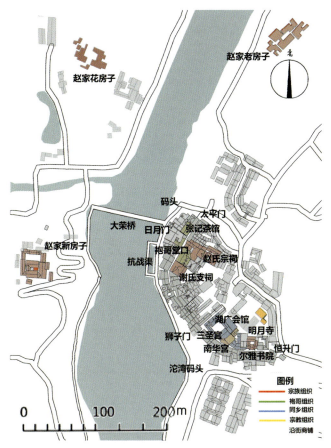

图6-3-41 万灵古镇总平面图

图6-3-43 万灵数字高程模型图

传古巴国曾于此设哨屯军。濑溪河自古为大足、荣昌、泸州间的主要交通运输航道，河流至万灵古镇旁的白银石滩，航运受阻，货物必须进行翻滩转运方可继续航行。（图6-3-41）

唐宋以来，围绕货物转运，在这里开始出现供行商休息、住宿和堆放货物的店铺和码头。北宋咸平元年（公元998年）建沱湾漕运码头，将大足制造的兵器以及其他地域特产经此转运进入长江，再输送至全国各地，万灵场镇由此产生。

万灵古镇历经战火兴衰，在清初的"湖广填四川"移民运动后得以重建发展。清嘉庆五年（1800年），万灵乡绅为应对起义，以店铺客栈为基础，大规模修建城墙、城门等防御设施，扩建为大荣寨，形成万灵古镇传统空间的基本规模。清咸丰十一年（1861年），大荣寨再次进行补修。（图6-3-42）

民国元年，建为路孔乡，中华人民共和国成立后沿用路孔乡。1993年12月改为路孔镇。2013年，经荣昌县政府研究决定改路孔镇为万灵镇。（图6-3-43）

（二）聚落分区与空间结构

1. 街巷与空间结构

万灵古镇沿濑溪河布局，呈带状结构，聚落的发展方式因用地的带状范围向周边延展（图6-3-44）。西侧由大荣桥经抗战船闸至临溪亭，以湖广会馆所在道路为边界，串联东侧学府路，经恒升门至太平门，为万灵古镇的区域范围。镇内有三条主要道路，大河街居中，贯穿古镇，临溪亭所在的滨河路连接古镇和濑溪河畔，学府路南北向于古镇的东部连接太平门和恒升门。横向上，多条支路连接滨水的空间关系，使得古镇与濑溪河的关系层层递进，以濑溪河河岸的滨河路，

图6-3-42 万灵古镇鸟瞰图

  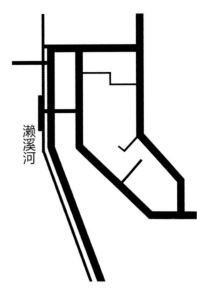

图6-3-44 万灵数字街巷结构图　　图6-3-45 万灵古镇肌理图　　图6-3-46 万灵古镇街巷结构简图

东部外围的学府路为有效边界。左、中、右三个层次的三条道路界定了滨水的空间层次。标志物有代表宗族文化的赵氏宗祠，袍哥文化的张记茶馆，移民文化的湖广会馆，宗教文化的万灵寺、三圣宫以及大荣桥、太平门等。

2. 分区与肌理

宗族文化与袍哥文化构建场镇管控核心区。万灵赵氏宗族自清乾隆年间移民至此，经过百年经营，主持营建大荣寨以及场镇主要公共设施，长期对万灵古镇实施实际管理，万灵古镇一度被称为"赵家场"。构建场镇管控核心区的宗族文化以赵氏宗祠、赵家茶馆以及场镇周边的赵氏宅院为空间载体，制定族规家训等制度，建立族会组织，处理本族以及场镇重大事务。万灵古镇近代出现的袍哥文化以特殊功能的堂口茶馆为空间载体，通过订立帮规、设置袍哥堂口，并与赵氏宗族相结合，延续了该区域的管控核心地位。（图6-3-45、图6-3-46）

移民文化和宗教文化产生精神礼仪核心区。在万灵古镇"礼仪门"恒升门附近的精神礼仪核心区内，会馆、寺观、书院分布密集。万灵古镇移民文化以地缘会馆为空间载体，订立会馆运行制度，组建同乡会，处理同乡协作事务。宗教文化以寺庙、道观为空间载体，依照宗教典籍，成立庙会，组织信众的宗教礼仪活动。

商贸技术文化形成商贸集市功能带。从太平门至恒升门的场镇主街长约500米，沿街密集分布数量众多的商铺、作坊、茶馆以及客栈食肆等，形成带状沿街集市，是万灵古镇传统空间的主体。商贸技术文化以此为空间载体，通过集市集期制度、行会制度等，开展集市贸易、商贸运输以及技术供给等活动，形成场镇的基本功能区域。

3. 影响聚落分区的文化格局

万灵古镇内呈现"两核一线"文化结构，商贸集市功能带由太平门至恒升门，贯通整个场镇，将位于场镇西北部的场镇管控核心区，以及位于场镇东南部的精神礼仪核心区串联，形成了万灵古镇文化空间"两核一线"的特色结构。（图6-3-47）

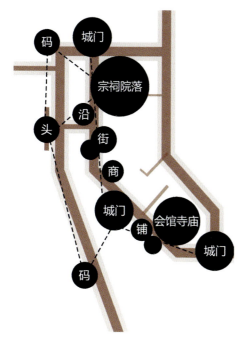

图6-3-47 万灵古镇多核串接式文化空间结构图

（三）建筑组团与文化要素

1. 主要文化单元

宗教文化空间（明月寺）存续时间最为久远，移民文化空间（会馆）依附周边建立，形成场镇精神中心区。由于汉族宗教的世俗化消解，以及移民地缘认同的定居淡化，血缘组织的重要性逐渐提升。伴随移民群体中显赫宗族的产生，宗族文化空间（宗祠）在赵氏宗族主持的大规模场镇营建中确立了新的中心地位，并于近代与袍哥文化空间（堂口茶馆）相结合，巩固并延续了管控核心地位。

2. 重点建筑类型

1）宗祠：2处，分布于古镇北部太平门附近。其一为赵氏宗祠，始建于清嘉庆九年（1804年），为赵氏宗族族会场所，宗族领袖出任族会族首，在此召集同族进行祭祖、族规制定、族务商议等活动，现修缮开放；另一处为谢氏支祠，现已改作他用。（图6-3-48）

2）宅院：3处，分布于场镇周边以西、以北，分别为赵家老房子、赵家新房子和赵家花房子（图6-3-49），为赵氏宗族头面人物日常居住地，三处赵氏宅院与位于场镇的赵氏宗祠构成控制场镇事务、宗族事务的空间网络。

3）会馆：2处，分布于古镇南部狮子门附近，其一为湖广会馆（禹王宫），始建于清康熙四十八年（1709年），初为湖广移民同乡组织活动场所，由显赫乡绅出任同乡会会首，在此组织同乡互助、集体祭祀以及公众

图6-3-48 赵氏宗祠

图6-3-49 赵家花房子

图6-3-50 湖广会馆禹王宫、戏台

节庆等活动，现修缮开放（图6-3-50、图6-3-51）；其二为南华宫，为广东移民同乡组织活动场所，现存留部分建筑。

4）茶馆：约15处，沿古镇主街分布，近代袍哥组织兴起后，部分特定茶馆成为场镇事务管理空间，如紧邻赵氏宗祠的赵家茶馆，曾作为当地袍哥组织的"仁字堂"堂口使用，赵氏族长历任袍哥领袖，在茶馆处理场镇公共事务；现存茶馆于赵氏宗祠附近最为集中，为古镇居民重要公共活动场所。

5）庙观：3处，其一为万灵寺，位于古镇对岸万

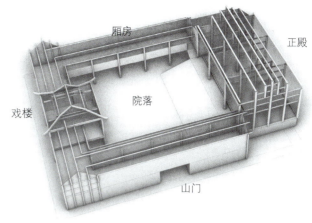

图6-3-51 湖广会馆禹王宫正射影像、功能分区图

图6-3-52 万灵古镇临街商铺

灵山，万灵古镇得名之由来，始建年代久远，据传可追溯至东晋；其二为明月寺，位于古镇内部，现已不存；其三为三圣宫道观，位于古镇内部，存留主殿建筑，现修缮保护；此三处庙观是场镇及邻近村民日常祭祀和节庆朝拜的主要宗教场所，曾由乡绅领袖与宗教人员组建"庙会"组织，进行宗教、民俗活动管理。

6）商铺、作坊：数量较多，沿恒升门至太平门主街密集分布，多保留了"前店后宅"的商住两用格局，形成近500米的商贸集市，每逢赶集集期，商户、手工业者以及周边村民汇集于此（图6-3-52），开展集市贸易活动。

7）其他文化空间：环绕古镇的寨墙，寨门是由赵氏宗族主持修建的防御设施图（图6-3-53、图6-3-55~图6-3-57）。临河区域分布有沱湾码头、大荣桥和抗战船闸（图6-3-54）等交通遗迹，古镇内部还分布有尔雅书院、柳乃夫故居等其他文化遗迹。

8）其他非物质文化要素：万灵古镇的放河灯、缠丝拳、杀年猪等传统民俗活动存留至今，丰富了文化空间的非物质内涵。

图6-3-53 环绕古镇的寨墙、寨门

图6-3-55 狮子门　　　图6-3-56 恒升门　　　图6-3-57 日月门

（四）文化要素主导万灵古镇的生成发展

以宗族文化为代表的文化要素对万灵古镇的生成发展具有主导作用。万灵古镇传统格局的形成与赵氏宗族具有密切联系，万灵古镇从清嘉庆年间直至近代一直为赵氏宗族所掌控，万灵古镇两次大规模的修建均由赵氏宗族主持完成，赵氏宗族所属田地、宅院环绕万灵周边，赵氏在万灵兴修寨防体系、本族宗祠，修缮会馆与寺庙，建构了目前可见的万灵古镇文化空间的主要格局（图6-3-58）。

图6-3-54 大荣桥和抗战船闸

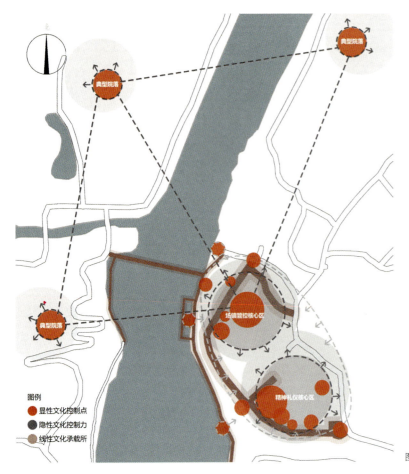

图6-3-58 万灵古镇文化地图

赵氏宗族既修建了赵氏宗祠、赵家花房子、新房子、老房子等自用建筑，也组织修建了禹王宫、大荣桥、寨门寨墙等一批公共建筑（设施）。赵氏宗族代表人物通过扮演不同的文化角色，对场镇的不同空间进行管理。赵氏宗族处理内部事务主要在赵氏宗祠进行，并通过会馆、茶馆等空间处理场镇公共事务。同时，赵氏宗族大量占有周边农田资源，并以土地置换的形式，将宗族所属土地调整、集中于万灵古镇周边区域，场镇周边的各个赵氏庄园实施对周边农业生产的管控，宗族影响力的辐射范围从场镇延伸至周边村落。

赵氏宗族代表世袭乡绅领袖，通过制度订立，把持宗族组织、同乡组织、庙会组织以及近代袍哥组织等，在长达150年的时间里，对万灵古镇及其周边村落实施了全方位的、持续的文化影响与控制（图6-3-59）。

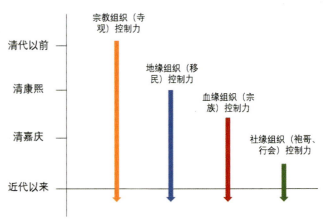

图6-3-59 万灵古镇文化控制力演进示意图

四、真武场

（一）空间布局

1. 地形地貌与聚落空间布局

真武场位于重庆市江津区支坪街道办事处（图6-3-60），地理坐标为东经105°22′，北纬29°16′，东与贾嗣镇接壤，南与西湖镇比邻，西临綦江河，北靠仁沱社区，距离江津市主城区约29公里。场镇所在地域位于四川盆地东南边缘的川东平行岭谷区，地形以山地和丘陵为主，地势东高西低，由东西向綦河河谷逐级降低（图6-3-61）。

2. 生态格局与聚落空间布局

真武场位于綦江河东岸，綦江河流经场镇约400米，场镇分布在194~214米海拔高程、坡度小于3.5°的缓坡平坝上，场镇背靠龙门槽山脉，綦河环抱，面积约4平方公里。农田分布在场镇外。场镇南北方向，以及綦江河西岸为低山丘陵地区，林地环绕场镇零星分布，西岸沿河有长约460米，面积约19500平方米的林带（图6-3-62）。

3. 历史文化与聚落空间布局

真武场位于江津区支坪的綦江河畔，明清以来，僰溪道成为川黔交通的主要道路，此路由重庆城南下经江津、綦江进入贵州桐梓至遵义，僰溪就是流经真武场的綦江。真武场位于綦江和笋溪河交汇处，因其连通川黔有利的地理位置，成为明清时期川盐入黔四大口岸之一。这里是巴蜀商船入黔和黔船入蜀的中转水码头，是川黔两地蜀盐、柑橘、药材、木材等商品的重要集散地。

真武场位于湖广填四川移民路线的重要节点。沿黔北经遵义入川的移民路线，入川后的第一条河流是发源

图6-3-60　真武场镇地理区位示意图

图6-3-61　真武场镇高程分析图

于黔北的綦江，顺江而下可到綦江与长江交汇处附近的真武场，这里逐渐成为填川移民的重要聚居地之一。相传因填川移民戴登霄在此设立义渡，真武场逐渐兴盛。

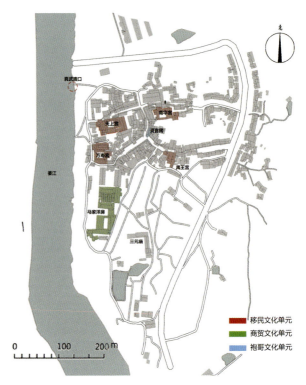

图6-3-62 真武场镇正射影像图　　图6-3-63 真武场镇总平面图

康熙中叶后,第二次"湖广填四川"移民不断来到这里拓荒垦殖,随着移民插笘落业,移民家族日益兴旺,他们开始修建宗祠和同乡会馆,在此留下了一批优秀的建筑,如场镇现存的天上宫(福建会馆)、南华宫(广东会馆)、万寿宫(江西会馆)等。而场镇上现存的吴泽俊住宅以及马家洋房,则是重庆开埠时期折中主义风格的代表建筑,也是民国时期真武场商贸繁荣的历史体现(图6-3-63)。

(二)聚落分区与空间结构

1. 街巷与空间结构

真武场内部街巷由东西向、从先新路至綦河边长约340米的街道,场镇中心弧形、长约260米的灵官祠街道,以及南北向长约290米的沿河半边街组成,空间形态呈"P"字形。沿线分布数量众多的商铺、作坊、茶馆、客栈以及食肆等,形成三条带状沿街集市,是真武场古镇传统街巷空间的主体(图6-3-64)。

2. 分区与肌理

1)移民文化区

真武场的移民会馆呈散点分布,曾经有禹王宫(湖广会馆)、天上宫(福建会馆)、南华宫(广东会馆)、万寿宫(江西会馆)等。真武场移民文化以地缘会馆为空间载体,来自湖南、湖北、江西、福建和广东等地的移民按原籍、语言以及习俗实现相互认同。通过会首议事,特定会馆运行制度,组建同乡会,处理同乡协作事务(图6-3-65)。

2)袍哥文化构建场镇管控带

灵官祠街位于场镇中心,街道两旁现存木装板、竹

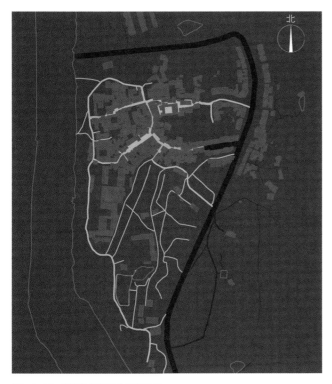

图6-3-64 真武场镇街巷空间结构图

图6-3-65 真武场镇肌理图

编壁的建筑，多为茶馆和杂货铺，以及进行"民间断案"的灵官祠。真武场近代出现的袍哥文化以特殊功能的堂口茶馆为空间载体，订立帮规、设置袍哥堂口，通过"吃讲茶"等方式对场镇事务实施管理，灵官祠街道及其沿线建筑也成了袍哥文化的空间载体。

3）商贸文化形成商贸集市功能区

东西向从先新路至綦河边街道长约340米，沿街现为民居商铺；南北向沿河半边街长约290米，分布有天上宫（福建会馆）、万寿宫（江西会馆）、真武码头及马家洋房等会馆、码头、重要民宅建筑。场镇中心弧形灵官祠街道长约260米，沿线分布数量众多的商铺、作坊、茶馆以及客栈食肆等，形成三条带状沿街集市，是真武场商贸文化的主体空间（图6-3-66）。商贸文化以此为空间载体，通过水路运输、集市集期制度、行会制度等，开展集市贸易、商品生产、商贸运

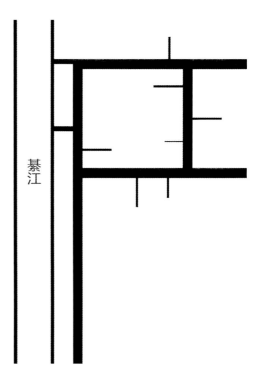

图6-3-66 真武场镇街巷结构简图

图6-3-67 真武场镇街景节点

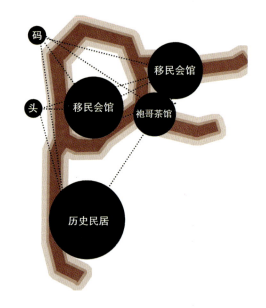

图6-3-68 多核串接式空间结构图

输以及技术供给等活动,形成真武场的基本功能区域(图6-3-67)。

3. 影响聚落分区的文化格局(图6-3-68)

1)移民文化形成的场镇文化控制力

"湖广填四川"移民落脚真武场,创业之初就有"插笘为业"的文化传统,来自不同地区的移民通过"插笘为业"的方式以地缘划分各自的空间,修建会馆创立同乡会,处理同乡事务,进行生产活动。

2)袍哥文化构建的场镇文化控制力

真武场近代出现的袍哥文化以灵官祠和"袍哥"堂口茶馆为空间载体,通过订立帮规、设置袍哥堂口,与各同乡会协调处理本地人与外来客家人以及客家人之间的利益纷争,形成了管控该场镇事务的地位。

3)商贸文化确立的空间格局

民国初年,马氏宗族进入真武场,马家定居后主要经营川盐入黔的生意,并先后在真武场开设碗厂和铁锅厂。马家铸造盐锅,从水路运到四川自贡售卖,再采购自贡川盐,然后顺水路运回真武场,最后将川盐转贩贵州,这一系列贸易带来的家族财富开始在这里聚集。马家在真武场修建了具有开埠时期折中主义风格的庄园建筑群,并以此为空间控制家族生产、采购、运输、销售的全流程产业链,形成了以盐业贸易为中心的商贸文化控制力。

(三)建筑组团与文化要素

1. 主要文化单元

真武场主要有移民文化、袍哥文化和商贸文化,三种文化单元的合力对聚落空间生成、发展产生影响。移民文化单元主要由现存较好的三处移民会馆，分别是天上宫（福建会馆）、南华宫（广东会馆）、万寿宫（江西会馆）以及一处代表移民文化的庙宇（望乡台）组成。袍哥茶馆沿灵官祠街分布，作为袍哥文化单元的空间载体对场镇事务实施管控。商贸文化单元主要分布于场镇西侧的綦江河沿线，现存的真武古渡口、马家洋房、庄园等是构成商贸文化单元的主要空间要素。

2. 重点建筑类型

1）会馆：3处，分布于场镇北部。

（1）万寿宫（图6-3-69）

万寿宫为江西籍移民修建，祀奉本籍许真君，位于真武场綦河岸边，依山傍水，坐东向西，始建于清代初期，是为了联系同乡感情，实现同乡互助而修建的会馆，原会馆外还修建旅舍、商铺，其经营所得收入拿出部分举办庙会、救济同乡等。此会馆也是江西盐商为了将自贡到贵州的盐业销路打开而修建的运盐中转站。该会馆总面阔约18米，总进深约49米，是研究清代建筑的重要实物，具有重要的历史意义。

（2）天上宫（图6-3-70）

天上宫位于真武场灵官祠组，建于清代，坐东向西，建筑面积900平方米。四合院布局，砖木结构，穿斗式五柱四穿，通高10米，风火山墙，大门墙上有"天上宫"字样。正殿面阔五间30米，进深15米，阶梯式踏道7级，素面台基高1米。

天上宫为来自闽籍的客家人修建奉妈祖之用，福建客家同乡会馆又称天上宫、天后宫、天妃宫，会馆主要为"迎麻神、聚嘉会、襄义举、笃乡情"而修造的，由山门、戏楼、内院、厢楼、正殿组成，四合院布局，占地约1000平方米，正殿中央供奉高大的"海上女神"妈祖。

（3）南华宫（图6-3-71）

南华宫（广东会馆）位于真武场灵官祠街道，目前保存最为完好，坐东朝西，海拔225.2米，始建于清朝初期，呈对称式四合院型结构，前大门两侧各建耳房一间，进大门正上方（二楼）建有戏台，进入内院建有宽

图6-3-69　万寿宫

图6-3-70　天上宫

图6-3-71　南华宫

敞的内坝，坝内上方石梯两侧建有对称的天井，院坝两侧二楼各建观赏房一通，上厅前墙系雕花木格式，正中一间为堂屋，左右各三间住房，彩柱两边各有一道通往外界的侧门。总面阔约25米，总进深约40米，大堂主楼高10余米。南华宫是来自粤籍的移民修建祀奉南华老祖之用，会馆大门门扇由厚实、坚硬的柏木做成，门枋、门檐、门槛均由雕刻精细的石料砌成，大门内是开阔的四合院布局，青石地面平整光滑，向前约20米上四五步梯是正厅大堂，用圆形木柱支撑，整体悬空、颇具气势。大梁、侧梁上精雕细刻有飞禽走兽，正厅是主要活动场所，中央供奉参拜的神像。

2）宅院：2处

（1）马家洋房

马家洋房位于真武场灵官祠居民组的綦河河畔。1920年，商人马季良在当地建起有广场、仓库、住宅、花园等设施的庄园，施工图据称由外国领事馆提供，结合了中式风格，耗时3年完工。马家洋房是一幢不完全对称式、二楼一底的仿西式建筑，原系瓦顶飞檐翘角，在"文革"中房顶被撤除，大楼楼底正中央前后开有大门，后大门通往内院，在大楼后左角建有楼梯间，并在三楼有观景阳台，左右底楼连接到后厢房的走廊，后厢房为一楼一底的砖混结构，共7间。

图6-3-72 马家洋房

图6-3-73 吴泽俊宅

院内用鹅卵石堆砌成对称式花台，体现了开埠时期的典型建筑特征，2009年被列为重庆市文物保护单位（图6-3-72）。

（2）吴泽俊宅（吴氏民居）

吴泽俊宅位于真武场灵官祠居民组，始建于清代晚期，是一栋欧式风格住宅，占地面积200平方米。该建筑为砖木结构抬梁式架梁，有仿木结构牌楼式门墙，四柱三开间，中间有一神龛，还有卷棚翘檐，棱形花窗多扇，残留有六棱形鼓镜式柱础。房屋多有破损，经过维修，现有两户居民在此居住（图6-3-73）。

3）古渡口：1处

古渡口位于场镇西侧綦河边，渡口旁的石碑上还刻有"真武渡口"的题刻，这里曾作为场镇水上交通的主要节点，承担着商贸中转的作用，真武场镇也是因此渡口得以产生发展（图6-3-74）。

4）墓碑碑座群：1处

赑屃墓碑碑座群位于檬子居民小组，该碑座群共有三个，均长2.44米，宽1.33米，高0.44米，保存完好，由真武场戴氏家族凿刻于清嘉庆至道光年间。碑座外形似龟，当地人称之为大石龟，实为传说中龙的九子之一"赑屃"。赑屃昂伸长颈，面指綦河，爬行逼真，惟妙惟肖，雕刻精湛，对研究清代石刻艺术、民俗文化、地方史志等有较高的价值。

5）其他非物质文化要素

（1）真武场的古楹联

真武场的古楹联和清代著名的巴蜀才子、被今人誉为联圣的钟云舫有关，这里许多楹联都出自联圣钟云舫之手，记录了真武场丰富的历史与文化信息。

（2）真武场黄葛树

真武场有30多株百年黄葛古树。它们形状各异，当地人根据其长形给它们取名为"猫钻树""夫妻树""姊妹树"等。最大的株在进场口处，五人才能合围树干，这树有300多年树龄，相传为康熙时期落业于此的第一批填川移民所种。

图6-3-74　真武古渡口

（四）文化要素主导真武场传统聚落的生成发展

真武场聚落空间在文化结构上呈现"多核串接式"结构，场镇北部自清代以来是受移民文化影响较为集中的区域，南部沿河是近代以来马氏家族商贸活动中心，形成了以商贸文化为主的控制力，从而产生了两个核心功能区；沿灵官祠街分布的袍哥茶馆，在近现代时期发挥其掌控场镇事务的作用，并在两个核心功能区之间从空间上形成串接式联系，三个区域之间相互渗透，在功能上相互补充与分工联系（图6-3-75）。随着社会历史的变迁，以及造成的文化控制力演进，真武古镇也出现了文化控制力核心地位更迭，新旧核心区交替的现象。

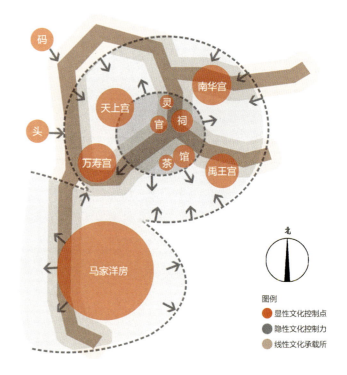

图6-3-75　真武场文化地图

五、彭氏宗祠村落组团

（一）空间布局

1. 地形地貌与聚落空间布局

彭氏宗祠村落组团位于重庆市云阳县凤鸣镇黎明村1组，位于云阳县境西南部，北距长江9公里、云阳新城18公里，地理坐标东经108°48′01.4″，北纬30°51′31.2″，海拔510米。东有邱家大包、黄岭村梁，南有三胜寒、金龙溪沟，西有金银坳，北面为拦腰丘梁（图6-3-76）。彭氏宗祠坐落于群山环抱的谷地中央，谷地高低起伏，海拔460~510米。谷地夹于由西北向东南延伸的山地中，山地海拔700~800米（图6-3-77）。彭氏宗祠村落组团沿冲沟方向顺应山势呈带状分布。

2. 生态格局与聚落空间布局

彭氏宗祠村落组团分布在479~497米高程上，农田沿464~498米等高线分布在村落组团周边的缓坡区域，村落组团所在地位于阔叶混交林带，谷地植被以低矮的灌木为主，林地沿冲沟两侧分布，彭氏宗祠外围周边植被生长繁茂，植被主要以翠竹、樟树、松柏为主，两翼山地上树林、竹林簇拥，形成环状绿色屏障（图6-3-78）。

3. 历史文化与聚落空间布局

云阳县彭氏宗祠作为全国重点文物保护单位，是由坞墙、炮楼和内四合院组成的坞与堡相结合的组群建筑，是云阳县目前保存最为完整的宗祠建筑，也是渝东地区乃至全国罕有的、集防御功能与祭祀功能为一体的宗祠建筑，其规模庞大，布局紧凑，设计巧妙。清《云阳县志》记载彭氏宗祠："迄今观者，莫不叹其魄力雄伟，非后来所能及也"。彭氏宗祠组团由彭氏宗祠、彭

图6-3-76　彭氏宗祠地理区位示意图

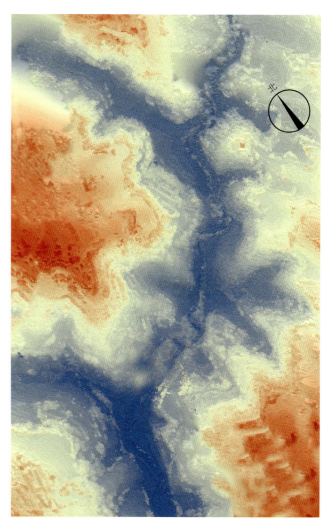

图6-3-77　彭氏宗祠高程图

图6-3-78 彭氏宗祠正射影像图

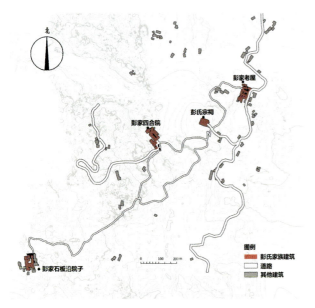

图6-3-79 彭氏宗祠村落组团总平面图

家老屋院子、彭家四合院子、彭家石板沿院子四处建筑组群共同组成。彭氏宗祠居中，建成后一直为彭氏家族集会、祭祀的场所。彭家老屋院子、彭家四合院子、彭家石板沿院子则以众星捧月之势，分布在彭氏宗祠（祠堂）的四周，分别居北、居南、居东，是彭氏家族居住场所（图6-3-79）。

清康熙三十三年（1694年），为恢复遭到严重破坏的巴蜀社会经济，清廷颁布《康熙三十三年招民填川诏》，组织倡导邻近的湖南、湖北、江西、福建、广东等地区向巴蜀地区大规模移民。据彭氏族谱记载，彭氏家族先祖于乾隆年间自湖北大冶迁居云阳南岸的泥溪甲，佣作居积，渐治农商，购田谷至百余石，至彭宗义时，励精图治，增产四千余石。随着家族人丁兴旺，积蓄殷实，为了表达对祖先的怀念和凝聚家族成员，遂兴建彭氏宗祠。彭氏家族的变迁史及彭氏宗祠修建的历史背景，见证了"湖广填四川"这一历史事件的发生及其对巴蜀地区产生的积极影响，并真实反映了这一史实。彭氏宗祠建设历史背景清晰，始建及竣工年代明确，作为当地彭氏族人集会、举行祭祀的场合，是地方历史、社会文化的重要组织形式，是思想、道德和传统构成的有机整体，承载了当地人生产生活、风俗习惯、信仰等多方面的信息。

云阳彭氏家族属清代"第二次湖广填四川"的移民，其兴旺发达从始迁祖创业开始，经历三代不断苦心经营，与周边望族终成云阳一地具有相当影响力的巨族，形成以宗族为核心的文化控制力，通过宗祠建筑以及辐射周边的重要宅院对邻近村落组团的生产与社会生活实施控制。

1）彭氏宗祠

清道光二十四年（1844年）始建宗祠，同治三年（1864年）竣工，历时二十年建成（图6-3-80）。1864年建成至1949年，彭氏宗祠由彭氏宗族自己负责管理。初建时，宗祠主要用于彭氏宗族成员集会、举行祭

图6-3-80 彭氏宗祠1

图6-3-81 彭氏宗祠2

祀活动。清代晚期至民国初期，由于社会动荡和匪患四起，彭氏族人利用宗祠险要的地势和防御作用，成为彭氏族人躲避乱世的场所。民国时期，祠内建有一所私立育才小学校。

1952年私立育才小学校交由县教育局管理，并在祠内开办黎明村村小。1987年，云阳县人民政府公布彭氏宗祠（祠堂）为县级文物保护单位。1996年，四川省人民政府公布彭氏宗祠（祠堂）为四川省省级文物保护单位。1998年，黎明村小迁出，彭氏宗祠（祠堂）交由县文管所管理。2000年，重庆市人民政府公布彭氏宗祠（祠堂）为重庆市省级文物保护单位（图6-3-81）。2013年，重庆市政府拨款对宗祠进行了抢救性保护工程，对部分墙体进行加固，更换了部分糟朽的木质构件。2013年5月，该宗祠被国务院公布为第七批全国重点文物保护单位（图6-3-82）。

2）彭家老屋院子、彭家四合院子、彭家石板沿院子

清代时期，彭家老屋院子（图6-3-83）、彭家四合院子、彭家石板沿院子始建。2009年，彭家老屋院子、彭家四合院子和彭家石板沿院子纳入全国第三次不可移动文物普查文物点。2013年8月，彭家老屋院子、彭家四合院子和彭家石板沿院子合为彭家老屋清代建筑群由云阳县人民政府公布为第三批云阳县文物保护单位。2014年，重庆市人民政府将宗祠周边的彭家老屋院子、彭家四合院子、彭家石板沿院子作为宗祠附属建筑，公布为重庆市第三批省级文物保护单位。

（二）聚落分区与空间结构

1. 分区与肌理

彭氏宗祠建筑群主要分为两个功能区：一是以宗祠为核心的祭祀、防御区域，另一个是以三处分散布局宅院以及周边农田形成的生产、居住区（图6-3-84、图6-3-85）。

2. 影响聚落分区的文化格局

彭氏宗祠建筑群属于典型的中心辐射式村落，以彭氏宗祠作为单一中心，三处彭家宅院紧密围绕宗祠分

图6-3-82 彭氏宗祠鸟瞰图

图6-3-83 彭家老屋

布,通过乡间道路相连,以便于在发生匪患时,各个彭氏居民点的族人能够撤退至宗祠建筑进行防御,久而久之,彭氏宗祠从最早作为家族祠堂的单一功能,变成了彭氏家族及周边居民的庇护所,逐渐加强了以彭氏宗祠为核心的宗族向心力(图6-3-86)。

(三)建筑组团与文化要素

1. 主要文化单元

彭氏宗祠建筑群以宗族文化单元为主体,主要由宗祠、祖屋和宅院等空间要素组成,其中宗祠是该文化单元的核心。宗族文化是中国传统社会的重要文化现象,基层宗族是血缘为纽带,为宗族成员提供经济互助、社会交往以及精神认同的社会组织。在中国传统社会,场镇和村落的宗族组织往往成为一个自治单位,在国家与基层社区之间扮演重要角色,它对接国家公权与宗族成员,实施自治管理,维持稳定的社会秩序,对重庆传统聚落空间具有重要影响。

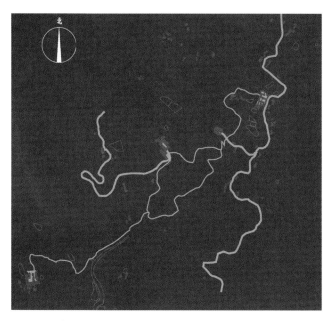

图6-3-84 彭氏宗祠空间结构图

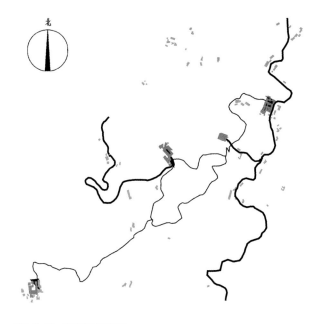

图6-3-85 彭氏宗祠肌理图

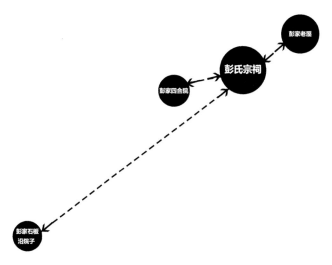

图6-3-86 中心辐射式结构图

2. 重点建筑类型

1）彭氏宗祠

彭氏宗祠坐西向东，分布在由东向西逐级抬高的三级台地上，是由内、外两重构筑物组成坞堡式群组建筑，占地面积3500平方米，建筑面积2651平方米。外围建筑由坞墙及炮楼组成，平面呈不规则形，东墙位于第一级台地上，东墙设炮楼，中部偏南设门。坞墙内建筑为四合院式布局，平面呈长方形，院内建筑以箭楼为中心，沿东西向中轴线对称分布，依次为二级台地上的戏楼、左右厢房，三级台地上的箭楼、左右厢房和院落西端正中的享殿（图6-3-87）。箭楼为整个宗祠的中心建筑，平面呈正方形，为石木结构的九层阁楼式建筑，底部六层条石砌筑墙体，顶部三层为砖木结构的三重檐攒尖顶建筑，通面阔10.50米，通进深为10.50米，箭楼通高33米，九级石木楼阁式构筑，六层以下为石砌墙体、七、八、九层为重檐木构（图6-3-88）。彭氏宗祠建造坚固，宗祠与箭楼均建于聚落附近险要之处，可为宗族成员或邻近居民提供保护，是重庆传统聚落寨堡防御体系的典型建筑（图6-3-89~图6-3-93）。

2）宅院

分别为彭家老屋院子、彭家四合院子、彭家石板沿院子等，是彭氏家族成员的住宅，宅院修建时间应早于彭氏宗祠，均为清代时期建筑，整体保存较好。以上建筑环绕宗祠分布，分别位于宗祠北侧、南侧、东南侧，总占地面积5060平方米，建筑面积3600平方米。

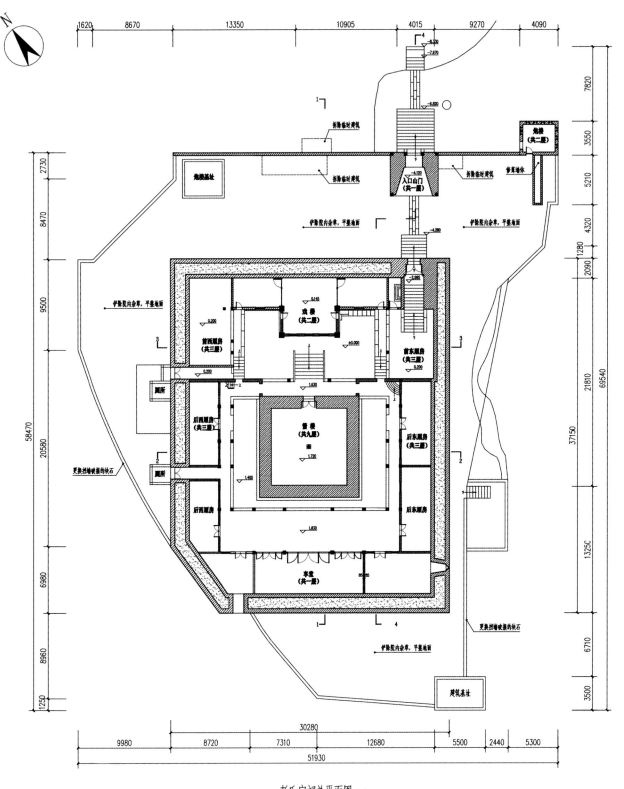

彭氏宗祠总平面图 1:200

图6-3-87 彭氏宗祠平面图

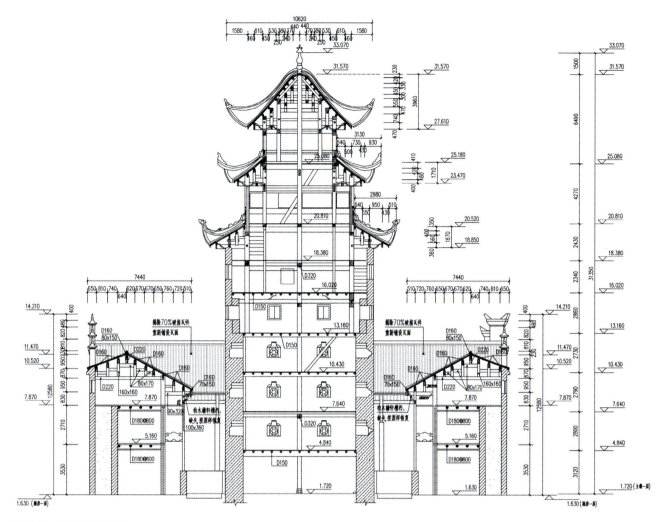

图6-3-88 彭氏宗祠剖面图

图6-3-89 彭氏宗祠三维模型

图6-3-90 彭氏宗祠入口铁皮寨门图

图6-3-91 戏台修缮前后对比

图6-3-92 享殿修缮前后对比

图6-3-93 箭楼屋架修缮前后对比

（1）彭家老屋（祖宅）

彭家老屋于清道光年间始建，平面坐南朝北，地势北高南低，现保存下来的有东、西次院、主院，三个独立的三进四合院（图6-3-94）。主院中轴线依次为门厅—戏楼—堂屋，东、西次院中轴线依次为门厅—中厅—堂屋（图6-3-95）。该院子建筑均为砖石木混合搭建，建筑室内上下两层，梁架结构较为规整。门厅以及堂屋共6个建筑，其建筑面积约995平方米，占地面积约1100平方米。彭氏老屋作为家族最初发源地，是家族分裂式发展的起点，除日常居住外，兼有支祠的功能，是本家族血缘认同的核心空间（图6-3-96、图6-3-97）。

（2）彭家四合院子

彭家四合院子平面呈矩形分布，南北长，东西短。有四个主体建筑和前、后院坝（图6-3-98）。占地面积1030平方米，建筑面积600平方米。门厅、西厢房和中厅合成前院，后堂屋和灶房为后院，堂屋建筑以山势地形而建，与前院建筑有一定的角度，为独立建筑（图6-3-99）。硬山式封火墙，青瓦屋面。

（3）彭家石板沿院子

彭家石板沿院子（图6-3-100）原为中轴线两进院，东、西各有一进院，现仅存中轴线后院。平面呈矩形，宽62.5米。进深47米，占地面积约2937.5平方米。坐西南朝东北，地势西南高东北地。由门厅（原中厅）、东厢房、西厢房、院坝（天井）、堂屋（后厅）组成（图6-3-101）。建筑均为砖石木混合搭建，建筑室内上下两层，梁架结构较为规整。

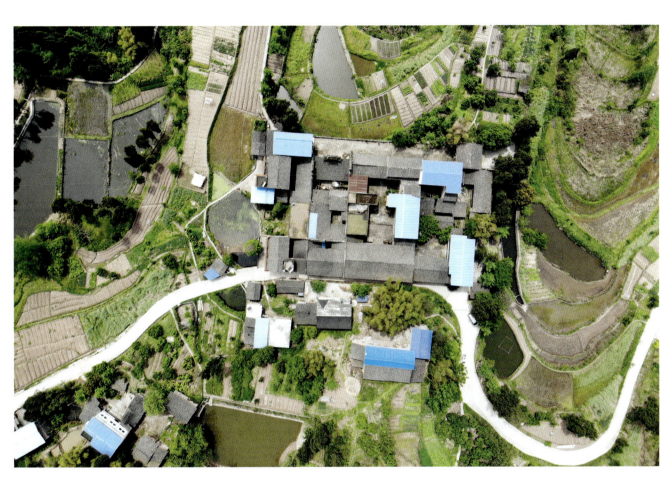

图6-3-94　彭家老屋正射影像图

图6-3-95 彭家老屋平面图（来源：云阳县文物管理所）

图6-3-96 彭家老屋整体风貌与入口牌楼

图6-3-97 彭家老屋封火墙彩瓷装饰与脊饰

图6-3-98 彭家四合院子内景

图6-3-100 彭家石板沿院子内景

图6-3-99 彭家四合院子平面图（来源：云阳县文物管理所）

图6-3-101 彭家石板沿院子平面图（来源：云阳县文物管理所）

（四）宗族文化要素主导彭氏宗祠村落组团的生成

彭氏宗祠村落组团在文化结构上呈现"中心环绕"结构，彭氏宗祠建筑作为该聚落组团的文化核心，主导各文化单元之间的空间联系，彭氏宗祠与周边院落、村落形成"中心辐射"式的结构特征。（图6-3-102）

彭氏宗祠村落组团主要存在有宗族文化、移民文化，聚落组团内部分布有宗祠、箭楼、祖宅、宅院等典型文化空间。其中，彭氏宗祠作为祭祀祖先、族人聚会、议事的场所，是凝聚宗族荣誉感和向心力的象征，是宗族文化的物质载体。宗祠作为一个宗族的灵魂核心，在传统宗法制度中具有神圣而不可抗拒的力量，其对团结宗族成员，维护社会秩序，亦具有不可低估的作用。在精神文化方面，宗祠不仅是祭祀先祖的场所，也是对族众进行封建礼法教育、处理族内事务的场所。彭氏宗祠内现存家训碑数块，其内容包括谨言、宽下、戒色、戒赌、戒争讼、戒吸烟、戒骄奢、化贪、尚实、习勤、崇俭、睦宗族、勤执业、守田宅、和邻里、慎交游、诵诗书、正心术、博施予等，对族人的训诫涉及修身、齐家和治国等各方面，实为彭氏家族内部自治管理的缩影。有规定就有责罚，在各项规定中，特别是禁令，若有违背，当受惩治，而罚戏则是惩治族人的重要手段，从而通过宗法制度，控制血缘关系的各个家族团体，并通过壮大家族势力提升社会地位。碉楼的修建使用保护民众远离匪患，成为庇护当地同族及周边居民生命财产安全的精神象征。彭氏宗族的文化控制力是该聚落组团生成、发展的主导要素，在聚落组团的分区与联系方面发挥了主要控制作用。

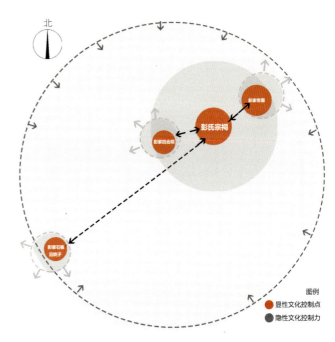

图6-3-102 彭氏宗祠文化地图

第四节 资源依赖型聚落

资源依赖型聚落的主导因素为自然资源要素，通常情况下，这类型聚落周边有着丰富的资源要素，这使得聚落的发展与周边环境呈协调共生的空间格局。值得注意的是，资源依赖型聚落和其依赖的自然资源要素之间存在显著边界。由于重庆地区矿业型场镇的兴起和发展对周边的矿产资源有着显著的依赖，很少会受到农业生产的影响，这类型聚落的收入大都是通过运输和贸易获取的，矿产资源的丰富和贸易的繁荣促使大量的外来人口流入矿产型场镇，多元化的文化使得这类型聚落的空间形态愈发地发展和独特。

重庆有着大量的矿产资源储藏，因此从古时候开始，各朝各代都非常重视开采和利用四川盆地的矿产资源，矿业经济的繁荣又有力促进了重庆的发展，并逐渐成为重庆地区的重要产业。但是因为不同地区之间的矿产资源分布有着非常显著的差异,而且开采矿产资源被技术、交通以及市场等诸多因素限制,所以从整体上来看重庆地区的资源开采型聚落的布局呈显著的散点状空间格局,这主要是因为资源开采的分散而导致的。有记载,秦汉时期,四川盆地就有58处矿产资源被开发,其中有7处铜矿、10处铁矿以及15处盐矿。矿业经济的繁荣促使矿产周边地区形成了一个个规模不等的聚落,这些聚落主要以矿业资源的开采为生计,典型的聚落比如宁厂。宁厂是有史以来,重庆地区记载最早的盐矿之一,自开采到现在已有超过4000年的历史,古时候就因盐矿资源而十分富饶和兴盛。资源开采型场镇大多地形复杂,而且作为此类聚落很少受制于传统礼法制度,所以布局相对随意自由,基本上采取的都是因地制宜的方式靠山建筑而成,再加上过街楼以及半边街都富有特色的建筑物,共同构成了特点鲜明的资源开采型场镇聚落。

相对于农业型场镇这类型自给自足的聚落,矿业型场镇主要是通过开采矿产资源并与外界进行物质交换来维持生计的,所以在选址时,这类型聚落主要考虑的就是"在哪个位置开采资源""资源的运输是否方便"等与资源紧密相关的内容,地形环境以及耕地面积问题都不是主要考虑的因素,一切都围绕着资源展开。但一旦资源的消亡,赖以生存的聚落也随之消亡。

一、宁厂古镇

(一)空间布局

1. 地形地貌与聚落空间布局

宁厂古镇位于重庆市巫溪县城北部,地理坐标为东经109°64′,北纬31°49′,大巴山东段南麓,渝陕鄂三省交界处,大宁河支流后溪河畔,南距县城10公里,东邻雄奇险峻的大关山和清澈透底的大宁河,西有明代状元罗洪先隐居的仙人洞,南接明末李自成部将贺珍坚持抗清斗争十八年的军事据点"女王寨",北毗闻名遐迩的宝源山和耸立在孤峰之巅的"桃花寨"(图6-4-1)。这个区域既是历史上的早期制盐地,也是巫巴文化的孕育地。

宁厂古镇位于渝陕鄂三省市交界的峡谷地带,南北高山横亘,东西峡谷透穿,三面板壁一面岩,是典型的山地地貌,相对高度大于200米(图6-4-2)。主要山体有宝源山、石柱坪山、二仙山、石坪山、万顷山。古镇位于秦岭褶皱系北大巴山褶皱带之南,属杨子地台缘拗陷褶皱及四川中拗陷区。由于地壳周期上升,地形高差大,暴雨多,加上长年熬盐对山体植被的破坏,两岸山体有滑坡、崩塌地质灾害。宁厂古镇身处高山峡谷,周边地势险要,镇内南北山体横亘(图6-4-3)。

2. 流域格局

宁厂古镇沿后溪河河谷内狭长地带分布,后溪河流域自东向西汇集至大宁河(图6-4-4)。宁厂古镇的地质条件在沉积盆地浅部储卤层或裸露的含盐地层中,由

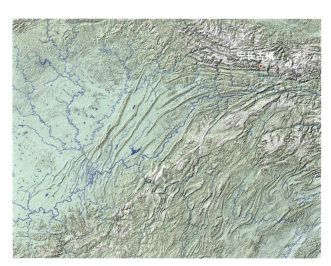

图6-4-1 宁厂古镇地理区位示意图

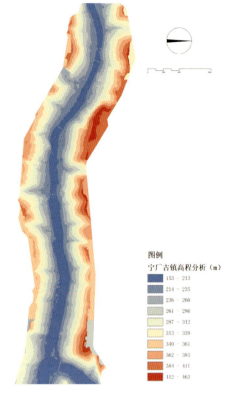

图6-4-2 宁厂古镇高程分析

图6-4-3 宁厂古镇

贸，作为盐文化的空间载体，不管是空间格局，抑或建筑簇群的风貌，无不体现出代表型的河谷带状聚落面貌。中华人民共和国成立后由于过境公路的开辟，沿后溪河北岸的组团已经不成规模，现在城镇的主要建筑布局在后溪河南岸，并且由于用地布局多分布在冲沟附近，道路、吊桥也多围绕冲沟附近的地块布置，从而形成了现在的一条主要过境公路、六个自然村的格局。六个自然村自西向东依次为：四道桥、张家涧、王家滩、衡家涧、麻柳树、呼羊坝。

3. 历史盐业资源与聚落发展

1）历史沿革

大宁河是长江中下游的一条重要支流，经盐场至巫山龙门峡入江，虽然滩多水急，但仍可通舟楫，历史上是巫盐出峡的主要交通道路，将巫盐运输至全国各地。宁厂古镇作为盐道关隘上的重镇，经历了几个不同的历史阶段。(图6-4-4)

新石器时期：盐泉的发现及开采使得宁厂古镇逐渐成形，大溪遗址"腌鱼殉葬"，所用食盐皆为宁盐。

春秋战国时期：宁盐作为重要的生活物资，成了秦楚巴等国争夺的主要目标，宁厂古镇随之成为巫国重要的经济中心。

宋代：宁厂产盐"一泉之利，足以奔走四方"。大宁（今巫溪县）设置大宁监，成为11州军监之一，即使地处深山绝壁，山多饶确，僻在夔峡深处，土地物产不及他郡，大宁（今巫溪县）仍成为巴渝最富之地，仅用盐业就足以换取其他所有的生活物资。

唐代：《四川盐政史》中的《运销》载："清雍正年间，四川始实行'计岸'授盐。由大宁盐场航运巫盐至大江，有'巫楚计岸'9处，即巫山、巴东、秭归、兴山、长阳、鹤峰、恩施、宣恩、长乐九县。"至清乾隆

于大气降水入渗淋滤，出露其中的泉水成为盐泉。[①]古镇泉眼位于后溪河的槽状河谷北岸的龙君庙处。古镇因盐而生，因盐而兴，聚落依赖于盐业资源的开采与商

---

① 周训，等. 重庆巫溪县宁厂盐泉的形成[J]. 第四纪研究，2014，34（05）：1036-1043.

图6-4-4 宁厂古镇正射投影图

三十七年（1772年），宁厂有336灶，均燃熬盐，号称"万灶盐烟"。①

元明清：宁厂古镇称为署使大监。

民国：为大宁榷税私署，隶属四川军政府盐务部。民国4年（1915年），四川设盐运使署后，大宁榷税私署改为大宁盐场知事公署。民国二十四年（1935年），大宁场长知事公署合并于盐务局。民国二十九年（1940年）后期设盐场公署，宁厂古镇成为西南地区的盐业重镇。

近年："因盐而盛，因盐而衰。"因生产工艺逐渐落后，盐泉换盐产业低下，大宁盐场出现亏损。至1992年，盐业全面停产，失去盐业的宁厂古镇逐渐走向衰落。

2）盐业经济

重庆内的盐业资源十分丰富，涵盖巫溪宁厂古镇在内的忠县涂井盐场、奉节鱼腹古盐场、云阳云安盐场和彭水郁山盐场五大盐场。②

巫溪，在巫溪历史上，"九山微水一分田"，是典型的山区农业自然经济，由于受交通的限制，致使农业长期落后，期间以开发宝源天产盐泉，奇迹般地带动地方交通运输、采煤、植桐（盐场需要大量桐油照明）、种竹（盐场需要大量篾制盐包）、商贸等业的发展，促进地方经济繁荣，成为当时财政收入的重要来源。

（二）资源对聚落分区与空间结构的影响

1. 盐泉对聚落空间的影响

白鹿盐泉的发现，成为宁厂聚落发展的主导因素，聚落街巷结构、产业布局、居住分布等在盐泉周边循次渐进展开（图6-4-5）。盐泉地处地势险要的深切峡谷，导致聚落规模扩大逐渐向两岸山体衍生。两岸沿

---

① 刘小方. 文化线路辨析 [J]. 桂林旅游高等专科学校学报, 2006 (05): 622-625.
② 李渊, 冯维波. 渝东北盐业古镇复兴途径探讨——以巫溪宁厂古镇为例 [J]. 重庆建筑, 2019, 18 (01): 14-17.

图6-4-5 聚落沿两岸平行分布

图6-4-6 聚落沿山体垂直分布

河建筑分布于高程200~250米之间，从山脚至上依次建造，建筑层层、依山旁，彰显出高山峡谷聚落丛生的整体风貌（图6-4-6）。

2. 盐业生产对聚落空间的影响

为了制盐的便捷，由白鹿盐泉为发展起点，向东西发展为三个盐厂车间与大小不等的制盐作坊。

生产区以制盐车间为中心展开，方家大院、沈家大院、向家老宅、秦家老宅、白家老宅、陈家老宅和明家老宅、盐工俱乐部等共同组成以生产为主的功能组团。在公私合营前，宁厂基本上家家都配有盐池和盐灶，兼具居住和生产功能（图6-4-7）。

生活区是在生产区后的工人日常生活区，建筑空间变化丰富，是以宁厂供销社为主的20世纪80年代建筑风貌与沿河的吊脚楼风貌（图6-4-8）。

衙署区地处宁厂门户，自清乾隆年间起，历代重要署衙机构主要集中于该地块，从清代的盐衙署、盐场守备署、把总署、演武厅、火药器局，到民国时期的大宁知事公署、盐税局、场警、大宁盐场公署等无不于此。接官亭、麻柳树、盐大使署既是原署衙区，又是整个宁厂古镇的门户、入口区域。

其中三大区域中又由多个冲沟组成，分为自然形成的点状聚合的四道桥组团、张家涧组团、王家滩组团、衡家涧组团、麻柳树组团、呼羊坝组团等6个小组团。整个空间在聚拢与散开中不断变化，形成了丰富的空间层次（图6-4-9）。

3. 盐业贸易对聚落空间的影响

1）街巷格局

河谷南端用地狭窄，主街巷沿河道外侧形成半边街形式，数个埠头下至河边，便于上下货物（图6-4-10）。建筑临内街而布，成为场镇生活生产的主要商贸

图6-4-7 盐工俱乐部

图6-4-8 宁厂古镇供销社

（a）半边街　　　（b）双面街

图6-4-10 宁厂古镇街巷

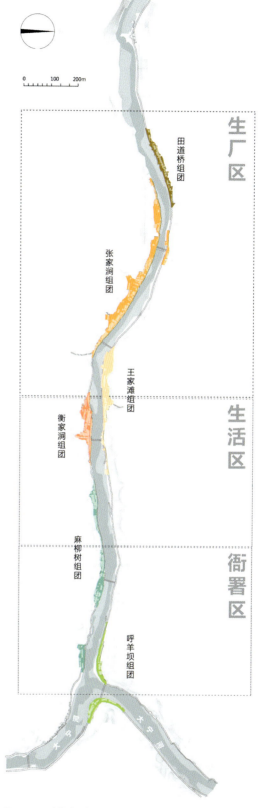

图6-4-9 功能分区与组团结构

空间。街巷结构与河流平行，街道宽度仅为2米左右，一条主街连通串接六个组团建筑区。不仅承载了重要的水陆转运功能，其后也转变为生活生产多重功能的场镇开放空间，建立起盐业生活的环流网络和步行通道，约3251米（总长），分为三段街道：生产功能为主的盐源街生产街；生活功能为主的中心街；衙署功能为主的解放街。除三条街巷外，建筑之间驻台建屋、比屋连甍，又产生爬坡巷道。街巷结构往后方山体延伸而成鱼骨状（图6-4-11）。

宁厂古镇丰富的空间变化与通达的街巷空间，体现出河谷型聚落中巧妙利用地形而形成的空间系统，在用地局限的山地与沿河空间之间生长；空间收放有致，建筑与街巷关系紧密。街景轮廓灵活多样，建筑与街巷空间的衔接形式极富变化（图6-4-12）。

2）建筑空间

宁厂古镇建筑的占地面积较小，多利用占天不占地、上宅下店的建筑形式，或垒石成墙夹木建屋，或平地而起悬挑而出。当地建筑多用石垒墙体，中间穿斗木构建筑，

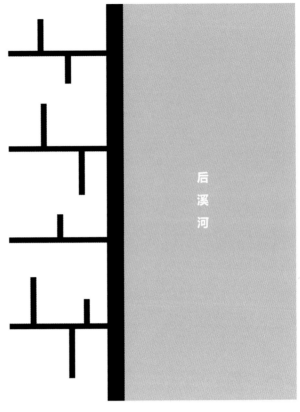

图6-4-11 街巷结构简图

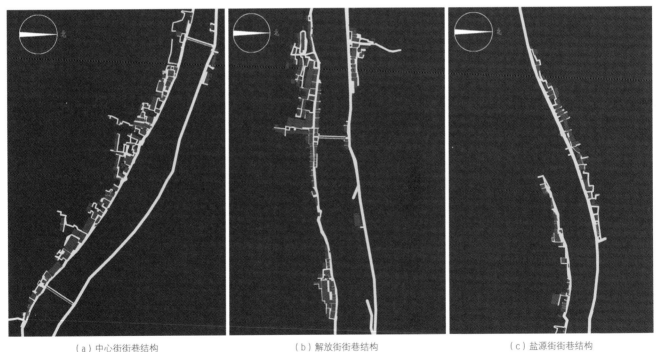

（a）中心街街巷结构　　　　　（b）解放街街巷结构　　　　　（c）盐源街街巷结构

图6-4-12 宁厂古镇街巷结构图

也有木构吊脚楼、过街楼、中华人民共和国成立后盐厂建筑等其他建筑类型。

吊脚楼主要分布在生产街中段、后溪河沿岸，建筑下部有涵洞穿过（图6-4-13）。过街骑楼位于生产街东端，建筑组群是七里半边街空间形态最为丰富的地段之一。过街楼多为两层双坡建筑，在大山与河流之间。建筑群屋面层叠起伏，天际轮廓线处于一种连续的动态变化中；层次丰富的灰空间，或窄或阔或转，随地形高低起伏曲折，成为居民户外休息、闲聊场所之一（图6-4-14）。

盐场建筑群为巫溪县盐厂的一部分，位于后溪河的北侧、宁厂古镇中段。其中，炉灶的改建于1954年完成，其余宿舍楼等附属建筑的建成年代略有差异。厂区两岸树木稀少，山上岩石时有坠落，损坏房屋或砸伤人畜。小河狭窄，对岸的人可大声交谈。河水冬枯，深有丈许。该厂区前临后溪河和至县城的公路，背靠大巴山南麓，成线状发展，用地比较紧张。该厂区共有4个车间，靠近公路一侧为宿舍楼等附属建筑，现有居民居住。车间内炉灶大多已经损坏（图6-4-15）。

4. 盐运输对空间的影响

1）码头

宁厂古镇在公路未修建前，宁厂的盐制品、熬盐的燃料、当地居民的日常生活用品以及出行交通，均要依靠河运解决，所以水运是宁厂最为重要的盐运通道，因而沿河两岸留下了许多码头。码头是进出镇内外的主要门户，又是镇内外信息交流的重要渠道，所以其独特的地位无可替代。宁厂古镇曾经有108个码头，码头文化在古镇历史文化中占有很重要的位置。随着盐文化的衰落，码头也失去了其使用功能。客运码头，位于今王家滩呼羊坝处，北岸居民渡河需乘船；货运码头，衡家涧处有一盐运码头，主要是运送盐制品，也兼运其他货物；煤运码头：在王家滩灶区、沙湾灶区、张家涧灶区等均配有自己的煤运码头（图6-4-16）。

2）大宁河古栈道

《古代的巴蜀》中称："古栈最早见于秦汉时期。"是指最早通往湖北、陕西邻近县的盐大道。大宁河古栈道以宁厂古镇为中心，向竹溪县、城口县方向为北上段，向巫山县为南下段。栈道纵横交错，连接各个山道系统，形成丰富的交通网络（图6-4-17）。[①]

（三）盐业资源对建筑空间的影响

宁厂聚落属于带状散点分布式结构，受限于落差超过200米的峡谷地形地势，聚落以盐泉为发散中心，其他文化单元主要根据用地条件呈散点式分散分布。盐业生产型传统聚落功能较为单一，主要依托盐卤资源的分配和生产需要来构建聚落空间，其他文化单元的空间布局需要服从盐业生产的基本需要，从龙君庙呈带状衍生，其聚落空间的文化结构往往也呈现散点分布式的特点（图6-4-18）。

1. 主要文化单元

宁厂聚落属于资源型商贸与交通文化单元，是重庆传统场镇聚落空间的文化结构基础，主要由商铺、盐坊、码头、桥梁、驿道、码头等空间要素构成。商贸交通是场镇的基本功能，场镇是商贸与交通的结合点，交通运输业者、工商业者、手工业者及雇佣人员在以上场所进行商贸、运输等活动，商贸交通文化单元内容形态丰富，是宁厂聚落空间的主体，属于场镇文化格局中的基本功能区域。

2. 重点建筑类型

宁厂古镇的建筑以白鹿盐泉为发展起点，建筑依附

---

① 赵万民. 宁厂古镇[M]. 南京：东南大学出版社，2009：6.

图6-4-13 吊脚楼

图6-4-14　过街楼

图6-4-15　三车间盐场遗址

图6-4-16 中心街码头

图6-4-17 宁厂古镇古栈道

于大大小小的盐场作坊建造。民居建筑平面多结合卤水水池建造，居住建筑与生产建筑各有分布。

1）龙君庙

龙君庙遗址位于宝源山麓，今宁厂镇张家涧居委会地，与原宝源寺相邻。原庙为并列正殿5间，中为龙君殿，左一为观音殿，塑有普陀二十四诸天和泥塑《西游记》戏文浮雕，下塑十八罗汉；左二为火神殿，火神三头六臂；右一为文昌殿；右二为山神殿，山神七手八脚。中殿门外上方为青花碎瓷组合的"龙君庙"3个大字。殿两端各一楼房；左为酒楼，上书"观今"，右为戏楼，书有"鉴古"。楼内设置典雅，书案桌椅齐备，字画点缀其间。戏楼后院，盐泉洞口，泥塑"逐鹿得泉"形状，即白鹿在洞口仓惶欲逃，回头惊看，猎犬腾空追逐，猎人手挽火绳，持枪欲射，彼此相距咫尺。侧为龙池分水孔。龙池石崖上，有嘉靖乙卯年镌刻"白鹿盐泉"大字。右边石上刻"黄金玉洞"，左边石上刻"宝源天产"，为崇祯甲申关中张惟任题。[①]

1958年被拆毁，至今仅存部分遗址与盐泉龙池，龙君庙白鹿盐泉由山洞口跌落至龙池，从地下流出后由有孔的踏板均分而出，靠近龙池的一根柱子上刻有"巫溪县大宁盐场国营龙池于一九五三年九月"字样。现存遗址由两个坡屋顶拼合构成（图6-4-19）。

2）吴王庙遗址

吴王庙是宁厂古镇现存的重要寺庙建筑遗迹，宁厂古镇范围内历史上寺庙众多，载入清代《大宁县志》的就有龙君庙、宝源寺等20余处，但大多已损毁，吴王庙是目前建筑遗迹保留最为丰富、完整的一处（图6-4-20）。

吴王庙始建年代久远，据传是由"湖广填四川"来宁厂谋生的18姓共同筹建，供奉吴王、药王、财神三位神祇。在清光绪十三年（1887年）《大宁县志》收录

图6-4-18　宁厂古镇总平面图

---

① 巫溪县志编纂委员会. 巫溪县志 [M]. 成都：四川辞书出版社，1991：621-622.

图6-4-19 龙君庙

图6-4-20 吴王庙

的"吴王庙"条目下,由于寺庙损毁等原因,详细资料已"不可考"。吴王庙原建筑几经损毁修缮改建,据调查了解清末曾作为刘氏宗祠,1940年由黄州会馆资助改扩建为小学,中华人民共和国成立后还曾作为区公所的一处办公地点。

3)方家老宅(董家盐号)

据当地人陈述,方家老宅在工业时期曾是当地有名的董义太盐号。后来经济萧条,由方姓人家入住才得以更名为方家老宅。方家老宅位于生产街87号,建于1949年,建筑平面中轴对称。建筑平面体现了建筑与自然的融合，上下两层台地分别形成院落，结合后溪河，用建筑形成了河面到山地的过渡。建筑总平面反映了建筑与地形的结合，建筑平面位于一台阶之上。建筑后从台阶与二层相接，顺应山地，结合台地，形成两层建筑空间。房屋一层经改建，部分为石材面。二、三层仍是木质结构，有部分木雕（图6-4-21）。

图6-4-21 方家老宅

4）秦家老屋

秦家老屋位于宁厂七里半边街的西端，建于1920年，曾为盐厂生产作坊之用。建筑结构是典型的穿斗式建筑，建筑平面结合盐池设计，建筑后部有一卤水池，是建筑的核心。秦家老屋是具有明显地方特色的建筑，是宁厂有代表性的木构建筑之一。秦家老屋同周边环境结合自然，后院紧靠崖壁，崖壁中修建有一防空洞。建筑木雕精美，后因遭受浩劫，部分装饰和家具被损毁，又因修路，前院部分变成了路基，但整体仍然完整，结构精巧，现已无人居住。

5）向家老宅

向家老宅位于七里半街东段，由向仲询创建于清末，初为盐灶，后置田产，办煤窑，开商号，经营规模逐渐扩大。向佑文管理时期，向恂记发展达到顶峰，经营项目涵盖采煤、制盐、种植、商业、运输等，形成完整产业链条，家族资产发展到拥有田产780多亩（收租粮35万斤）、煤矿2座、盐灶5座。1956年公私合营后，向恂记盐灶成为盐厂二车间的一部分。向家老宅建筑平面为三开间，一层结合卤水池布置，二、三层为制盐工人居所。建筑三面有廊，基础为短柱上架梁板。平面布局规整，主体建筑突出（图6-4-22）。

6）古栈道遗迹

古栈道遗留的石孔，分布于大宁河沿岸绝壁上。此栈道以宁厂镇为中心，分为南下段和北上段。南下段从宁厂镇起，沿大宁河右岸南下，至巫山罗门峡口，全程旧称270里，岩壁上现存栈道架木石孔6800余个。

图6-4-22 向家老宅

《舆地广记·图经》载:"汉永平七年,尝引此泉于巫山,以铁牢盆盛之,水化为血,卒罢其役。"清光绪年间的《巫山县志·古迹》载:"石孔,沿宁河山峡俱有。唐刘晏所凿,以引盐泉。"南段栈道属汉唐时置览引卤所用。实地考察,石孔排列呈倾斜水平线,符合置筑引卤要求。

北上段栈道从宁厂镇治大宁河上游西溪河及主要支流东溪河北上,至湖北竹溪县羊角洞、陕西镇坪县大河乡母猪洞和小榆河,四川城口县东安乡亢河一带,在一些绝壁险岩处,凿有大小不等的建栈石孔,栈道连接山路,纵横交错,不下千里,形成一个庞大的栈道网。北段栈道是多条路,创于何时,不见记载。千百年来,栈道逐步为环山道和凿岩辟道取代。①

7)盐卤分孔遗迹

遗迹位于今宁厂镇张家涧居委会地,后溪河北岸,原龙君庙旁。现今池废,泥沙淤填。池顶为木板所盖,上为一居民住房。铁质横板渐剥蚀,卤孔保存完好。

(四)盐业资源要素主导宁厂古镇的生成发展

宁厂古镇地处大宁河的峡谷区域,地形高差大,地势陡峭,农业用地缺失。聚落"因盐而生",盐泉的发现与盐业的形成对于聚落发展起着决定性作用。使得地处偏远的宁厂聚落不断地吸引交通贸易往来与人口,成为地区经济中心。形成以后溪河为主导,支巷成鱼骨状结构,主街与水平行的带状格局。街巷空间由半边街为主往纵深延伸拓展,形成丰富的内部空间变化。建筑组团向东西向衍生,形成吊脚楼、过街楼等山地建筑。1992年,古镇自随着盐业的停产,唯一维持生计的资源生产链崩塌,聚落逐渐衰败。

二、云安古镇

(一)空间布局

1. 地形地貌与聚落空间布局

云安古镇位于重庆市东北部的云阳县,地理坐标为东经108°85′,北纬31°05′,属于长江一级支流汤溪河流域。该区域为四川盆地边缘的峡江河谷区,岩溶地貌发育强烈,是典型的喀斯特地貌,受华蓥山、方斗山弧形褶皱体系和大巴山褶皱带控制,地质构造以褶皱为主,断裂规模很小。褶皱形态以宽平的屉形向斜和狭窄的高背斜相间排列,组成隔挡式。山脉整体呈东西走向,地势东高西低,最高海拔1797米,最低海拔20米,相对高差达1777米,地形起伏强烈(图6-4-23)。②

聚落选址在汤溪河下游的左岸河滩上,地处渠马向斜、䃎村背斜的结合部,高程分布于138～465米之间,受东、南、西、北各方地质应力的挤压和影

图6-4-23 云安古镇地理区位示意图

---
① 巫溪县志编纂委员会. 巫溪县志[M]. 成都:四川辞书出版社,1991:621-622.
② 李娜. 延续文脉的三峡库区城镇公共空间研究[D]. 重庆:重庆大学,2009.

图6-4-24 云安古镇高程分析

图6-4-25 云安古镇正射投影图

响，形成四面衔山、南北一缝、高低悬殊的独特地形（图6-4-24）。

2. 流域格局

得天独厚的水利资源为盐业贸易生产以及运输创造了天然的空间条件。该聚落所处的汤溪河流域是长江上游的一级支流，发源于大巴山南麓巫溪县。河流由北向南，上接沙坨、江口，流经南溪、云安等镇，最终在云阳县小河口注入长江，主河道长约104公里，控制流域面积约1707平方公里，总落差约为2061米。[1] 河流走向与山脉走向略呈水平排列，河流形态呈鱼骨状，独特的水文条件形成丰富的地表形态，如冲沟、深切峡谷、冲积扇、山间平坝、山间槽谷等地质景观。

云安古镇地处华蓥山、方斗山弧形褶皱体系和大巴山褶皱带的交界处，整个聚落位于河谷地带，东西高山横亘，南北峡谷穿越，是典型的山地地貌（图6-4-25）。

---

[1] 黄志文，魏炳乾，史丹，夏双喜，向泽君. 弯滩河水能计算及梯级开发中电站装机容量的确定[J]. 黑龙江水专学报期刊，2006.

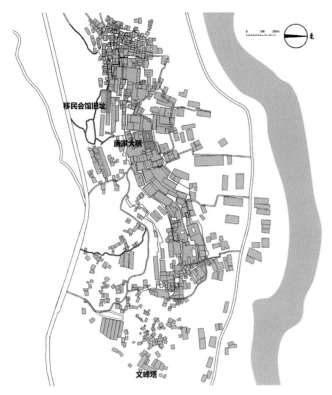

图6-4-26 云安古镇总平面图

聚落沿河流分布，地势北低南高，总面积约为29.78公顷，聚落坡度约18°，整体坡度较陡，逐渐向河道倾斜。聚落距离河流较近，交通十分便利，除运输的便利外，河流的下切使得卤水更接近地表，盐资源容易被人们发现，利于盐矿的采集。依靠盐业的发展，盐矿资源对聚落的形成与发展乃至衰落起到了决定性作用，使得云安聚落成为典型的资源依赖型聚落。

资源对古镇的影响。云安古镇能够成为川东地区人类历史的发源地和文化的摇篮得益于盐泉的发现和开采。云安是古书较早记载盐岩露出地表的地点。与传统取卤的方式不同，在尚未发明和广泛使用铁器的时期，通过钻井取卤是异常艰难的，尤其是在崇山峻岭的川东地区。云安古镇地处的河谷平坝，四面衔山，汤溪河河流下切使得盐矿更接近地表，因此这种容易发现、省力省物的自然露头的盐卤成为川东地区人们优先利用的对象，所以云安古镇的聚落选址在近江边靠近水系的地点（图6-4-26）。

盐业的发展带动了贸易的发展，各地客商运来各地特色货物以交换云安盐，聚落依靠因盐而生的商品交易来获得古镇的生活物资，因此带来了大量外来迁移人口。

3. 历史盐业资源与聚落发展

1）发源期

云安是一个具有2000多年历史的工业古镇，故名汤溪，云安汲卤煮盐的历史最早可以追溯到汉高祖元年（公元前206年）。据《汉书·地理志》所记，巴郡设置的唯一的盐官就在今云阳县，县城也因盐由万户驿迁至汤口（今云阳镇），说明云安取卤制盐已经初具规模。[①]

至唐朝初期，云安已经形成街市，有主街一条，小巷数条，除熬盐厂房外，有居民近百户，为食盐生产、运销服务的商号有近10余家。云安的产盐量在长江沿线常居高位，人口持续增长，带来了古镇的日渐繁荣。五代十国至宋朝，古镇的盐业持续发展，北宋熙宁四年（1071年）划为安义县治，云安成为工业、商贸重镇。

2）发展期

到了明朝末年，因为战乱熬盐工人纷纷逃亡，商业急剧萎缩，居民避乱他乡，城镇濒于消亡。清顺治初年，战乱初平，逃亡盐工、居民渐归，盐场逐渐恢复。朝廷进一步放宽政策，开展"川盐济楚"活动，鼓励外籍人士到云安开井煮盐，一时间各地人士纷至沓来，古镇商贾云集，人声鼎沸，带动了云安的开发热潮。到清乾隆年间，来自江西、湖北、陕西、湖南等省的外籍商户，以陶、郭、周、林等10个姓氏家族为代表，集资到云安开发盐业，工厂规模扩大，成为全省

---

① 赵逵. 川盐古道的形成与路线分布[J]. 中国三峡期刊, 2014.

（四川省）有名盐场。盐业兴起，带起粮油、棉布、食品、百货、屠宰、医药等与盐业相关的各行各业的渐次繁荣，云安古镇达到了发展的高峰时期，其商业街市就有黄洲、江西、陕西、公平等多达十余条。

进入民国时期，城镇建设进一步发展。抗日战争爆发后，大量人口南迁涌入云安。川盐第二次济楚，刺激盐业以及相关的各行各业迅猛发展，工人和居民增加万人，商号近500家，汤溪河两岸的大小客栈、饭铺、茶馆、肉铺、杂货铺鳞次栉比，往来商人络绎不绝，靠食盐营生的就有十几万人。此时的云安，场镇功能已经发展健全，聚落场镇的发展又到了一个鼎盛时期。

3）衰落期

中华人民共和国成立后，云安由乡级镇发展为区级镇，辖八个居委会。1959年，云阳至江口公路通车，结束了云安盐全靠人力运输的历史。到20世纪90年代，古盐泉逐渐枯竭，盐厂亏损严重，后在1999年被万州索特集团公司收购。2003年因三峡水利工程的修建，云安盐厂被迫停产，流淌了两千余年的古老盐泉从此告别了制盐的历史舞台。

云安作为盐道古镇分布在江河边上，自古依靠便利的水运交通得以发展，三峡水利工程的修建对云安古镇产生了致命性的打击。云安繁盛时曾有"九宫十八庙"，人口有近十万人，商业店铺鳞次栉比，车水马龙往来不绝。如今的云安古镇大部分已被淹没，多数居民搬迁至新云阳县，老城只余移民后剩下的衰败与破旧，当初带来滚滚财源的盐井早已被杂草残壁所掩盖，遍地的古迹非倒即塌，只剩下山腰上几条未被淹没的老街，青石板沿着台阶有序地排列着。面对无人问津的街巷，还能让人依稀联想到古镇当年的风貌。因江河之便兴盛的产盐大镇，最终也因江河之变而衰败没落（图6-4-27）。

4. 盐业资源分布与路线运输

据文献记载，云阳、万县一带储藏着巨大的盐盆，深埋于万县复向斜中3000米左右，盐盆大致呈东北至西南向展开，西南端起于忠县拔山寺以南，东北端止于云阳以西，西北和东南分别以云阳黄泥塘、云安镇背斜和大坪山至方斗山背斜为界，延绵长度近100公里，宽25～30公里，盐体展布面积2700平方公里，盐盆地质储量为1500～1600亿吨。[①]

图6-4-27　云安古镇遗址

---

① 重庆索特集团有限责任公司. 探索发展的重庆索特集团[J]. 盐业史研究，2003.

图6-4-28 云安盐的水陆交通运输路线示意图

云安古镇的盐井位于汤溪河畔，盐场生产的盐以及盐业生产的其他所需物品，主要通过水路向外运输。除了水路之外，以人力背负的陆路密布其间，也称"盐大道"，水路和陆路以盐场为中心向四方辐射（图6-4-28），是食盐外运不可或缺的交通条件。

云安古镇是川盐古道中重要的盐业生产地之一，根据史书记载，其主要水路交通为：云安之盐顺汤溪河经云阳进入长江，再沿江向东经万县、奉节、巴东、新滩、宜昌等盐运码头，进入湖北地区。

陆路交通为：由云安盐运码头出发，翻越齐跃山脉，经利川、恩施到宣恩，再经咸丰—来凤—张家界，最终进入湖北、湖南地区，与历史上自贡川盐经过川江到达武陵山区的川盐销楚的主要路径贯穿一起，形成遍布鄂、渝、湘交汇地区的盐运交通网络。

以水、陆交通配合运输，水路主要是长江、清江、酉水，这与鄂西主要山脉东西走向相对应。陆路交通是连接各江运码头的重要陆运路线，它与山脉垂直，翻山越岭，路途险阻，与水运交通一起形成贯穿鄂西地区的主要盐运网络。也正是由于大山之中形成道路不易，一旦成形，便少有改变，因此这些盐道成为川东地区内部联系及对外交往的重要通道，而鄂西南地区许多聚居村落，也大多沿着盐运交通网络分布。

（二）聚落分区与空间结构

云安古镇在三峡大坝蓄水后，其聚落主要部分已被淹没，大多数物质资料已经不可考究，现今只能根据曾经的历史影像以及残存的建筑遗迹进行聚落研究。通过对比蓄水前后的差异，以两个时间点来说明云安古镇的兴衰发展。

1. 2004年（蓄水前）

通过对2004年三峡水库蓄水前的云安古镇街巷结构图（图6-4-29）的分析，可以得知云安古镇的街巷主要由沿江的几条西北—东南走向的横向街道以及由聚落内部向河滩江面竖向延伸的纵向街道共同构成古镇的主体骨架结构（图6-4-30）。平面形态上，云安古

图6-4-29 云安古镇蓄水前街巷结构图

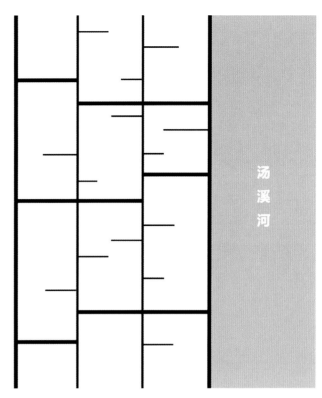

图6-4-30 街巷结构简图

镇的街巷布局顺沿汤溪河水流走向伸展蜿蜒，整体呈"S"形；竖向空间中，因山势盘旋而上，呈带状爬山式。聚落沿等高线东西向分布，建筑与山地相互融合，呈现出大聚居的稠密肌理。

资源型聚落的形成和发展全部围绕资源的开采、运输是否便利来展开。大型盐业工厂在靠近汤溪河的开阔冲积平坝上，平缓的河滩利于盐矿资源的开采生产。云安古镇在汤溪河沿岸设立多个码头，上下货物直接对接厂区，便于盐资源走水路运输。该区域是云安古镇最重要的生产区域。

河谷陡崖高差变化剧烈，用地十分有限，出于对盐矿资源的依赖，聚落建筑布局优先考虑生计用地，将为数不多的河滩平坝让给盐业加工生产，其他居住、商业等建筑退让到河滩之上的陡崖。在陡崖上利用有限的空间进行建设，因此聚落建筑整体呈现出一种"高密度"的聚集倾向。古镇建筑面朝汤溪河，沿等高线排列分布，建筑模式多为"一"字形、"L"形排屋，少数"U"字形以及"回"字形院落，分布十分紧凑。建筑与山地相互融合，建筑根据地形灵活构筑，互相因借而成，最后形成带状的簇群式布局（图6-4-31）。

2. 蓄水后（2020年）

三峡大坝蓄水后，汤溪河水位上涨，将聚落河滩处的盐业生产厂区尽数淹没，聚落赖以生存的盐矿资源也被迫沉于江中。生计资源的消失，连带着相关产业的停业，几乎所有原住民相继迁离云安，古镇逐渐衰落。赖以生存的盐业资源消失后，聚落中余下的居民为了生存只能另寻其他生计，将聚落中许多废弃房屋发展成为自耕地，进行农业生产维持生活。从2020年拍摄的云安古镇正射投影图可以看出，原本紧凑的建筑布局现已变得松散，古镇建筑相继倒塌，余下的房屋零星分布，呈现出"散点"状的布局形态（图6-4-32）。聚落现有肌

图6-4-31 云安古镇蓄水前肌理图

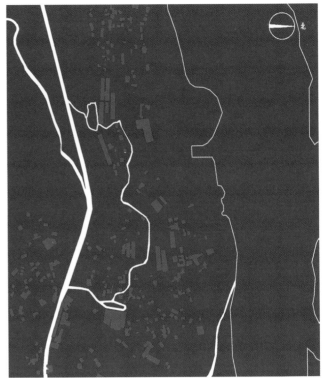

图6-4-32 云安古镇蓄水后街巷结构图

商鄂帮李姓人氏集资修建，为重阁式砖木结构建筑，是湖北黄州同乡会会馆。除此之外还有炎帝宫（湖南人的会馆）、万寿宫（江西人会馆）等移民会馆。

2. 宗教文化重点建筑类型

1）文峰塔

文峰塔位于云安马岭山麓杉树林宝塔湾，始建于明代，清代咸丰年间盐大使陈廷安曾筹资维修。全塔属六边形砖木结构，共7层，通高25米，底座为石，塔身为砖，塔内用木修建旋梯，直到塔顶。塔身呈六边形，每层六面均为精美的绘画浮雕，每层檐口均挑角，形成优美的曲线。塔顶为六角攒尖式，塔顶六面饰以铜镜，相传塔顶藏有珠宝、舍利等物。

2）文昌宫

云安镇建设最早的道观之一，址在今衙门口居委会境内，明朝末年因战乱毁坏。清道光十八年（1838

理已经较为残破，难以识别完整格局（图6-4-33）。

（三）地方典型建筑

1. 移民文化重点建筑类型

帝王宫

遗址在江西街境内，始建于清咸丰年间，由云安盐

图6-4-33 云安古镇蓄水后肌理图

年),盐场大使王名捐资在今云安中学教师宿舍址重建。清光绪二十四年(1898年),王名之孙云安盐场大使王寿桐捐廉修缮。文昌宫为三进四合院宫殿式,砖木结构,主要供奉文昌帝君。

3)滴翠寺

渝东著名佛寺之一,始建于明代,原名滴水寺,清代时更名"滴翠寺",号称"十方丛林"。该寺立于山腹一突兀处,下临汤溪河,背靠高山峭壁。古寺依山而建,为砖木结构重阁式,占地千余平方米,有佛寺、面溪小亭等建筑群。入寺需经千级石阶,拾阶而上,山门额书"云崖滴翠"四字。滴翠寺周围林木参天,常年有清泉从山腹突兀处凌空滴下,清代方延桂诗云:"层崖叠壁自玲珑,触石但见珠跳空,天下奇观更何处,谁言别有水晶宫",赞扬了滴翠寺的奇妙之处。

4)东岳庙

东岳庙俗称东王庙,面积约300平方米,于清乾隆后期由云安盐商张姓人士在陕西帮中集资修葺。属重阁宫殿式三进四合院砖木结构,主要供奉东岳大帝。民国时期,将东岳庙改成镇公所办公地。

3. 宗族文化重点建筑类型

唐家大院

唐家大院(图6-4-34)位于云安古镇东北处,紧邻白兔井,现有建筑较为残破。该院落为两进四合院,院落延中轴线布局,院落东西长约23米,南北宽40米,占地面积约920平方米,建筑总面积约1900平方米。建筑主体为砖木结构,平面布局呈"品"字形,为双坡面两层木柱外廊形式,山墙面为木作穿斗结构,下方为木枋装板,上部为白灰抹面,入口为"八"字形朝门,高墙深院。

4. 其他文化空间

1)白兔井

云安曾是称雄巴蜀、闻名遐迩的古盐都,凿井汲卤煮盐从秦汉时期开始,以"白兔井"的诞生为标志,至今已有两千多年,白兔井也是世界上最古老的盐泉(图6-4-35)。公元前206年,汉王刘邦为招收巴、蜀入定"三秦",率樊哙由东乡(今宣汉县)入朐忍县(今云阳)募兵招贤。相传刘邦与樊哙在云安射猎,追逐一只白兔时,在草丛石缝中发现有一股盐泉缓缓流出。于

图6-4-34 唐家大院

图6-4-35 白兔井

是刘邦令隐士扶嘉掘井汲卤煮盐，在露出地表的自然泉眼处继续向下挖掘，直到卤水丰涌而出，在盐泉周围用土石围筑成井口，建成了云安第一口卤井——白兔井，从此拉开了云安汲卤煮盐的历史序幕。扶嘉去世后，其女依嘱顺卤脉增掘九口盐井，井盐产量逐步扩大。此后，人们世世代代陆续开凿盐井，据考古发掘发现，云安盐井多达500多口。这其中许多井在使用若干年后，或因卤水改道，或因卤水变淡，或因山洪浸灌而被废弃。只有白兔井历经两千多年而始终卤水丰溢，直到1987年，盐厂使用万县高峰浓卤后才寿终正寝。白兔井为云安盐业发展作出了巨大的贡献，白兔井是世界上最古老的盐泉，也是中国历史上使用寿命最长、保存最完好的大口径浅井，在我国的盐业发展史上占有重要地位，具有很高的历史研究价值。[①]

2）牮楼

始建于清嘉庆年间，由陕西盐商筹资修建。该建筑位于古镇的中心，高5层，呈长方形布局，占地面积约1000平方米，建筑面积约190平方米。外墙门用条石加青砖垒成，里面用木料隔成楼层，木制旋梯直到顶楼。顶楼为塔式攒尖，覆盖小青瓦。顶楼有柱无壁，视野开阔，便于观察火警，内悬一大铜钟，为清道光十六年（1836年）铸造。该楼主要用于报时以及报告火警。

（四）盐业资源要素主导云安古镇的生成发展

云安古镇因其丰富的盐业资源促使聚落产生与发展，其生计方式主要依赖于盐矿资源。伴随盐矿资源的衰竭，与盐业相关的一系列产业也相继瓦解。原住民迫于生计几乎全部搬离古镇，聚落急剧衰落。余下的少部分居民为了维持生活，转而依靠农业与其他劳作方式，将部分房屋拆迁改为耕地，农田零星穿插在建筑之间，但是由于用地的限制，耕地规模难于继续扩大。生计方式的改变导致了如今云安古镇破碎的肌理，较明清时期而言，聚落格局发生了重大转变。

---

① 肖敏. 悲壮云安三千年[J]. 西部观察期刊，2005.

第一节　重庆传统聚落的发展现状

一、重庆传统乡村聚落出现资源向城镇集中的趋向

主要表现在人口和土地资源上，这大多是受到城市化和工业化的影响。改革开放促使重庆的社会经济进入全面发展的时代，工业化、地方分权化和市场化等共同的影响下，重庆的城镇化明显加快速度。由重庆统计年鉴数据显示，城镇化从1996年的29.5%到达了2018年的65.5%（图7-1-1），并且重庆乡村常住人口数量逐年下降严重（图7-1-2）。

城市化意味着人口、土地和其他资源会逐步集中于城镇，乡村的作用力极大消减，主要表现在以下两个方

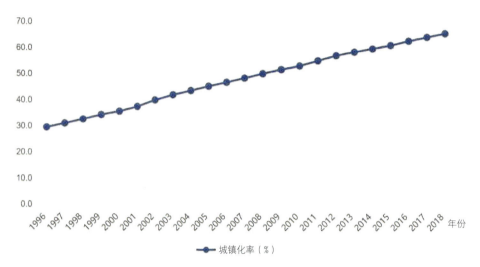

图7-1-1　重庆各年城镇化率

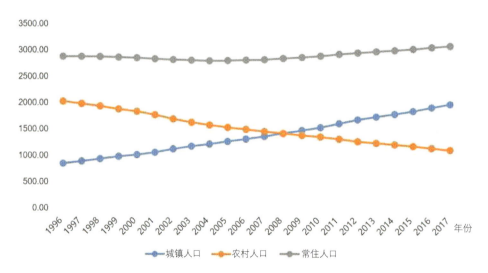

图7-1-2　重庆各年常住人口图

面：随着城市化进程的推进，大量乡村人口从乡村转移到城市或乡村模式发生变化；城乡二元管理模式导致了城市和乡村人口资源和土地资源流通的路径减少，并且在城镇影响下传统乡村聚落的数量和规模逐渐减少和缩小。重庆越来越多的人口和土地的需求决定着传统乡村聚落和耕地保护的重要性，两者的矛盾严重制约着地区的发展。由于问题的产生国家即出台"城乡建设用地增减挂钩"等政策制度，在资本、国家政策和其他外力的影响下，城市和传统乡村聚落空间有明显的相关效应。乡村地区迅速开始促进村落空间的整合与重构。

二、新乡村建设形成乡村集聚化发展趋向

2000年以前，传统乡村聚落的建设开始走向缺乏控制的局面，其空间结构发生剧烈转变出现了破碎的现象，分散了人口的"两栖化"以及空废化倾向。"乡村集聚化"成为主流方向，主要的途径是通过"中心镇""中心村"的建设。

只看到村本身而进行建设，忽略了系统层面的东西，传统乡村聚落自身的发展规律和结构产生分离，导致乡村社会文化的断裂。原生多元的传统乡村聚落轻易地被形态单一的新社区所取代。随着乡村经济的快速发展，传统乡村聚落的公共空间不适应时代的发展，其服务质量明显下降，聚落的生产空间和居住空间的土地利用率低下，这是社会发展中由多种原因所综合导致的。

三、农民对耕地绝对依赖程度减弱

农民对耕地绝对依赖程度减弱为传统乡村聚落格局调整奠定基础。乡村传统的农业生产会尽可能地离聚落居住地近一些，这个距离就是耕作半径，这个距离限定就决定了传统乡村聚落的分布呈分散性的特点。数据显示（图7-1-3），重庆现在第一产业农业的占比下降明显，居民对土地的依赖下降，生产生活方式发生改变。

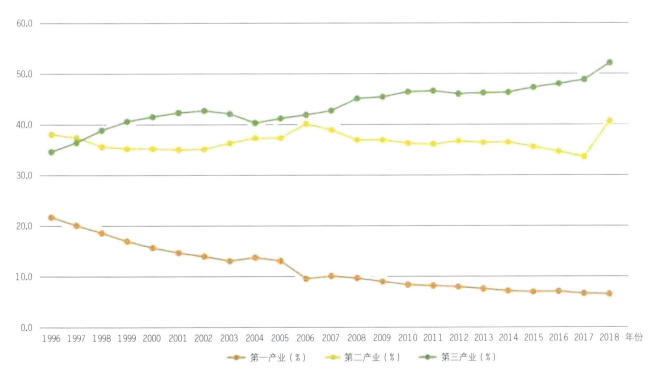

图7-1-3 重庆1996~2018年产业结构

四、乡村振兴战略的实施

2017年中共十九大报告提出"实施乡村振兴战略"，乡村与城市应该是相互促进共同繁荣的存在，乡村涵盖了人居住最综合的要素，结合了社会、自然生态以及经济的效应，包括了生产生活以来农耕文明等多样功能，它们共同创造了人类活动的主要空间。中国人民日益需要过上更好的生活，而发展不平衡又证明其现状发展的不足，两者之间的差距绝不是不可逾越的。在乡村空间中，我国仍处于社会主义初级阶段，2017年党的十九大报告中提出乡村振兴战略，为乡村系统的重构提供了实施的可能性。但是，目前的制度改革以及实施仍然需要进一步完善，这是由于此阶段正处在初级发展的状态，在实施过程中出现的问题仍然需要去解决优化。

五、重庆地域自然环境的特殊影响

重庆多样的地形环境使得重庆的传统乡村聚落成为中国人居系统中的重要构成，这也造就了重庆独特的聚落选址和农业生产模式，如若简单应用现有的乡村规划法则，定无法针对性解决属于重庆传统乡村聚落的特殊问题。面对重庆产业结构的转变，传统乡村聚落空间发展的变化，重庆自然和人文构筑的乡村系统出现瓦解的现象，会带来乡村彻底的破坏。在乡村振兴战略下，我们需要重塑重庆的传统乡村聚落系统，研究解决重庆现代传统乡村聚落更新和扩展背景下的乡村空间格局和演化模式，对传统乡村聚落的保护以及对于广大传统乡村聚落系统的可持续发展具有现实指导意义。

第二节 聚落系统的保护

一、重庆地区传统聚落系统建构原则和目标

现有乡村规划多以平原地区为研究对象，在《镇规划标准》等其他相关法规中也未体现不同地区以及地形构造环境差异下标准有所不同，而采用的是相同的人均建设用地指标。但是，重庆地区地形丰富，峡江河谷区和武陵山河谷区大面积的可用地较少，地块细碎，各种内在状况和平原地区相差较大，对于类似重庆的复杂地形未有相关的专项乡村规划设计的方法，如在乡村规划设计中使用一样的规划方法和指标就会显得不科学。所以，对重庆传统聚落系统建构提出了以下原则和目标。

（一）重庆地区传统聚落系统建构原则

1. 以区域研究视角为方法

在城乡联结越来越强的背景下，传统聚落的建设发展和乡村的转型与中心城镇密不可分，所以在建构重庆传统聚落系统时，要以区域研究为主要视角，促进城乡资源要素和经济要素协调发展。

2. 以产业的转化为建构的动力

城乡发展不平衡以及乡村内在发展活力和动力的不足致使乡村振兴受阻，受资金、技术、人才等多方面的制约，乡村的规划需要找出自身独特的发展动力机制，选取适宜的产业模式，寻求职能的转换。

3. 以资源承载力作为建构的依据

重庆地区除平行岭谷区外，地形复杂生态环境脆弱，传统聚落的生产方式主要以农业为主，聚落的建设受地形的制约较大，应以自然承载力为依据确定聚落规模和产业发展模式。

4. 注重基础服务设施的配置

国际上的经验表明，城乡差异变大、人口外流、传统聚落难以形成合理的聚落系统的原因在于基础服务性设施高度不均匀布局。所以，想要使传统聚落空间得以整合，需要改善传统聚落生活生产的必要条件，加强基层设施和公共设施的配置。

（二）重庆地区传统聚落系统建构的目标

1. 传统聚落系统空间结构的优化

其现状问题主要体现在以下几个方面：聚落的职能不清晰、缺失联系性的等级、空间结构未形成完整的网络等。为了使传统聚落走向发展，必须采取优化等级体系，以适度集约的方式来合理化布局乡村产业体系，增强空间结构网络。

2. 现状资源的利用效率得以提高

重庆传统聚落现状空废化严重，土地利用效率低下。经过传统聚落系统建设的改善或重建，可以改变粗放的土地利用方式，使基础设施和服务设施更加完善，土地适度集约利用也缓解了资金和土地浪费的问题。

3. 现状传统聚落建设指标系统得以完善

现在的各类乡村建设标准对于重庆地区的传统聚落缺乏可操作性，未根据地区的设计情况设置不同的指标系统。因地适宜的指标体系是当前重庆传统聚落体系建构的重要内容。

二、重庆传统聚落系统空间建构策略

通过第二章重庆传统聚落的空间结构可知重庆传统聚落的生成特征和规律受到地形的影响非常大，平行岭谷区和武陵山河谷区主要是小聚集、大分散的模式，相较下武陵山聚集度更大，峡江河谷区由于地形限制呈现大聚集、大分散形势，各区域保持着特有的传统聚落聚集模式，使得规模职能等级的区域性差异也非常明显。所以，在进行重庆传统聚落系统建构中，要因地制宜地规划设计，选取适应当地实际情况的规划组织策略。

（一）利用改造，增补中间环节策略

现状的规划倾向于土地集约使用来使最重要的公共设施和基础设施得以加强。但是由第三章与第四章分析可发现在各地区地形地貌等因素的制约下，各地区的解决方式有所差异。平行岭谷地区普遍城镇化率较高，传统聚落系统受到城市影响较大，现状建设条件普遍较好，聚集度高，规模较大，可在保持传统聚落现有格局的基础上进行保留整治。

（二）适度聚集更为均匀的小集中、大分散的整合模式策略

相较于平行岭谷地区，武陵山河谷地区和峡江河谷地区适用的建设用地少，资源和环境的承载力都比较低，传统聚落空间分布极不均匀。因此，针对重庆山区河谷城镇化水平低、区域差异显著地区的传统聚落更需要以小集中大分散的整合，避免盲目的搬迁合并或者扩大现有规模，缓解资源短缺和生态脆弱的压力。

（三）整体搬迁合并策略

对于山区中分散严重人口规模极小、极为落后的传统聚落可采取整体的搬迁来实现。例如，峡江河谷地区

城口县处于高差坡度都极大的地方，受到自然灾害较多。自然村平均人口规模为18人，各种原因使得空心化严重，乡村经济发展严重受阻，可由整体搬迁来实现传统聚落系统的重构完善。

三、重庆传统聚落职能的优化

传统聚落有别于城市聚落的关键在于职能以第一产业利用自然为主，发展农业牧业、林业等，而第二产业和第三产业为辅。随着现在经济社会的发展，重庆传统聚落现状产业的发展仍然呈现出单一的趋势，应根据地区的资源差异进行相应的调整，将第一产业、第二产业、第三产业融合发展，使传统聚落的发展由单一农业向农业及综合服务转变。

重庆平行岭谷地区人多地少，地形相对平缓，地块规模较大，肥沃的土地适宜发展具有特色化的农业，以集约农业、科学的农业生产方式产出。科技的引入提升农业经济效应，通过农产品深加工，提高产品附加值。基于现有传统聚落的系统化生产前、生产中和生产后服务，比规模化农业更有利于农业的高效发展。地理的优势也适于发展乡村特色旅游业态来振兴乡村，将名、优、特农产品与旅游观光相结合，利用农业项目的每一个环节，让游客获取观光、休闲、科普、购物等多元体验。

前面分析可知重庆聚落的分布具有垂直相互隔离的特点，特别是峡江河谷地区以及武陵山河谷地区。土地零散，耕作条件差，对传统种植业发展的投资大，收成少，但气候、生物和资源具有多样性，具有发展高效农业的优势和潜力，山区特色农业突出[34]。在此种类型的地理环境下适合以垂直梯度式经营为农业发展的方向，建立山区优势群体产业。在高海拔陡坡区域发展林业种植，较低海拔和缓坡的低丘，依山就势大力发展山地特色现代农业，稳定粮油生产和保障农产品安全、有效供给，持续调减低效粮食作物，大力推广高淀粉红薯、青贮饲料玉米、脱毒马铃薯等种植。总体而言，小规模农业分权经营的模式保持不变，并根据区域特点发展了适当的农业规模经营，提高机械化水平，以产生较好的生产效益。

四、重庆传统聚落等级系统的建构

（一）等级系统构成

传统聚落的职能和位置决定了它的等级，由传统聚落的规模和服务半径所体现。较大的聚落旁边依附小的聚落，较大聚落具有较为完备的公共基础设施和商品销售，为周边的聚落提供设施和服务。中心地的数量、分布和服务范围由聚落的等级高低所决定，即等级越高中心地数量越少，构建合理的聚落等级结构能促进乡村的发展。国内外许多专家学者认为城乡统筹背景下的传统聚落等级系统应划分为"中心镇—集镇—中心村—基层村"，现有的建制镇是由一些特色鲜明的集镇升级而来，集镇由于历史发展的原因呈现更强的带动性，它的经济发展条件是优于中心村的，所以等级系统也可以为"集镇—中心村—基层村"。但是重庆地区峡江河谷和武陵山河谷地区集镇没有良好的发展环境所以数量较少，聚落分布也较为分散，大多不能满足"中心镇—集镇—中心村—基层村"的所有构成，所以也会存在"中心镇—中心村—基层村'或者'中心村—基层村'甚至'中心镇—基层村"的构成形式。

（二）中心村的选址

就传统聚落系统而言，在农村居民点的空间布局中，中心村是能够支持最基本的生活服务设施所需的、最小规模的空间，对周边村落起到辐射带动作用。克里斯塔勒最早用电话的门数作为中心性衡量的指标。普莱斯顿提出用零售业和服务业的销售额来衡量中心性。

王发曾采用人口规模、经济实力、社会维系、区位优势、资源基础和交通条件等因素来综合衡量中心性的强度[29]。但现如今这些指标已不能适应变化中心性的时代需求，更由于重庆传统聚落的空间结构等与城市有着很大的区别，应该根据重庆传统聚落的特点来确定中心村中心镇的中心指标。在进行中心村的位置选择时主要从以下几个方面进行思考：

根据中心地理论，数量关系和等级关系在各层级聚落中存在，中心地等级越高它的数量就越少，中心地等级越低数量就越多[35]。所以说，传统聚落的等级结构在外部表现为围绕几个基层村的中心村，并与之结合形成网络结构。

1. 按照中心位模式，中心村最好处于基层村的中心位置，方便中心村为周边基地村提供服务。通常用公共服务设施的半径来决定中心村的服务范围。

2. 中心村的布局应注重新旧聚落的有机衔接，避免无序扩张，充分考虑地方文化内涵，体现地方特色，形成合理有序的空间结构。

3. 中心村的选址受到自然因素、人口因素、社会生产方式、交通因素、政策因素的影响。中心村对自然因素的依赖程度较高，会影响聚落区域生产活动的规模和经济效应；人口规模是判断中心村等级的重要因素，人口规模越大聚落的职能等级越高；中心村的产业结构除了第一产业外还需具备第二产业或者第三产业，以此来吸引传统聚落的剩余劳动力，促进基层村靠拢居民迁居，从而进一步扩大中心村的辐射范围；乡村交通要素点、线的分布特征对传统聚落未来的农户居住空间的发展具有重要影响；政策因素是土地利用变化的控制因素；土地管理法律法规引导区域建设，保障基本农田，引导传统聚落有序建设和发展。所以，可以将位置中心指标、生产中心指标、交通中心指标、服务中心指标和政策中心指标转化为衡量的要素，用这几个指标衡量中心村综合发展实力（表7-2-1）：

中心村选择指标　　　　表7-2-1

指标类型		指标功能
一级指标	二级指标	
位置中心指标	地形地貌条件	建设难易程度
	土地资源水资源动物资源、矿产资源等	资源丰富度
	基层村聚集度	土地利用效率和城镇化水平
	人均居住面积	
生产中心指标	第一产业、第二产业、第三产业总值	职能趋向
	人均GDP	现状经济水平与村民生活水平
	人均耕地面积	
	全年农作物耕地面积	耕地利用程度
	人口规模	居民点规模
交通中心指标	村域可建设用地规模	可发展潜力
	与交通要道距离	交通便利程度
	与集镇距离	通达性
服务中心指标	医疗、教育、商业、电力等公共设施状况	传统聚落现状建设水平
	对现有服务的满意度	
政策中心指标	区域发展优先事项和政策方向	反映农村聚落规划发展的重点和政策取向，预测聚落未来的发展潜力

五、保护重庆传统聚落系统空间结构模式

传统聚落系统的层次结构应以空间布局的形式反映，受到地形、经济、社会等因素的影响，村落的空间布局大不相同。在重庆地区，尤其是峡江河谷区和武陵山河谷区，地形对传统聚落系统的空间布局影响尤为显著。分析三大地形区的传统聚落系统空间结构（图7-2-1），其模式主要分为以下几类：

（一）中心地式环状布局模式

这种布局模式一般为"中心镇—中心村—基层村"的构成。平行岭谷地区有局部地区地势平坦，有大面积适宜居住和耕作的土地，现状建设规模较大、现状条件较好、常住人口较多，中心地理论中的模型能局部在这里建立起来。中心村或中心镇能够最大限度地服务基层村，这是最为理想的布局模式，服务的转化率最大。

（二）中心地式非均衡布局模式

重庆地区传统聚落具有高程隔离分布明显的特点。这种布局方式适应于高程过渡的边缘地带，地形的限制会使得基层村的选址具有一定的局限性，中心村的辐射作用常常表现为由相对的高处向低处稍平的基层村过渡。

（三）点轴布局模式

传统聚落整体呈带状分布，如小江汤溪河流域区的聚落沿河分布，会在中心镇的另外一侧形成中心村，在中心村和中心镇之间出现基层村，这种形式在武陵山河谷地区和峡江河谷地区会比较多。这种布局一般为"中心镇—中心村—基层村"的构成。

（四）高度集中式布局模式

这种布局模式一般为"中心镇—基层村"的构成，是一种高度集中的布局模式，适合由于自然生态条件

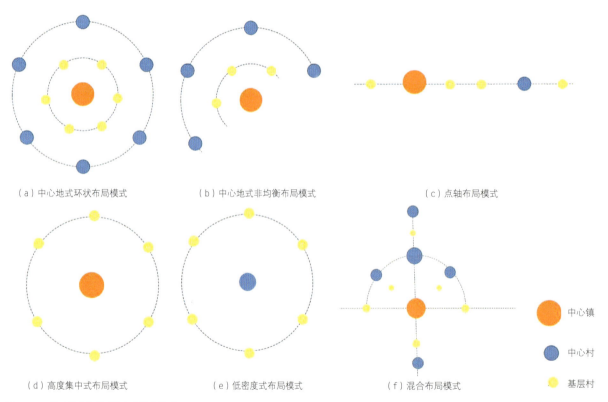

（a）中心地式环状布局模式　　（b）中心地式非均衡布局模式　　（c）点轴布局模式

（d）高度集中式布局模式　　（e）低密度式布局模式　　（f）混合布局模式

图7-2-1　重庆传统聚落系统空间结构模式

脆弱，难以大规模搬迁，在局部片区有相对较好的大块建设用地，常住人口多，周边农业耕作半径小的传统聚落。比如，梅溪河、大宁河流域区最大的竹园镇聚集区，以竹园镇为中心半径7公里内就有6个镇，相当于每个镇的服务半径在3500米。这种模式下中心镇提供的职能可以覆盖周边所有基层村，便不需要再构建中心村。

（五）低密度式布局模式

这种模式一般为"中心村—基层村"的构成，通常会在由于地形限制不适宜过度集中的传统聚落，比如城口地区，地形复杂生态脆弱，镇区的第二产业、第三产业发展落后。

（六）混合布局模式

这种模式一般为"中心镇—一般镇—中心村—基层村"的构成。在现实多重因素影响下，重庆传统聚落系统难以形成单一的布局，往往呈现出多种形式的复合。

六、重庆各地形区传统聚落系统分区布局模式

对于中心村服务半径，不同地域有不同的规定，《吉林梅河口市城市总体规划（2009—2030）》提出中心村的服务半径为3公里，服务人口规模3000人，基层村服务半径为1公里，人口规模300～600人。根据安徽省《关于全面推进美好乡村建设的决定》提出中心村半径为1.5～2公里。山东省乡村新型社区和新乡村发展规划（2014—2030）提出自然环境较好的中心村服务半径一般不大于2公里，地形地貌局限性稍大的传统聚落稀疏的地区一般不大于3公里。《河南省镇、乡和村庄规划编制导则》提出中心村的服务半径为2公里。《齐齐哈尔市碾子山区分区规划（2010—2030）》中提出中心村的服务半径为3～5公里。《安徽省村庄布点规划导则》提出平原圩区的中心村其服务半径应控制在2.0～2.5公里；丘陵岗地的中心村其服务半径应控制在1.5～2.0公里。在《关于〈潍坊市乡村社区建设基本标准〉的通知》中提出中心村的服务半径为2～3公里。总体来说，中心村在平原地区服务半径一般为2～3公里，山地地区一般为3～5公里。

在上述分析的基础上，结合克里斯塔勒的中心地理论，提出了重庆市传统聚落系统分区布局模式（图7-2-2）。

在地形坡度相对较小，易于建设的区域内，传统聚落系统空间布局便可采取相对均衡、集中的布局模式，比如平行岭谷区，地势相对平坦，重庆的政治中心、经济中心均汇集在此，处于城镇化水平较高的区域，各项

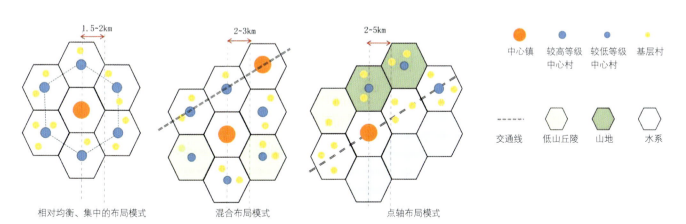

图7-2-2 重庆各地形区传统聚落系统分区布局模式

公共设施的建设水平都较高。中心村的平均服务半径约为1.5~2公里。

重庆地区产业发展具有多元化特征的传统聚落，如果受到自然地形条件、水系、镇区辐射、交通条件等多种因素的影响，空间布局将采用混合式布局模式。受城市化影响大的地区传统聚落规模会扩大，分布密度相对较低，受城市化影响较小的地区相对密集。这种布局模式多出现在农业和工业或商业职能混合的区域，这些区域交通会比较发达，根据克里斯塔勒的交通原则，交通发达的地区，中心村的服务半径会有较大的增加，中心地的等级会上升。总体来说，交通线上的中心村数量会明显多于交通条件较差的区域，形成混合布局的模式。中心村的平均服务半径约为2~3公里。

重庆区域点轴布局模式常常出现在河谷农业地区，经济水平发展缓慢，基础服务设施配置缺失严重，中心村的分布多沿河道或沿交通道路分布，中心镇中心村基层村带状分布，受地形的制约明显。这种布局应该着重建设交通道路和其沿线的中心村，通过中心村中心镇的带动来使周边基层村得以发展。这种地区基层村一般分散严重，密度低，中心村的服务半径相应扩大，约为2~5公里。

本节提出重庆传统聚落建构的原则和目标，三大建构策略：利用改造，增补中间环节策略；适度聚集更为均匀的小集中、大分散的整合模式策略；整体搬迁合并策略。通过传统聚落产业的变革促使聚落职能的优化转变，从而带动聚落经济的发展。在传统聚落等级系统中建构"中心镇—集镇—中心村—基层村"的结构，但由于重庆地形地貌环境和传统聚落发展的现状，也可存在"建制镇（乡）—中心村—基层村"甚至"建制镇（乡）—中心村""中心村—基层村""建制镇—基层村"的形式。中心村的选择以位置中心指标、生产中心指标、交通中心指标、服务中心指标和政策中心指标进行衡量，择优选取。以重庆各地区传统聚落资源承载力为基础，现状出生率为依据进行了各地区人口规模的预测。结合重庆地区的地形地貌条件，总结出六种空间结构模式，并提出了重庆地区传统聚落系统的分区布局保护模式。

第三节　聚落文化的保护与利用

重庆地区由于历史文化源流的影响，存在三个文化面貌各具特点的区域，从文化源流的代表特征来看，可以称为巴蜀文化圈、三峡文化圈、土家文化圈，不同文化圈内均覆盖了多种类型的传统聚落。从区域格局的文化圈到中观层级的聚落系统，再到微观层面的单个聚落，从这三种层级来对重庆传统聚落的文化保护与利用进行系统研究，有利于厘清重庆地区传统聚落文化的生成对聚落空间的演进产生的影响。而以文化控制力作为核心评价手法，是科学的、计划的将规划与传统聚落演进的机制结合起来，通过文化本身的适应机制起到调控作用，促进重庆传统聚落的文化保护与利用。结合重庆的具体实践，开拓新的规划方法。例如，倡导性规划、沟通性规划等方法，强调规划作为社会学习过程，形成进步式规划（Progressive Planning），就有可能与"文化控制力"的主张相结合，实现重庆传统聚落文化保护与利用的目的。

一、重庆传统聚落区域文化特色的保护与利用

（一）重庆传统聚落文化保护与利用的区域空间格局

根据重庆传统聚落的区域文化特点，基于"以利用促保护"的文化再生思路，可以将"文化圈"与"文化线路"与旅游开发相结合，形成"三圈六线"的文化旅游空间规划格局。（图7-3-1）

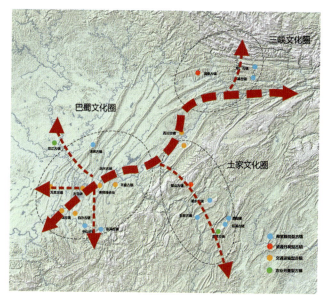

图7-3-1　重庆传统聚落区域文化空间示意图

1. 三圈

1）巴蜀文化圈

巴蜀文化圈主要包括重庆中西部地区，与四川盆地相连，地形为平行岭谷，俗称"上川东"，这一区域历史上是古代巴国的主要统治地，传统的巴文化在该区域盛行，并与近邻的蜀文化相互交融。

2）三峡文化圈

三峡文化圈主要包括重庆东部沿江地区，东面通过三峡与湖北相接，地形以河谷为主，俗称"下川东"，三峡文化圈所在区域从古至今都是一条重要的交通与文化走廊。

3）土家文化圈

土家文化圈主要包括渝东南武陵山地区，该地区与湖北、湖南和贵州相接，地形以山地为主，土家文化圈呈现土家族、苗族等独特的少数民族文化面貌。

2. 六线

1）长江文化线

长江横穿整个重庆，沿江地区历来都是人类繁衍生息、聚落发展繁荣的重要区域，也是巴渝文化生成与发展传承的主要线路。

2）成渝古驿道（东大道）文化线

四川北部早在秦汉时期已修建有子午道、米仓道、阴平道等连接川陕的驿路，成渝古驿道连接重庆与成都，"官道"连接州县，与川北地区各种道路相互衔接，形成陆运网络。

3）川黔古驿道（南大道）文化线

川黔南大道也是一条邮驿文化遗产路线，该路线以古道将分散的驿站、场镇、关隘、桥梁、码头等文化遗产联系起来，整合为具有特殊文化资源的线性景观遗产廊道。

4）嘉陵江文化线

嘉陵江，长江上游支流，古称"渝水"，是古代巴文化和蜀文化的重要连接纽带。

5）土家文化线

这条线路穿越武陵山区，既具有溶洞、天坑、峡谷等独特的地质奇观，又蕴藏着丰富的少数民族特色文化资源。

6）秦巴古道文化线

秦巴古道是巴渝通往中原和三秦的重要商贸要道，沿线是三峡盐文化的发源地，该线路与盐业生产和盐业运输密切相关，拥有一系列盐马古道的文化遗产。

（二）巴蜀文化圈区域的保护与利用

巴蜀文化圈内，按照聚落的文化类型分类可以形成交通依赖型古镇、文化主导型古镇和农业依赖型古镇，主要形成了成渝古驿道文化线、长江文化线、川黔古驿道文化线、嘉陵江文化线四条文化旅游线路。（图7-3-2）

1. 成渝古驿道（东大道）文化旅游线

成渝古驿道是成渝商贸第一大道，从重庆主城出发，一直往西，同时也称为东大道。古时候沿线的驿站林立，沿途形成的场镇供行商剧组休憩，如走马场、万灵古镇就属于这条陆路商贸系统中重要的驿站。

2. 长江文化旅游线

长江自古以来都是川渝地区对内和对外经济贸易沟通、文化交融的重要水路廊道，包括了中山古镇、白沙古镇、松溉古镇，以交通运输为主的文化古镇群，以码头文化、开埠文化、交通商贸文化等为代表。

3. 川黔古驿道文化旅游线

川黔古驿道是古代重庆的盐、茶叶等货物出川通往贵州的重要陆路商道，从重庆主城出发，经过黄桷垭老街，一直南下，到达东溪古镇。东溪古镇处于川黔交界，是川黔贸易活动的重要节点和中转枢纽，"麻乡约大帮信轿行"就是创立于此，是我国西南地区清咸丰二年（1852年）创立规模最大的民间运输业组织，设置的客运、民信局、货运，往返于川、黔、滇境内，还经营过滇越、滇缅的国际客运，对我国西南三省的人员物资交流起到了积极的促进作用。这条文化线路上可以深刻体验到古代陆路交通运输的繁荣与文化交融，代表场镇有东溪古镇、黄桷垭老街等。（图7-3-3）

4. 嘉陵江文化旅游线

古称"渝水"的嘉陵江是川渝文化的交融带，一直北上可达甘肃、陕西，嘉陵江作为四川盆地内部的重要交通路线，是川渝两地的重要物资往来航道。沿江古镇大多因水路交通而生，以交通贸易而繁荣，代表古镇有

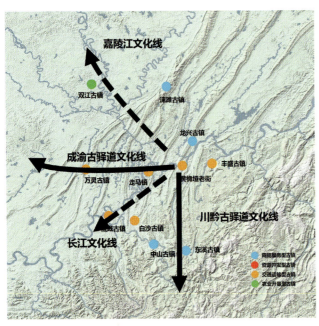

图7-3-2 巴蜀文化圈"两江两道"文化旅游区域图

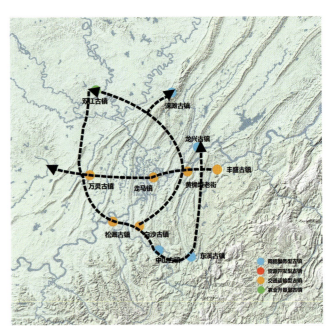

图7-3-3 巴蜀文化圈文化旅游线路图

双江、安居、涞滩等，是嘉陵江流域典型的水路运输和商贸场镇。

巴蜀文化圈的文化旅游路线，划分为三条旅游文化带：川渝古道文化带、长江及川黔古道文化带、嘉陵江文化带。（图7-3-4）

（三）土家文化圈区域的保护与利用

土家文化主要分布于武陵山区，武陵山区是我国土家族聚落集中组团的唯一区域，具有多种文化相交融的文化现象，该地区的聚落空间格局也因地形影响，呈现"大杂居、小聚居"的居住现象。

区域内，主要有乌江文化和酉水文化以及长江文化三种文化旅游资源。

1. 乌江文化旅游线

乌江，古称"沿江"或"钱江"，是长江上游南岸的第一条主要支流水系，也是贵州与川渝之间的主要贸易通道。来自贵州的木材、中药、桐油等物资沿乌江运往重庆，四川的食盐也由此进入贵州。由于地形复杂，部分河段不能直接通航，需要通过翻滩转运货物，由此产生了一批以龚滩、濯水为典型的商贸中转场镇。

2. 酉水文化旅游线

酉水，古称酉溪，是沅江最大的支流，蜿蜒于鄂西、渝东、湘西。它是连接湖北、湖南和重庆的重要水道，位于三省交界处的少数民族地区。酉水流域聚落文化类型非常复杂多样，主要源于土家族、苗族等民族文化，也包含"改土归流"后的汉族和少数民族的文化融合，所产生的新的文化面貌。特殊的地理位置还带给该区域邻近三省多种文化元素。在酉水周边，随着民族文化的融合和商贸交通的繁荣，龙潭、后溪、酉酬等古镇得到了发展。（图7-3-5~图7-3-7）

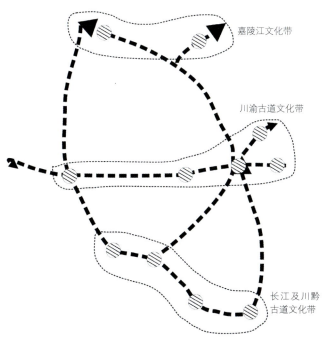

图7-3-4 巴蜀文化圈文化带空间结构

图7-3-5 土家文化圈文化旅游区域图

图7-3-6 土家文化圈文化旅游线路图（来源：基于谷歌地图自绘）

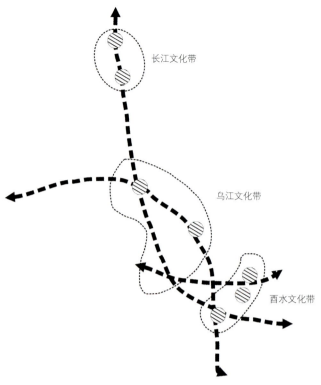

图7-3-7 土家文化圈文化带空间结构

（四）三峡文化圈区域的保护与利用

三峡文化圈，主要包括重庆东部沿江地区，东面通过三峡与湖北相接，地形以河谷为主，俗称"下川东"，三峡文化圈所在区域从古至今都是一条重要的文化走廊。（图7-3-8）

三峡河谷地区是长江航运文化的集中展现区域，沿岸分布的白鹤梁、张飞庙、石宝寨、白帝城等历史文化遗迹，与举世闻名的长江三峡融为一体，早已成为旅游热线，但以古老的水驿站串联的沿江传统聚落，以抗元山城体系串联的军事防御聚落遗址群，以盐文化串联的盐业生产、运输传统聚落群，也是极具文化旅游开发价值的宝贵资源，如宁厂、云安、西沱、大昌等场镇。（图7-3-9）

长江三峡腹地山多水少，是重庆与关中、中原交通的天然障碍。从西晋开始，秦巴古道就被挖掘出来连接关中和万州。在唐代，它被扩展成杨万福路、杨关路和

图7-3-8 三峡文化圈文化旅游区域图（来源：基于谷歌地图自绘）

荔枝路，也被称为杨坝路。明清时期，秦巴山地以茶盐贸易为主，发展成为区域贸易大动脉，逐步形成以开县为核心的陆路交通网络，并与长江万州港合称"金开银万"，一时间商贸十分繁荣，如温泉镇位于秦巴古道沿线，是开县北部重要的陆路交通节点。（图7-3-10）

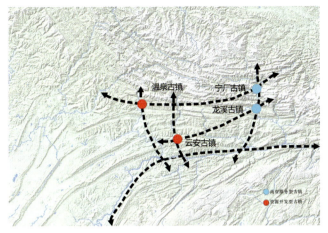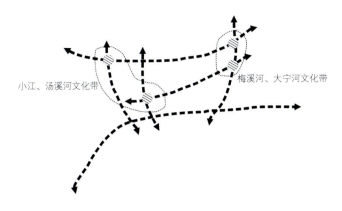

图7-3-9　三峡文化圈"两水"文化旅游线路图（来源：基于谷歌地图自绘）　　　　图7-3-10　三峡文化圈文化带空间结构示意图

二、重庆传统聚落系统文化结构的保护与利用

（一）聚落系统的文化结构保护缺失

重庆传统场镇作为中心城镇与乡村之间的重要中间纽带，在川渝乡村经济环境中发挥着重要作用。同时，作为城乡区域经济系统的子系统，场镇和城镇形成了相互联系、相互支撑的网络空间结构体系。在这种模式下，场镇一方面满足了农村地区的商品贸易需求；另一方面，城市市场作为一个整体，通过相互协调，使垂直循环和商品、资本和劳动力在城市和农村之间流动，使社会劳动分工、资源分配和商品流通在广大农村地区得以发展和繁荣。

但是随着中心都市的经济规模迅速发展，场镇与城市之间的经济发展出现了脱节和不同步现象，导致了城市与村镇的经济发展不平衡。由于没有挖掘和发展场镇自身的特殊贸易价值，未能形成规模体系的改良，使得原本履行基层经济职能和处于基层贸易地位的场镇经济更加停滞不前。

（二）重庆传统聚落系统的"集市圈"结构的保护与利用

在保持城市经济贸易快速发展的过程中，应该同时进行场镇聚落系统文化结构的保护与再生。针对重庆地区的传统聚落系统文化结构保护与利用，从场镇赶集活动的空间组合、集期优化、商贸特色等着手，打造特色"集市圈"的聚落组团旅游规划，实现传统聚落系统文化空间格局的延续和传承。

1. 集期制度的梳理

优化场镇之间和场镇与城镇之间的集期贸易活动。赶场是场镇之间最直接的经济交流活动，同时也是川渝地区独具特色的文化活动。我们在田野调查的过程中发现，重庆传统场镇的赶场活动，由于道路的不便利和商品的混乱分类，造成了赶场活动的循环堵塞。可以通过对集期、赶场地点以及道路的梳理，对贸易商品的归类设置，能够恢复邻近场镇合理的集期结构和贸易分工。

2. 基于文化结构的"集市圈"文化旅游模式

将区域范围内具有典型文化特色的场镇，按照集期进行空间流线整合，形成"集市圈"的概念。将"集市圈"与文化旅游路线结合起来，形成以古镇文化与传统商贸体验为一体的、传统聚落组团的特色旅游路线，成为保护与利用重庆传统聚落系统文化结构的新型文化旅游模式，同时也改善村镇与城市之间的经济发展不平衡现象。

3. 流域传统聚落系统的集期结构规划

以荣昌区濑溪河流域传统聚落集期制度为例，万灵镇的集期是1、4、7，而周边的峰高、古昌等地的基层市场的集期是2、5、8，直升镇3、6、9。在清江、安富附近的场镇集期也相对分散，各个场镇之间的赶场时间是互补的，可以形成一种流动体验的"路线环"，通过各场镇之间的集期来进行赶场活动的协调组织，来实现传统商贸活动的保护与旅游价值开发。（图7-3-11）

长江流域和綦江流域之间的聚落，组团现象比较明显。地处长江流域的松溉古镇、白沙古镇等构成交通商贸特色的文化古镇群，以码头文化、开埠文化、交通商贸文化等为代表；在綦江流域的真武场、中山古镇、塘河古镇等，历史上商业繁荣，店肆林立，也具有丰富多样的文化资源。规划长江流域、綦河流域"集市圈"，既能感受传统商业贸易的赶场活动，又能集中体验到重庆独有的码头文化、开埠文化等。（图7-3-12）

将场镇集期制度和旅游开发结合起来，不仅活化了传统场镇的经济活动，同时也提升了古镇旅游的丰富度，是场镇经济活力恢复与文化旅游资源开发的一次整合。对集期制度的空间格局进行聚落系统层面的应用研究，是对重庆传统聚落系统文化结构的保护和利用的一种新思路。

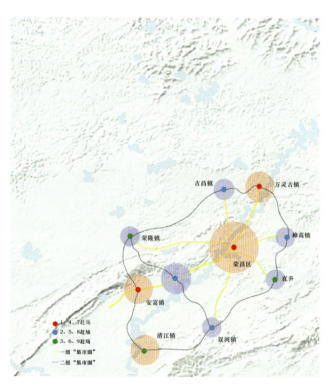

图7-3-11 濑溪河流域"集市圈"旅游线路示意图

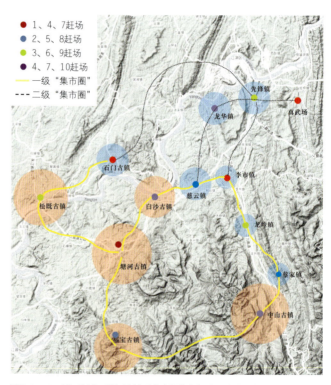

图7-3-12 长江流域、綦河流域"集市圈"赶场旅游线路示意图

三、重庆传统聚落文化空间"历史信息全过程"保护与利用

《重庆市历史文化名城名镇名村保护条例》第五章保护利用第四十九条提出：鼓励和支持对历史文化名镇、名村、街区，传统风貌区，历史建筑和传统风貌建筑进行保护传承、合理利用。推动旅游和文化产业共同发展的前提下，我们以重庆市荣昌区万灵古镇为例，研究探索重庆传统聚落文化空间的保护利用模式。

（一）万灵古镇文化空间的全结构保护与利用

万灵古镇文化空间呈现"两核一线"结构，商贸集市功能带由太平门至恒升门，贯通整个场镇，将位于场镇西北部的场镇管控核心区，以及位于场镇东南部的精神礼仪核心区串联，形成了万灵古镇文化空间"两核一线"的特色结构。（图7-3-13）

场镇管控核心区：位于场镇的西北部，紧邻上码头与大荣桥，包括太平门、日月门以及邻近街巷和建筑等区域范围。在这一区域内，是万灵古镇重要公共事务、日常事务的管理中心。

精神礼仪核心区：位于场镇的东南部，包括狮子门与恒升门之间街道北侧的建筑群等区域范围。在这一区域内是万灵古镇进行宗教祭祀、民俗节庆等精神礼仪活动的核心区域。

商贸集市功能带：呈西北至东南走向，全长约500米，包括连接太平门与恒升门的场镇主街以及沿街商铺、作坊等区域范围。该区域是万灵古镇集市贸易、技术聚集的主要空间。

对万灵古镇文化系统的保护应从这三个文化控制区来进行，总体上保护和控制万灵的文化空间格局，具体上要对物质文化和精神文化同时进行，比如传统手工

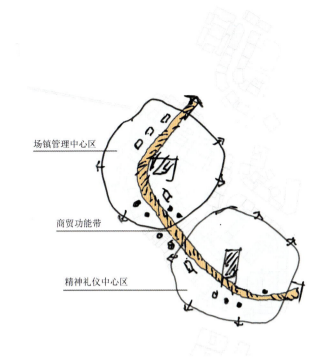

图7-3-13　万灵古镇传统文化空间结构示意图

业、非物质文化遗产等，具有地域特色的生产经营活动进行场景化设计。

（二）万灵古镇文化空间历史信息的场景再现式保护

万灵古镇四大传统社会组织（宗族组织、移民组织、袍哥组织、宗教组织）和传统商贸带是聚落历史文化信息的主要资源，以场景化设计的方式，选择一系列特定的文化空间，再现式地展示聚落文化演进的全过程信息。

如在宗族组织的场景化设计上，可以利用赵氏宗祠和庄园的文化关系进行动态的历史场景再现，对历史文化场景进行空间串接，将历史上赵氏家族对万灵的控制过程进行全面再现。（图7-3-14）

对于万宁古镇的重要非物质文化遗产，也可以在特定的文化空间进行再现式展示。如万宁古镇的茶馆文

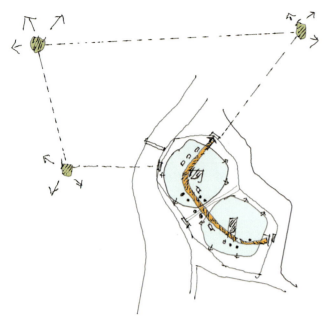

图7-3-14 万灵古镇宗族文化全场景空间示意图

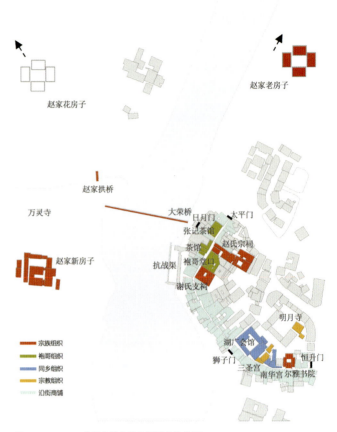

图7-3-15 万灵古镇传统文化空间要素分布图

化,既对可以作为袍哥堂口的特定茶馆进行文化强化和空间塑造,也可以将古镇居民日常生活的丰富信息进行动态化、活态化展示,使人物、时间和空间三者统一起来,在具体的茶馆中得以生动体现,使游客在游赏过程中获取重庆传统聚落的完整历史信息。

重庆传统聚落文化空间的"历史信息全过程"场景化再现,并不是对历史真实的完全复制,也不是制造迎合旅游开发的"伪文化"。而是结合文化旅游,将传统文化的历史过程信息,在对应的空间载体中加以保护和展示,将重庆传统聚落的精神文化、物质文化以及制度文化形成完整的"文化环",并能够生动地呈现出来。从而实现重庆传统聚落文化的保护与利用,并使其中的部分活态传统文化得到传承与发展。(图7-3-15)

第四节 聚落景观格局的保护与利用

传统聚落景观不仅要发挥聚落景观的美学功能,还应利用丰富的农业资源按照生态规律的要求设计生计系统,充分发挥其社会生产能力,从而让传统聚落景观发挥出更大的社会效益,在此基础上保证了自身发展的可持续性。

在对地域性的聚落景观进行有效保护的过程中,应能够结合自然环境、人文景观等,以合理的手段延续与发展聚落的景观肌理。作为自然环境、传统文化、经济发展相互作用下所产生的特殊聚落格局，展现出一定的地域性特征。结合生态文旅等综合手段彰显出聚落生态文化，对高效展开地域性的传统聚落景观保护与发展具有十分重要的作用，为之后制定地域性的传统聚落景观保护与发展策略做好铺垫，从而获取制定发展策略的切入点，更有序、高效地开展传统聚落景观保护与发展工作。

一、聚落景观格局保护与利用针对的主要问题

（一）生态系统脆弱且退化明显，景观效应不强

伴随城镇化、工业化的快速发展，聚落生态系统服务功能退化，除了农田、森林、草地、河湖、湿地等主要用地面积有所减少之外，还体现在生态系统区域结构单间，导致林种单一、生物多样性减小，聚落小气候环境和生态服务系统受影响。另外，部分区域水土流失和石漠化增加，如秦岭—大巴山区等喀斯特地区，极大地影响了土地产出和耕地。景观的生态效应不强，土地的生产力持续降低，传统聚落中尤其是依赖耕地发展的农业依赖型聚落，都面临着景观生态系统效应减弱带来的聚落耕地贫瘠、林地植被的逆向演替、人工建设阻断景观廊道的现象。

（二）水资源区域分布不均，景观作用不显著

重庆水资源区域分布不均，武陵山地区及峡江河谷北面，因自然条件和经济条件的制约，水资源的有效利用程度还不高，传统聚落中还没有改变靠天吃饭的困境。生态系统的脆弱与也造成了一定的水土流失与生活污染，水资源的浪费影响了传统聚落的可持续发展。面临村落在产生转型，村落生计方式拓展的社会背景下，作为重要调节机制的景观水系统作用不显著，尤其作为重要生态廊道的水系，对村落的调节、涵养、保持水土的作用越来越小，也造成了部分聚落水岸渠化、堰塘干涸、聚落与水系之间的生态廊道消失、城市化水景的简单拷贝等现象。

（三）耕地规模与质量水平差异化，景观差异特色不足

重庆旱地有所减少，优质耕地资源较欠缺，坡度15°以下耕地占比仅在50%左右，尤其以西南、东北区域的中山区域耕地水平虽有所提升，但仍然存在用"劣地"补"好地"占补平衡现象。重庆耕地土壤质量不高，耕地质量区域差异显著。尤其是土地资源分布不平衡，土地的生产力地区有差异。土地资源和土地利用的立体特色突出，面对土地资源利用上的差异，提倡土地的景观化提升、土地利用的特色整理，作为土地利用的结合点，发挥土地利用方式向高附加值方向转变，摆脱单一依赖耕地产出的利用方式，突破依赖土地面积提升的单一途径，多措并举保护耕地的同时，突出利用方式的多元化发展，凸显土地的"景观"作用。

二、聚落景观格局的保护策略

（一）合理划分景观区域与保护圈层

针对传统聚落景观的保护与发展，需能够结合传统聚落景观格局的保护与利用，对各传统聚落的地域特征、文化内涵进行全面了解，确保能够精准划分核心景观区域保护圈层。针对聚落景观资源的分析合理划分为不同层级景观区域，并同时制定更具有高度契合性的景观保护与发展制度与标准，明确聚落景观格局保护的对象、空间载体，形成独特的保护圈层。结合保护圈层特征，确定保护的空间手段。针对能够彰显地域性聚落的景观进行保护，确保核心景观构成的完整。

（二）完善强化景观格局系统设计

辨识聚落景观系统中的主要景观要素分布，厘清原有聚落景观的结构，减少对原有生计系统物种干预。通过生态模式的规划设计进行科学配置，改善优化传统聚落景观不合理的景观结构。以农业依赖型聚落为例，首先是保护影响景观生态性的主要因素，生态农业是传统聚落景观的重要组成。利用农作物的特性结合景观空间合理配置实现整体聚落景观的平衡；其次对聚落中的其他系统，如湿地生态系统、水系生态系统、林灌地生态系统、聚落生活系统等也进行科学配置，实现几大内部系统的合理配置，实现养殖和自然水体保护的协调发展。聚落保护中要利用科学手段辨识出聚落中原有的生态系统及相关配置，人工干预和建设应顺应空间线索，围绕系统建构空间层级，最终形成一个农业生产和传统聚落景观共生共存的生态环境。

平行岭谷地区以预防保护为主，重点加强几大水系水源涵养、水土保持、生物多样性维护，浅丘平原农地区域的耕地保护等，加强核心水田的建设与管护，整理周边林灌景观林缘，注重组团式聚落之间的整体景观廊道连接。

武陵山地区以保护恢复为主，加强聚落的水土流失治理与生态恢复；疏导与整理原有的支系水网，加强中山沟谷地带水系的涵养，衔接聚落围合的生态边界林与中山区域聚落的景观廊道连接。

峡江河谷地区以治理修复为主，以保护高山峡谷的景观格局为主。河谷聚落有着水陆相互过渡的复杂多样的生境条件，塑造与培育生态岸线景观。重点修复大宁河、汤溪等退化水生态系统，严格控制城镇周边生态空间占用。恢复沿河沿岸湿地，维护生物多样性，管控土壤环境风险，保护水生生态系统。

（三）维持加强景观廊道保护

传统聚落景观格局中，廊道对发挥聚落生态系统作用，连接耕地、林灌地系统，丰富聚落景观层次起到特有价值。聚落中廊道经常作为人地景观的重要分界线，也作为重要的聚落景观内部连接空间，丰富内部物种，产生景观边界效应。维持加强景观廊道，可结合实际情况应用于不同层次的廊道，线状、带状和水系廊道，有效地渗透到传统聚落内部，处理好景观廊道与边界效应的关系。例如，武陵山区、峡江河谷地带的不少传统聚落都处于褶皱抬升中山、喀斯特地貌上，保护聚落中重要的水系廊道、林灌廊道，加强对耕地的生态涵养作用，应关注起能效手段。加强景观水利措施建设，增加有效灌溉面积，结合大田作物和经济作物区间因地制宜地推行节水灌溉技术，强化丘陵山地区集雨节灌，多措并举提高耕地景观用水效率。

（四）发挥聚落景观斑块效应

农地作为景观斑块，表现了聚落景观结构特征，农业依赖型聚落景观元素大多以农地形态呈现的，大小、形状都会影响到生产生活功能，其中农地斑块大小反映传统聚落的类型与迁移状态。因此，传统聚落景观规划建设中应重视发挥斑块的反馈作用，比如将农业生产斑块和传统聚落人工建设斑块相结合形成具有新农村特色的生态传统聚落景观[①]。

首先，实行基本农田保护。强化基本农田对其他各类建设布局的约束，并在具体的空间规划过程中，使空间布局与基本农田充分衔接。其次，加快完善农田基础设施，以作物整理种植，区域景观要素置入、农田地景化等手段提升农地种植质量，对于25°以上坡耕地、严重沙化耕地、重要水源地15°～25°坡耕地等有序开展退耕还林还草。因地制宜地全面实行保护性耕

---

① 王伟，杨豪中，陈媛，李子墨. 传统聚落生态景观的建构与评价研究[J]. 西安建筑科技大学学报（自然科学版），2015（6）.

作制度，多措并举保护提升耕地产能、农地种植的景观附加值。

三、聚落景观格局的发展策略

（一）建立整体生态廊道，促进区域协调发展

整体性发展，即完善更具有系统性与特色的传统聚落组团，并将其建设成连续多级的景观廊道。采用不同的形式，结合三大区域各自的景观格局特征，建设具有生态文化特质的不同区域性聚落景观，加强景观组团间的物质与能量进行有序传输与流通。

如平行岭谷区，具有浅丘平原地貌均匀的景观格局，土地资源类型多样，有利于农林牧渔的综合发展，利用条件促进多元景观元素，形成了环境优美的渝中、渝西传统聚落系统网络。武陵山地区，以褶皱地貌纵深发展的景观格局，以纵横河谷为线索，水系廊道为纽带连接规模的少数民族生态聚落系统。逐渐构建成网络化传统聚落景观保护与发展策略，并促进聚落相互间的资源互补与区域共同发展。

对传统聚落资源进行充分整合的过程中，以农田、水系、林区等景观要素为核心，对生态景观进行修缮。由此，逐渐构建成蕴含丰富传统文化的景观联系带，依托于生态景观廊道网络，确保传统聚落景观获得更加有效的保护与发展。并能够切实发挥传统聚落资源整合的优势，通过科学融入先进的管理理念与现代信息技术，对建设文化景观网络提供更有利的条件与契机。

（二）融合景观资源，强化区域景观特色营造

调整并优化聚落空间结构，融合聚落内部及周边的景观资源，如地貌景观、水系景观、农作景观、历史文化、民俗文化等景观资源结合空间手段突出聚落景观的可视、体验、使用，凝练形成特色景观布局。一方面理解辨识区域景观格局，合理调整产业结构，形成地方特色产业带、区域、组团；另一方面通过农、林灌溉，水系等资源的有效配置与调整，结合高差形成多层级的景观，从聚落整体风貌到建筑营造，再到内部院落布置进行各景观要素的优化，凸显三大区域的聚落景观特色。

（三）生态文旅结合，彰显聚落生态智慧

因地制宜建设美丽传统聚落，促进公共服务向农村覆盖、资源要素向农村辐射，促进城乡融合，整体营造促进贫困地区人地关系转变、生产方式转型、城乡关系革新的脱贫新范式。建立乡村生计智慧彰显的空间途径，构建人地关系的"可视化"空间策略。乡土智慧反映了人协调与利用自然的生计、生活、生产智慧。在农村土地产能有限下，生态文旅相结合，实行"第一产业、第二产业、第三产业融合"。彰显与利用重庆聚落景观中土地现象与生计智慧，充分展现当地人对自然过程适应的生产、生活、生态方式设计策略，借助空间系统设计凸显乡村智慧的"可视性"与"体验性"，其乡村智慧的再现包含乡村资源的空间设计、对生产过程的可视与体验、对生活场景的可视与体验、对生产技术的可视与体验、对地方建造技术与技艺的可视与体验等丰富呈现方式，为土地价值增溢创造更多新的机会。

四、景观类型的保护与利用

（一）景观类型保护

生态景观格局的辨识有益于形成不同类型的聚落空间结构，结合不同的生态斑点、廊道、基质的组合方式，呈现多样化的传统聚落景观美景，衍生出独具特色

的传统聚落景观。保护传统聚落的景观特质，首要是辨识清聚落在自然生态条件上产生的特有的生计形式与面貌。

笔者通过对水文分布、河流形态与植被土壤等方面自然生计条件的分析，结合历史上农业地理发展脉络的梳理，社会经济条件的变迁，人口规模发展与农作物的数次迭代、农业耕作技术生计等农业生计变迁的主要原因，特别提出重庆传统聚落的典型景观类型。重庆传统生态生计具有典型的农业社会聚落特征，在保护利用中，可结合各历史时期陆续形成聚落景观形成创新性保护方法，保护其特有的生计景观特征。

一是平行岭谷区的低山农作景观，扇面平坝农田的典型景观，体现了丘—林—田—湖（河）的景观层次，体现了平行岭谷特有的地形与水网组织形态，借水为利的传统场镇为组团，突出多平坝农田分布的特征。

二是平行岭谷区的浅丘平坝规模化农作景观，体现了坝—田—林—河的景观层次。利用河道的扇面和临水区域开展农耕作业的生计景观，表现了平行岭谷地区利用河道扇面的大聚居、小散居，聚落倚田而居的特征。

三是平行岭谷区的沿河两岸线与丘陵周边交织的农作景观，体现了河—林—田—林—田—丘的景观层次。农田难以形成大规模的生计景观，聚落与生计农田的并不紧密，需要结合生态廊道的串联，提升生态品质，塑造生计景观。

四是武陵山区的中山、半山种植的喀斯特地貌农作景观，体现了坝（坡）—田—林的景观层次。利用中山、半山地带，并利用平坝、坡地沿地形开展农耕作业的生计景观，表现了武陵山区以农业为主要生计的聚落景观，聚落嵌入农田的典型特征。

五是峡江河谷区纵深河谷至中山上缘的低地旱地农作景观，体现了河—坡—地的景观层次，也体现了峡江河谷地带立体农业的农作生计景观。

地方人民充分利用山地生存条件，从自然中获取生存资源，在长期的发展中形成一套完整的传统技术和自然景观，维持重庆传统聚落的景观特质与生计面貌，必须充分尊重地域生计方式的前提下，通过适宜的规划管理手段，维持其特有的生态体验过程。

（二）传统聚落景观利用与发展

围绕流域范围典型聚落景观进行空间的整合，形成以聚落生计景观体验、传统农耕活动体验、生计方式体验的聚落组团的文旅路线，体验与水共生的生活与特色文化的新生态文化旅游模式，同时也促进了聚落与城市间的经济贸易交流。

围绕生态过程的可视化，创造生计景观体验方式。其传统聚落生计智慧的再现包含龙河聚落资源的空间设计、聚落生计过程、生活场景、生产技术可视与体验等丰富呈现方式。比如，保家楼聚落强化水系的组织与湿地景观的塑造，形成龙河段特有的生态湿地景观与河谷型聚落美景。文庙村强化原始摩崖古遗址村落，充分体现自然地理与人文历史相互影响，塑造与水共居的开放式人文生态遗址"博物馆"。

总而言之，需对地域性的传统聚落景观保护与发展重要性建立正确的认识。在确保自然景观完整性的同时，因为注重不断强化人文景观的保护。从长远发展角度出发，以宏观、微观等不同视角，分别设计各具有侧重点的传统聚落景观保护与发展策略。既要对具有历史文化内涵的建筑进行有效保护与发展，还需对村民聚集场所、生存空间进行适当的更新与修缮。最大限度内提升传统聚落建筑物的保存价值，促使地域性的传统聚落景观获得可持续发展。

第五节　聚落类型的保护

一、重庆传统聚落类型的演进规律

经过上文对重庆聚落的分类，挖掘得到重庆聚落的演进规律，然后根据演进规律将各个聚落现象进行划分，构建相应的组群；接下来，在组群中抽象出相应的特定秩序，并结合有关理论来提出应当如何矫正重庆聚落的发展方向，以更好地实现对重庆聚落的保护。

（一）聚落类型与环境相适应规律

根据前文分析来看，重庆传统聚落在选址或者构建其空间格局的过程中，都在一定程度上受制于自然环境因素。纵观重庆聚落的发展历程，我们发现重庆聚落在发展过程中一直主动地和自然生态互动，以此来寻求双方之间的和谐共生和相互适应。这种适应一方面表现为对自然环境的顺应；另一方面表现为利用经验对自然环境进行改造升级，从而使得聚落更符合成员居住、生活的需求，这种聚落形态与自然环境之间的良性互动，形成了特色鲜明的聚落类型。

（二）聚落类型与功能相适应规律

聚落初期呈点状缓慢发展，后期的聚落布局结构表明当聚落的经济增长点不同时，聚落形态也会受到影响而发生变化。聚落的经济增长方式不同，经济增长对聚落功能的要求就不同，而功能的变化势必会引起聚落结构的变化，这样才能确保聚落形态和功能保持动态的平衡，这也是聚落一个显著的演进规律。

（三）聚落类型与文化相适应规律

聚落文化的发展是促进聚落类型演进的一个主要因素，聚落的功能和目的缔造了聚落的结构，但聚落的结构因有文化控制力的存在使得这些功能和目的更为经久，这让一些原有聚落形态得以延续。

二、基于不同聚落类型的重庆传统聚落保护发展策略

从时间上来看，重庆传统聚落的变化速度将越来越快。旅游开发的整体策略，一定会将部分农业型聚落导向为旅游服务型聚落，这是以现代技术为背景的社会转型。聚落性质决定方式，由原来的自然条件、文化、经济、技术条件的多元复合的方式，转变现代性技术为主导要素的经济条件方式。这将改变聚落间平衡和谐的空间关系，并导致部分聚落超速度发展，从而产生新的社会矛盾。关于重庆传统聚落的保护，应出台刺激整体平衡发展的策略，保持聚落和谐发展的态势。重庆聚落的发展规划，应基于传统聚落类型的多元复合方式，规划措施应建立在自然条件、文化、经济、技术条件的调控要素上，才能真正达到重庆聚落人居和谐发展与人居环境多样化发展的最终目的。

同时，也要防止聚落形态上的"同质化"现象，才能保护有美学多样性意义的重庆聚落形态。传统聚落文化繁衍了的聚落形态，因此要保护传统聚落，本质上就是保护富有多样性的聚落文化。随着聚落文化和聚落形态之间影响关系的减弱，聚落文化生成机制已经很难直接约束到聚落形态，这种情况，很有可能形成聚落形态的同质化发展方向，开始失去了原来文化形成的丰富的形态类型。伪文化聚落与建筑的出现是"文化退化"现象，应予以控制，并从规划上突出每个聚落的文化多样性。

（一）保护基础——基于不同聚落类型的多样性保护

1. 聚落自然生态环境保护

传统聚落的发展过程，就是聚落成员改造周边自然环境，以此来更加适应自然生态环境并与自然和谐共生的一个过程，因此传统聚落本身就具备保护自然生态环境的职能。但是最近几年内，许多重庆地区的传统聚落都深受人为干扰的影响，尤其是在这种人为影响逐渐增加之后，对聚落和自然的生态环境关系造成了严重的破坏，导致聚落环境职能严重渐弱，典型的聚落包括西沱及龚滩等。针对上述问题，我们需要从如下两方面考虑，从保护聚落自然生态系统出发来实现对传统聚落环境职能的保护：

1）基于对重庆地区传统聚落的形成和发展是依托周边自然生态环境实现的这一考量，在制定传统聚落发展保护模式时，我们必须考虑聚落的发展和自然生态环境应当保持和谐共生，实现两者发展的有机融合。

2）在确定聚落发展保护模式是基于与自然和谐共生这一要点的基础上，我们应当考虑到利用现代化技术进行开发时，可能会对聚落环境造成破坏，从而削弱聚落的环境职能。因此，在着手开发之前，应当制定科学的技术策略，避免因为技术应用不当而与自然环境的发展要求相背离。

2. 聚落贸易环境保护

重庆传统聚落一方面是重庆乡村和城市地区进行商贸往来和信息交换的交通枢纽，是促进农村经济增长的重要一环；另一方面，聚落还是区域城乡经济系统中的一个重要子系统，是构成城乡空间结构不可或缺的要素。这是因为聚落的存在不仅仅是农村地区开展商品贸易活动的重要桥梁；还促进了城乡之间资源的流通，农村劳动力人口向城市流动，提高了城市运转能力、城市资金向农村流动、农村的发展能力等，具有不可替代的优化社会分工以及资源配置功能。

但是，聚落贸易往来毕竟还受交通运输要素的影响，因此在交通格局发生变化之后，聚落原有的经济生产方式也将被淘汰，特别是在城市化进程不断加快的今天，城市建设速度迅猛，但传统聚落因为规模的不足、经济发展不力等原因，导致与城市的差距越来越大，如此一来，聚落原有的在商品贸易中的特殊地位也一落千丈。由于聚落交通运输方式的落后，导致聚落与外界的联系也越来越少，长此以往，聚落必将衰退，甚至被历史所淘汰。所以，要有力地保护重庆传统聚落，我们可以从保护聚落的贸易职能出发，具体如以下两点所示：

1）根据传统聚落的形成和发展历史来看，集会以及庙会等传统贸易活动是重庆传统聚落得以传承和演化的主要驱动力，所以要实现对重庆传统聚落贸易环境的保护。我们可以在聚落引导或组织相关的贸易活动，同时通过旅游开发为聚落贸易注入新鲜血液，提高聚落的经济增长能力。

2）改善城乡之间的交通运输，引入现代化的交通技术，改善交通运输网络，促进城市和乡村之间的贸易往来，激活并增强聚落原有的贸易环境职能，从而实现对聚落贸易环境的保护。

3. 聚落民俗文化环境保护

重庆地区的农村社会中，传统聚落是不可或缺的一个构成要素，其社会职能不单单体现在为农村居民提供了社交、休闲娱乐等社会活动的场所，还是承载集会及宗教活动的重要载体。所以，重庆地区的传统聚落是包含宗教、传统风俗等多元文化的一个综合体，特别是在多年的历史沉淀之后形成了如今富有特色的聚落民俗文化环境，具有巨大的保护和传承价值。

然而近年来，随着传统社会结构的解体、农村人口的流失、现代文化的冲击等不利因素的影响，传统聚落民俗文化传承和发展的根本环境受到了严重破坏，而且也使得聚落社会职能作用急剧消退，聚落民俗文化面临着消亡的境地。因此，从聚落空间环境特色保护的角度来看，探索与传统聚落社会职能相结合的聚落民俗文化环境保护具有以下两方面的内涵：

1）聚落民俗文化环境有两个核心要素：民俗文化与聚落成员生活的物质环境。因此，要保护聚落民俗文化环境，首先应当加大对这两项要素的保护。

2）聚落民俗文化是聚落当地居民在生活、社会活动以及宗教活动中日积月累形成的，对于当地居民而言，聚落民俗文化已经深入渗透到了他们的生活以及生计之中，是聚落形态的灵魂所在。因此，要有效地保护聚落民俗文化，就必须尊重并保护当地居民作为聚落民俗文化的主要载体职能。

（二）空间策略——聚落空间的持续发展保护

1. 城市规划三大理论介入聚落空间保护

1）图底关系理论

合理规划建筑、街区以及村落之间的密度关系，并严格控制建筑形态；控制现有空间遗存的图底关系，对与原有聚落空间格局产生冲突或无序发展的区域进行整治；新建区域与原有聚落肌理相吻合的原理，避免造成聚落空间格局上的割裂。

2）联系理论

注重空间的循环流线、关联性与运动性，成为聚落形态的发生器；深入分析传统聚落的演进过程，结合其历史文化来找准主要轴线关系以及视线通廊，保护聚落具有重要意义的空间轴线、交通动线与视线通廊，并且恢复具有历史价值的物质空间遗址，需要对轴线关系和视线通廊进行复原和新建区预留。根据聚落内重要的历史建筑节点、轴线关系或视线关系来控制聚落核心区的建筑高度。

3）场所理论

营造场所精神的关键是抓住空间特色，开放空间的历史、文化、社会价值对于保护聚落发展而言都是非常关键的。聚落场所设计和建造一方面要考虑到科学发展观，考虑到全局的规划，确保场所系统的完善；另一方面也要考虑到聚落独特的历史文化以及其独特价值，在设计场所时要完美保留。

2. 城市意象原理介入聚落空间保护

美国城市设计理论家凯文·林奇认为人们是可以感知到城市的物质形态的，而城市的物质形态主要包括标志物、边界、区域、节点和路径。因此，在评估城市的意象性时，我们可通过分析这5个要素指标来实现。凯文·林奇的理论是现今城市设计领域应用最为广泛的理论之一，虽然说传统聚落和城市有着很大差异，但我们可以借鉴城市意象理论来深刻认识到传统聚落，并参考上述五项要素来制定传统聚落的发展保护措施。（表7-5-1）

（三）发展路径——协同发展促进聚落活化

1. 以聚落特色为载体，拓展多样化旅游开发模式

不同类型的传统聚落在许多方面都存在显著差异，包括类型特征、聚落形态和历史文化等，这就决定了在每个聚落所采取的开发模式也各不相同。现有的传统聚落旅游开发模式中，应用最广泛、最具代表的模式主要有以下三种：

1）主题式开发模式

这种开发模式的核心在于在开发目标的各项特色中选择出一种具代表性的特色作为开发主题，然后所有的

城市意象元素与聚落元素对应表　　　　表7-5-1

城市意象元素	聚落元素	保护手法
区域	聚落平面范围	对聚落进行区域与层级的平面划分保护
边界	聚落行政边界	根据具体建筑形制作为聚落核心保护区和建设控制地带的边界，并且同时划定环境协调区保护聚落生态环境
	聚落核心区边界	
	聚落自然边界	
	建筑边界	
	街巷道路边界	
路径	街巷布局	聚落的街巷是村民活动的重要空间，是聚落格局网络的体现，因此必须对街巷空间的整体形态进行控制。街巷布局需按现有传统建筑存量和追溯物质空间进行边界划定。保证延续原有街巷布局
节点	街巷交叉点	节点影响人对方位和场所的判断，因此对重要的控件节点和历史节点需要进行整体控制。公共空间和要素节点是满足居民生活和历史交化记忆的重要载体，必须合理引导街巷空间功能优化
	历史环境要素	
标志物	历史文化建筑	标志物需要具有较强的可识别性同时与聚落整体相协调，按此原则控制聚落新建标志物的位置与造型
	保护文物	
	特色标志物	

开发工作都会与该主题紧密相关，所有旅游项目都凸显了这项主题。典型的主题式传统聚落包括宁厂古镇，其中前者作为千年盐都、旅游项目，都与盐文化相关。

2）保留式开发模式

有些传统聚落因为地理位置或者交通不便利等因素，不适合全面开发，只能选择最具开发价值的部分就行开发，这类型聚落主要是以保护为主，等到条件合适了再进行全面开发。

3）联动式开发模式

就是把特色存在相关性的传统聚落归为一个组群，然后通过统一开发形成一个规模较大的旅游聚落群。典型的联动式聚落群比如西沱以及大昌等传统聚落，沿线聚落在民俗文化以及聚落形态等多方面都存在相似性，这样的联动开发可以打造一个主题式的旅游线路，而且更容易打造成为一个品牌，这比单个聚落进行开发要更具有吸引力。

2. 以聚落特色为切入，开发特色化旅游产品

纵观重庆地区的传统聚落，在空间环境方面都十分富有特色，有的或是经常举办庙会赶场的场所，有的或是著名的祠庙会馆，有的或是具有特色的民居建筑，还有部分聚落的地方民俗或传统街巷为人所向往，这些特色都是本聚落所独有的，其他聚落没有且无法模仿。近年来，全国各地都掀起了传统聚落的旅游开发，聚落旅游市场中的竞争愈演愈烈，为了更具备竞争力，重庆地区的传统聚落就必须最大化凸显自身特色，开发特色聚落旅游项目，以此来吸引游客的关注。典型的特色化旅游聚落比如万灵古镇，该聚落的人文景观非常丰富，并且许多具有历史特征的建筑都保存比较完整，因此开发出了许多富有特色的旅游产品，包括巴渝古建筑体验、红色文化、移民文化以及书院景观等。

3. 以聚落特色为纽带，强化区域旅游资源的开发与合作

虽然每个传统聚落都有自己的个性特征，当在一定地理区域范围内受相同文化因子的影响，聚落与聚落之间存在着的关联性。然而，由于聚落在旅游开发时往往不考虑与周边聚落间的关系，只是埋头发展，因此"主题相撞、重复性建设"成了普遍存在的问题。为了改善这种情况，凸显聚落特色，我们认为聚落之间首先应当深入挖掘自身不同于其他聚落的个性特征，将其打造成为个性化的旅游产品；其次，聚落之间应当展开深入的合作，共同开发出富有聚落空间环境特色的区域旅游产品，如此一方面可以形成聚落旅游的规模效应，增强竞争力，另一方面还可以合理地整合区域旅游资源，避免因为产品同质化而发生恶性竞争。以阿蓬江流域为例，该区域内的许多传统聚落旅游资源都存一定的相似性，比如花田、苍岭、濯水、石泉苗寨等聚落的民俗风情都高度相似。而通过合作和共同开发，赋予每个聚落不同的职能和分工，这样就可以避免聚落各自为战而出现的产品同质化，而且引导部落之间实现优势互补以及资源共享。

4. 聚落文化产业与空间特色保护协同

在21世纪的今天，文化产业成为全球各国都非常重视的产业之一，文化产业能够创造大量的文化经济，可以显著增强区域，甚至增强整体国家的经济增长力，这也是当前世界各国提高自身竞争力的一个重要途径。反观重庆地区，独特的聚落空间格局、别具一格的聚落建筑风貌、和谐共生的自然空间环境、丰富多彩的民俗文化，使重庆传统聚落拥有了独具特色的历史文化资源。但是从重庆地区传统聚落的发展历史来看，大部分聚落在开发历史文化资源时都存在转化手段单一的情况，只有单一的旅游开发，却并未考虑到开发文化产业来打造集文化产业与旅游产品为一身的特色旅游聚落。聚落的文化产业与旅游产品是相辅相成的关系，文化产业为聚落引入了更多资金，聚落利用这些资金可以进行更多特色开发提高自身竞争力；同时，聚落旅游产品的吸引力越强，可以进一步带动文化产业的兴盛。这种聚落文化产业与空间环境特色保护协同可以实现聚落特色历史文化资源价值的最大化转化，同时还能有效地保护聚落的文化资源以及空间环境特色。

附录

附录一　重庆市历史文化名城、历史文化街区名录

序号	名称	等级	现存聚落主体形成年代	所属市县	公布时间	合计
1	重庆历史文化名城	国家	秦汉至清	重庆市	1986年	2
2	江津历史文化名城	市级	南齐至清	江津区	2020年	
3	重庆市沙坪坝区磁器口历史文化街区	国家	明清	沙坪坝区	2015年	12
4	江津区真武场历史文化街区	市级	明清	江津区	2012年	
5	渝中区湖广会馆及东水门历史文化街区	市级	明清	渝中区	2014年	
6	南岸区慈云寺—米市街—龙门浩历史文化街区	市级	明清	南岸区	2014年	
7	北碚区金刚碑历史文化街区	市级	明清	北碚区	2016年	
8	九龙坡区铜罐驿镇	市级	明清	九龙坡区	2017年	
9	合川区瑞映山—纯阳山历史文化街区	市级	明清	合川区	2017年	
10	渝中区中山四路街区	市级	抗战时期	渝中区	2019年	
11	长寿区三倒拐街区	市级	明清	长寿区	2019年	
12	北碚区澄江老街	市级	明清	北碚区	2019年	
13	李子坝历史文化街区	市级	抗战时期	渝中区	2020年	
14	第十兵工厂历史文化街区	市级	抗战时期	江北区	2020年	

附录二　重庆市中国历史文化名镇目录

序号	县（区）	（乡镇办事处）村	批次	现存聚落主体形成年代	合计（市）
1	合川区	涞滩镇	第一批	明清	
2	石柱县	西沱镇	第一批	明清	3
3	潼南区	双江镇	第一批	明清	
4	渝北区	龙兴镇	第二批	明清	
5	江津区	中山镇	第二批	明清	3
6	酉阳土家族苗族自治县	龙潭镇	第二批	明清	
7	北碚区	金刀峡镇	第三批	明清	
8	江津区	塘河镇	第三批	明清	3
9	綦江区	东溪镇	第三批	明清	
10	九龙坡区	走马镇	第四批	明清	
11	巴南区	丰盛镇	第四批	明清	4
12	铜梁区	安居镇	第四批	明清	
13	永川区	松溉镇	第四批	明清	
14	荣昌区	路孔镇	第五批	明清	
15	江津区	白沙镇	第五批	明清	3
16	巫溪县	宁厂镇	第五批	明清	
17	开州区	温泉镇	第六批	明清	2
18	黔江区	濯水镇	第六批	明清	
19	万州区	罗田镇	第七批	明清	
20	涪陵区	青羊镇	第七批	明清	
21	江津区	吴滩镇	第七批	明清	5
22	江津区	石蟆镇	第七批	明清	
23	酉阳土家族苗族自治县	龚滩镇	第七批	明清	

附录图1 重庆中国历史文化名镇地图［来源：重庆市规划和自然资源局，重庆市地理信息中心，审图号：渝S（2019）001号］

索引

序号	所属区（县）	镇（乡）	聚落（村落）名称	现存主体聚落形成年代	民族	批次	页码
1	涪陵区	大顺乡	大顺村	明清	汉族	第一批传统村落	091
2		青羊镇	安镇村	明清	汉族		—
3	九龙坡区	走马镇	椒园村	明清	汉族		—
4	綦江县	东溪镇	永乐村	明清	汉族		—
5	忠县	花桥镇	东岩古村	明清	汉族		—
6		新生镇	钟坝村	明清	汉族		—
7	石柱土家族自治县	金岭乡	银杏村	明清	土家族		—
8		石家乡	黄龙村	明清	土家族		—
9		悦崃镇	新城村	明清	土家族		—
10	秀山土家族苗族自治县	梅江镇	民族村	明清	土家族/苗族		—
11	酉阳土家族苗族自治县	苍岭镇	大河口村	明清	土家族/苗族		—
12		酉水河镇	河湾村	明清	土家族/苗族		—
13		酉水河镇	后溪村	明清	土家族/苗族		—
14		南腰界乡	南界村	明清	土家族/苗族		—
15	涪陵区	大顺乡	大田村	明清	汉族	第二批传统村落	091
16	酉阳土家族苗族自治县	可大乡	七分村	明清	土家族		—
17	涪陵区	蔺市镇	凤阳村	明清	汉族		—
18	大足区	玉龙镇	玉峰村	明清	汉族		—
19		铁山镇	继光村	明清	汉族		—
20	巴南区	丰盛镇	桥上村	明清	汉族	第三批传统村落	—
21	黔江区	小南海镇	新建村	明清	土家族		—
22		阿蓬江镇	大坪村	明清	土家族		—
23		五里乡五里社区	程家特色大院	明清	土家族		—
24		水市乡	水车坪老街	明清	汉族		085

续表

序号	所属区（县）	镇（乡）	聚落（村落）名称	现存主体聚落形成年代	民族	批次	页码
25	江津区	塘河镇	硐寨村	明清	汉族		—
26		吴滩镇	邢家村	明清	汉族		—
27		塘河镇	石龙门村	明清	汉族		—
28		白沙镇	宝珠村东海沱	明清	汉族		—
29	合川区	涞滩镇	二佛村	明清	汉族		092
30	永川区	松溉镇	松江村	明清	汉族		—
31		板桥镇	大沟村	明清	汉族		—
32	潼南县	双江镇	金龙村	明清	汉族		—
33		花岩镇	花岩村花岩场	明清	汉族		—
34	梁平县	聚奎镇	席帽村	明清	汉族	第三批传统村落	—
35	武隆县	后坪苗族土家族乡	文凤村天池坝组	明清	汉族		—
36		沧沟乡	大田村大田组	明清	汉族		—
37		浩口苗族仡佬族乡	浩口村田家寨	明清	汉族		—
38	忠县	洋渡镇	上祠村2组	明清	汉族		—
39		永丰镇	东方村9组	明清	汉族		—
40	巫山县	龙溪镇	龙溪村2社	明清	汉族		—
41	秀山土家族苗族自治县	清溪场镇	大寨村	明清	土家族/苗族		092
42		清溪场镇	两河村	明清	土家族/苗族		—
43		洪安镇	边城村	明清	土家族/苗族		—
44		洪安镇	猛董村大沟组	明清	土家族/苗族		—
45		梅江镇	凯干村	明清	土家族/苗族		—
46		钟灵镇	凯堡村陈家坝	明清	土家族/苗族		—
47		海洋乡	岩院村	明清	土家族/苗族		—

续表

序号	所属区（县）	镇（乡）	聚落（村落）名称	现存主体聚落形成年代	民族	批次	页码
48	酉阳土家族苗族自治县	桃花源镇	龙池村洞子坨	明清	土家族/苗族	第三批传统村落	—
49		龙潭镇	堰提村	明清	土家族/苗族		—
50		西酬镇	江西村	明清	土家族/苗族		—
51		丁市镇	汇家村神童溪	明清	土家族/苗族		—
52		龚滩镇	小银村	明清	土家族/苗族		—
53		酉水河镇	大江村	明清	土家族/苗族		092
54		酉水河镇	河湾村恐虎溪寨	明清	土家族/苗族		—
55		苍岭镇	苍岭村池流水	明清	土家族/苗族		—
56		苍岭镇	南溪村	明清	土家族/苗族		—
57		花田乡	何家岩村	明清	土家族/苗族		185
58		浪坪乡	浪水坝村小山坡	明清	土家族/苗族		—
59		双泉乡	永祥村	明清	土家族/苗族		—
60	彭水苗族土家族自治县	梅子垭镇	佛山村	明清	苗族/土家族		—
61		润溪乡	樱桃村	明清	苗族/土家族		—
62		郎溪乡	田湾村	明清	苗族/土家族		—
63		龙塘乡	双龙村	明清	苗族/土家族		—
64	万州区	太安镇	凤凰村	明清	汉族	第四批传统村落	—
65		罗田镇	用坪村	明清	汉族		—
66	江津区	中山镇	鱼塆村	明清	汉族		—
67	潼南区	古溪镇	禄沟村	明清	汉族		—
68	城口县	高楠镇	方斗村	明清	汉族		—
69	武隆县	平桥镇	红隆村	明清	汉族		—
70	酉阳土家族苗族自治县	麻旺镇	亮垭村烂田沟	明清	土家族/苗族		—
71		泔溪镇	大板村皮都	明清	土家族/苗族		—
72		板溪镇	山羊村山羊古寨	明清	土家族/苗族		—
73		可大乡	昔比村	明清	土家族/苗族		—
74		板桥乡	井园村仡佬溪	明清	土家族/苗族		—
75	万州区	燕山乡	泉水村	明清	汉族	第五批传统村落	—
76	黔江区	金洞乡	凤台村	明清	汉族		—
77	大足区	雍溪镇	红星社区	明清	汉族		—
78		高升镇	双牌村	明清	汉族		—

续表

序号	所属区（县）	镇（乡）	聚落（村落）名称	现存主体聚落形成年代	民族	批次	页码
79	武隆区	文复苗族土家族乡	铜锣村冉家湾村	明清	苗族/土家族	第五批传统村落	—
80	石柱县	黄水镇	金花村	明清	土家族		—
81		河嘴乡	富民村	明清	土家族		—
82		中益乡	坪坝村	明清	土家族		—
83		金铃乡	石笋村	明清	土家族		—
84		金铃乡	响水村	明清	土家族		—
85	秀山土家族苗族自治县	平凯街道贵贤村	大野山寨村	明清	土家族/苗族		—
86		隘口镇	富裕村	明清	土家族/苗族		—
87		隘口镇	岑龙村	明清	土家族/苗族		—
88		隘口镇	东坪村	明清	土家族/苗族		—
89		溶溪镇	红光社区曹家沟村	明清	土家族/苗族		—
90		官庄镇	柏香村	明清	土家族/苗族		—
91		官庄镇	鸳鸯村	明清	土家族/苗族		—
92		石堤镇	水坝村	明清	土家族/苗族		—
93		梅江镇	财塘村	明清	土家族/苗族		—
94		膏田镇	茅坡社区熊家坡组	明清	土家族/苗族		—
95		溪口镇	黄杨扁担村	明清	土家族/苗族		—
96		孝溪乡	中心村	明清	土家族/苗族		—
97		大溪乡	前进村	明清	土家族/苗族		—
98		涌洞乡	新农村	明清	土家族/苗族		—
99	酉阳土家族苗族自治县	麻旺镇	青龙村青龙寨	明清	土家族/苗族		—
100		麻旺镇	光明村铧匠沟	明清	土家族/苗族		—
101		大溪镇	杉岭村四组	明清	土家族/苗族		—
102		酉水河镇	老柏村	明清	土家族/苗族		—
103		酉水河镇	长远村	明清	土家族/苗族		—
104		苍岭镇	岭口村杨家宅村	明清	土家族/苗族		—
105		天馆乡	魏市村宜居沟	明清	土家族/苗族		—
106		庙溪乡	庙溪村五龙村	明清	土家族/苗族		—
107		楠木乡	红霞村三组	明清	土家族/苗族		—
108	彭水苗族土家族自治县	万足镇	廖家村瓦厂坝村	明清	苗族/土家族		—
109		鞍子镇	干田村木欧水村	明清	苗族/土家族		—
110		棣棠乡	黄泥村担子峡村	明清	苗族/土家族		—

附录图2　重庆传统村落地图［来源：重庆市规划局，重庆市测绘地理信息局，重庆市地理信息局，审图号：渝S（2017）001号］

参考文献

[1] 白九江. 重庆地区的新石器文化——以三峡地区为中心[M]//重庆地区的新石器文化——以三峡地区为中心. 重庆：巴蜀书社，2010.

[2] 冯小妮，孙林. 连续与断裂：奉节，万州地区聚落演变过程研究[C]//三峡文物保护与考古学研究学术研讨会. 上海：复旦大学文博系，2003-07-21.

[3] 国务院三峡工程建设委员会办公室，国家文物局. 2003三峡文物保护与考古学研究学术研讨会论文集[M]. 重庆：科学出版社，2003.

[4] (晋)常璩. 华阳国志·巴志[M]. 刘琳，校注. 成都：巴蜀书社，1984.

[5] (北魏)郦道元. 水经注[M]. 北京：中华书局，2009.

[6] 傅宗文. 宋代草市镇研究[M]. 福建：福建人民出版社，1989.

[7] 李映福. 明月坝唐宋集镇研究[D]. 成都：四川大学，2006.

[8] 蓝勇. 四川古代交通路线史[M]. 重庆：西南大学出版社，1989.

[9] 蓝勇. 重庆历史地图集[M]. 北京：中国地图出版社，2013.

[10] 蓝勇. 清初四川虎患与环境复原问题[J]. 中国历史地理论丛，1994（3）.

[11] 邢谷锐，徐逸伦. 城市化背景下乡村聚落空间演变特征研究[J]. 安徽农业科学，2007（07）.

[12] 孙道雯. 新型城镇化导向下乾县乡村聚落体系发展规划策略研究[D]. 西安：西安建筑科技大学，2017.

[13] 张京祥. 试论乡村聚落体系的规划组织[J]. 人文地理，2002（1）.

[14] 吕鑫源. 基于GIS的黄洋河流域乡村聚落空间分布特征研究[J]. 建筑与文化，2019（02）.

[15] 谢萌秋. 基于Voronoi图的农村居民点空间布局模式分析及优化建议——以上海市松江区为例[J]. 上海国土资源，2019，40（04）.

[16] 魏鹏，张晓婷. 丝绸之路国内段非物质文化遗产空间分布特征与格局[J]. 兰州文理学院学报（社会科学版），2019，35（02）.

[17] 黄耘. 泸沽湖地域人居环境文化演进[M]. 北京：中国建筑工业出版社，2014.

[18] 金其铭. 乡村地理学[M]. 昆明：云南大学出版社，2015.

[19] 岳邦瑞，郎小龙，张婷婷，左臣. 我国乡土景观研究的发展历程、学科领域及其评述[J]. 中国生态农业学报，2012，20（12）.

[20] 陈慧琳. 人文地理学（第三版）[M]. 北京：科学出版社，2013.

[21] 汤茂林. 文化景观的内涵及其研究进展[J]. 地理科学进展，2000，19（1）.

[22] 邓运员，刘沛林，郑文武. 湘西传统聚落景观图谱研究[M]. 北京：光明日报出版社，2016.

[23] 周勇. 重庆通史（全2册）[M]. 重庆：重庆出版社，2014.

[24] 郭声波. 论四川历史农业地理的若干特点与规律[J]. 四川大学学报：哲学社会科学版，1994（01）.

[25] 中国科学院. 四川农业地理[M]. 成都：四川人民出版社，1981.

[26] 周勇. 重庆通史（全2册）[M]. 重庆：重庆出版社，2014.

[27] 郭声波. 论四川历史农业地理的若干特点与规律[J]. 四川大学学报：哲学社会科学版，1994（01）.

[28] 周立三. 中国农业地理[M]. 北京：科学出版社，2000.

[29] 中国科学院. 四川农业地理[M]. 成都：四川人民出版社，1981.

[30] 冯维波. 重庆民居（上卷：传统聚落）[M]. 重庆：重庆大学出版社，2017.

[31] 刘敏. 重庆地理[M]. 北京：北京师范大学出版社，2017.

[32] 易思荣，唐正中，张仁固. 重庆市植物区系特征及植被类型[J]. 重庆林业科技，2008（001）.

[33] 刘敏. 重庆地理[M]. 北京：北京师范大学出版社，2017.

[34] 逊时，四川省博物馆. 四川船棺葬发掘报告[J]. 考古，1961（07）.

[35] 蓝勇. 重庆历史地图集[M]. 北京：中国地图出版社，2013.

［36］施坚雅. 中国农村的市场和社会结构［M］. 北京：中国社会科学出版社，1998.
［37］王波. 酉阳县龙潭古镇街巷空间形态剖析［J］. 重庆：南方农业，2011.
［38］赵万民. 龙潭古镇［M］. 南京：东南大学出版社，2007.
［39］戴彦. 巴蜀古镇历史文化遗产适应性保护研究［D］. 重庆：重庆大学，2008.
［40］李卉. 巴渝古镇人居环境研究——建筑形态论［D］. 重庆：重庆大学，2003.
［41］周文婷. 西沱镇传统街区景观形态保护与发展研究［D］. 武汉：华中农业大学，2012.
［42］莫唯书. 西沱张爷庙保护修复与复原设计研究［D］. 重庆：重庆大学，2018.
［43］徐蕴. 近代长江上游港口与腹地经济关系的比较研究——以宜昌、重庆、万县为中心（1877—1936）［J］. 中华文化论坛，2018（09）.
［44］经典人文地理茶马古道. 山城四大古道——隐藏在崇山峻岭间的地理传奇[N/OL]. 2017-10-26. https://www.docin.com/p-2038568676.html.
［45］赵万民. 走马古镇［M］. 南京：东南大学出版社，2010.
［46］赵万民. 丰盛古镇［M］. 南京：东南大学出版社，2009.
［47］赵万民. 罗田古镇［M］. 南京：东南大学出版社，2009.
［48］赵万民. 松溉古镇［M］. 南京：东南大学出版社，2009.
［49］王豫. 重庆丰都和石柱县崖棺葬调查与研究［J］. 华夏考古，2004（04）.
［50］胡馨. 农村居民点焦约利用评价与优化布局研究——以重庆市黔江区为例［D］. 重庆：西南大学，2011.
［51］赵万民. 安居古镇［M］. 南京：东南大学出版社，2009.
［52］李华扬. 渝西地区历史地理研究［D］. 重庆：西南大学，2013.
［53］涞滩古镇建筑风貌协调性研究［J］. 合川市江城旅游开发有限公司，2009.
［54］周训，等. 重庆巫溪县宁厂盐泉的形成［J］. 第四纪研究，2014，34（05）.
［55］刘小方. 文化线路辨析［J］. 桂林旅游高等专科学校学报，2006（05）.
［56］李渊，冯维波. 渝东北盐业古镇复兴途径探讨——以巫溪宁厂古镇为例［J］. 重庆建筑，2019，18（01）.
［57］赵万民. 宁厂古镇［M］. 南京：东南大学出版社，2009.
［58］汤绪泽. 巫溪县志［M］. 四川：四川辞书出版社，1991.
［59］李娜. 延续文脉的三峡库区城镇公共空间研究［D］. 重庆：重庆大学，2009.
［60］黄志文，魏炳乾，史丹，夏双喜，向泽君. 弯滩河水能计算及梯级开发中电站装机容量的确定［J］. 黑龙江水专学报，2006（01）.
［61］赵逵. 川盐古道的形成与线路分布［J］. 中国三峡，2014（010）.
［62］重庆索特集团有限责任公司. 探索发展的重庆索特集团［J］. 盐业史研究，2003（01）.
［63］肖敏. 悲壮云安三千年［J］. 西部观察，2005（010）.
［64］王伟，杨豪中，陈媛，李子墨. 传统聚落生态景观的建构与评价研究［J］. 西安建筑科技大学学报（自然科学版），2015（6）.

后 记

多年以来，我们一直致力于采用人居环境科学与多学科相结合的研究方法，从地域文化、生态、空间的角度，探讨传统人居空间发生与发展的规律，在保护地域性聚落的多样性与特色形态基础上，寻求全球化、现代化的背景下如何保持地域人居空间多样性的途径。

自2018年承担本书的写作任务之后，我们将这一研究思路应用于重庆传统聚落，为此，研究团队围绕不同研究角度申报了并形成科研项目群，开展支撑研究。本书内容是2016年度、2018年度重庆市艺术科学研究规划项目"重庆传统聚落的演进与空间类型研究"（课题编号：16ZD035）、"西部山地多村聚落景观空间图谱研究"（课题编号：16YB048）、"阿蓬江流域少数民族传统村落空间文化结构研究"（课题编号：18YB02）的主要成果，由重庆市人文社会科学重点研究基地四川美术学院视觉艺术中心资助项目研究。

在新的研究框架指导下，研究团队针对重庆传统聚落专程开展了大量的田野调查，足迹遍布重庆的27个区县、30余处传统聚落，除了摄影、测绘、调查访谈等资料外，我们还通过最新的技术手段进行田野调查，获取了大量传统聚落的精确信息、影像，建立了重庆传统聚落最新的点云数据库。

本书的写作正是这种新框架和新技术背景下的一次尝试，其中部分内容难免有不足之处，还需要在以后的研究中进一步完善。同时，以编写本书为契机，我们将研究主题与"乡村振兴、脱贫攻坚"相结合，将研究过程与本科教学、研究生培养相结合，将研究成果与乡村建设相结合，正在开展一系列重庆传统聚落保护与利用的实践项目，所获成果还有待进一步总结与凝练。

在本书写作的过程中，学界同仁的前期研究成果为我们提供了宝贵的指导与参考。感谢我的博士导师重庆大学建筑城规学院赵万民教授，他指导我基于人居环境科学理论去思考城乡问题。多年来，他带领的团队针对重庆山地人居环境的系列研究取得了丰硕的成果，本书的写作参阅了他主持出版的"重庆传统聚落研究系列丛书"。感谢我的师兄四川大学的赵炜教授在写作过程中的帮助，他关于流域人居环境的学术思想对我有极大的启发。

我的研究生孟凡锦承担了大量无人机数据采集与点云库的工作。2017级研究生卓文佳、巨乾、袁源参与本书第二章、第三章、第四章、第五章、第七章的编写工作，2018级、2019级研究生季山雨、李超越、赵悦天、况杰、魏雪、邱松、马思巧、史芸成等同学参与了本书第六章的资料收集与编写工作，在此一并致谢！

在我们专注于重庆传统聚落研究的两年多时间里，我们周围这个看似科学与理性的世界正经历着剧烈文明冲突、突发全球疫情等系列事件的沉重打击。思考地域性人居环境的生成与发展问题，在百年未有之巨变中，显得更加具有现实生命力与时代价值。我们希望，通过我们的努力，地域性的建筑与聚落文化将成为21世纪多样性世界的重要支撑。

图书在版编目（CIP）数据

中国传统聚落保护研究丛书. 重庆聚落 / 黄耘，张剑涛，王平妤著. —北京：中国建筑工业出版社，2021.7

ISBN 978-7-112-26071-3

Ⅰ. ①中… Ⅱ. ①黄… ②张… ③王… Ⅲ. ①乡村地理—聚落地理—研究—重庆 Ⅳ. ①K928.5

中国版本图书馆CIP数据核字（2021）第066121号

本书通过地理学、文化人类学、建筑学的研究方法与成果，从地理空间、自然生态与土地利用、历史与文化三个概念，自然景观类型、文化运行机制、聚落类型三个方面，探讨重庆传统聚落发生与发展规律，在保护地域聚落的多样性与特色形态的基础上，探索全球化的背景下保持重庆地域人居多样性的途径。本书可供建筑、城乡规划、风景园林、人文地理、文物保护等相关专业的读者及文化旅游爱好者阅读参考。

扫一扫
观看本卷聚落视频资源

责任编辑：张 华 胡永旭 唐 旭 吴 绫 贺 伟
文字编辑：李东禧 孙 硕
书籍设计：付金红 李永晶
责任校对：王 烨

中国传统聚落保护研究丛书

重庆聚落

黄耘 张剑涛 王平妤 著

*

中国建筑工业出版社出版、发行（北京海淀三里河路9号）
各地新华书店、建筑书店经销
北京锋尚制版有限公司制版
天津图文方嘉印刷有限公司印刷

*

开本：889毫米×1194毫米 1/16 印张：22½ 插页：8 字数：588千字
2021年8月第一版　2021年8月第一次印刷
定价：**268.00元**（含视频资源）
ISBN 978-7-112-26071-3
（33935）

版权所有　翻印必究
如有印装质量问题，可寄本社图书出版中心退换
（邮政编码100037）